이슬람의 비극

중동의 복합위기에서
제3차 세계대전으로

CHUUTOU FUKUGOU KIKI KARA DAISANJI SEKAITAISENE

Copyright ⓒ 2016 by Masayuki Yamauchi
Korean Translation Copyright ⓒ 2017 by HanulMPlus Inc.

Originally published in Japan in 2016 by PHP Institute, Inc.
Korean translation rights arranged with PHP Institute, Inc. through CREEK&RIVER Co., Ltd. and
Imprima Korea Agency

이 도서의 국립중앙도서관 출판예정도서목록(CIP)은 서지정보유통지원시스템 홈페이지(http://seoji.nl.go.kr)와
국가자료공동목록시스템(http://www.nl.go.kr/kolisnet)에서 이용하실 수 있습니다.
CIP제어번호: CIP2017010254

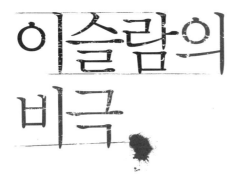

중동의 복합위기에서
제3차 세계대전으로

야마우치 마사유키(山內昌之) 지음 | 이용빈 옮김

한울
아카데미

지식을 찾아 멀리 중국까지라도 가라

『하디스(Hadith)』

이스라엘의 저명한 중동 전문가 배리 루빈(Barry Rubin) 교수는 그의 저서 『중동의 비극』에서 "중동을 독특하게 만드는 것은 중동이 직면하고 있는 문제와 과정이 아니다. 오히려 중동의 비극은 이와 같은 투쟁들이 여전히 계속되고 있으며, 아울러 잘못된 쪽이 승리를 거두어 지속적으로 혼란을 야기하리라는 것이다"¹라고 갈파한 바 있다. 요컨대 1990년대 이래 중동은 일정한 정치적 패러다임을 상실하게 되었고 '정체성의 위기'를 초래해 정치적 역전 현상이 출현하고, 마침내 중동의 비극을 가져오게 되었다는 분석이다.

---

1   Barry Rubin, *The Tragedy of the Middle East* (Cambridge: Cambridge University Press, 2002), p.60.

20세기 말부터 21세기 초에 이르는 세계 정치의 과도기는 개혁·개방 정책의 경제적 성과에 토대를 둔 '중국의 부상(浮上)'과 2001년 9·11 미국 동시다발 테러로 압축되는 '중동의 혼란', 이 두 개의 커다란 축 위에서 발전해왔다고 할 수 있다. 2010년대에 '아랍의 봄'과 '시리아 내전'이 심화되면서, 그리고 이슬람국가(Islamic State, 이하 IS)가 출현해 세력을 확대하는 가운데 미국의 중동 정책이 향후 어떻게 변용되고 발전할 것인지가 주목되고 있다.

이 책의 저자이자 도쿄 대학 명예교수 야마우치 마사유키(山內昌之)는 중동 연구 분야에서 일본 내 일인자로 손꼽히는 인물로, 특히 '이슬람 외교사'에 정통한 대학자다. 필자가 중동 연구에 천착하는 계기가 된 『납득하지 않았던 남자: 엔베르 파샤, 중동에서 중앙아시아로(納得しなかった男: エンヴェル·パシャ中東から中央アジアへ)』(東京: 岩波書店, 1999)의 저자로, 터키 외교사를 포함해 『이슬람과 미국(イスラムとアメリカ)』(東京: 中公文庫, 2016, 改訂新版), 『이슬람과 러시아(イスラムとロシア: その後のスルタンガリエフ)』(東京: 東京大學出版會, 1995), 『이슬람과 세계사(イスラームと世界史)』(東京: 筑摩書房, 1999) 등 이슬람과 강대국 관계 및 이슬람의 세계 전략을 심층적으로 연구하고 있다. 이 책은 그동안의 성과를 집대성한 역작이다.

'중동의 비극'이 이슬람 세계의 '정체성 위기'에서 발원(發源)했다면, 이 책의 저자는 '이슬람의 비극'은 중동의 복합위기에 더해 시리아 내전의 격화에 따른 난민의 유럽으로의 대거 유입과 러시아와 터키 간의 적대 관계에서 연원되었다고 지적하면서 이러한 상황이 결국 제3차 세계대전을 야기할 수 있다고 전망한다. 또한 저자는 이 책 말미에서 '중국과 IS'의 관계를 언급하며, 향후 '중국과 중동의 관계'²가 세계적 차원에서 어떻게 전개

될지를 전략적으로 제시하고 있다.[3]

이런 정세는 2017년 1월 20일 미국의 제45대 대통령에 취임한 도널드 트럼프(Donald Trump) 시대의 중동 정책과 이에 대한 중국 시진핑(習近平) 국가주석의 정책적 대응책에 이목을 집중시킨다. 왜냐하면 중동을 둘러싼 미중 관계의 변화상은 극동(極東) 정세는 물론이고, 궁극적으로 한반도 안전보장에 결정적인 영향을 미칠 것이 자명하기 때문이다.

달리 말해 한반도의 통일 과정과 중동 문제는 서로 분리해 고려될 수 없으며, 현재 심화되고 있는 '이슬람의 비극'을 심도 깊게 통찰하고 정책적으로 대비하지 못하면 이는 '한반도의 비극'으로 비화될 여지가 있다. 이런 맥락에서 볼 때 이 책은 학술적·정책적·연구사적 관점에서 중요한 의미가 있다.

무엇보다 독자층이 얕은 분야의 책을 국내에 소개할 수 있게 지원해준 한울엠플러스(주)의 김종수 사장님을 비롯해 관계자분들께 감사를 표한다. 이 책의 '주(註)'는 모두 옮긴이가 붙인 것으로, 본문의 내용을 명확히 하기 위해 추가했다. 아울러 이 책의 번역·출간 과정에서 미국과 중국을 포

---

2 '중국-중동 관계'와 관련해서는 다음을 참조하기 바란다. Lillian Craig Harris, *China Considers the Middle East*(London and New York: I. B. Tauris & Co Ltd Publishers, 1993); P. R. Kumaraswamy(ed.), *China and the Middle East: The Quest for Influence*(London: Sage Publications, 1999); 李紅杰, 『國家利益與中國的中東政策』(北京: 中央編譯出版社, 2009); Andrew Scobell and Alireza Nader, *China in the Middle East: The Wary Dragon*(The RAND Corporation, 2016).

3 '중국-IS 관계'의 역사적 배경에 관해서는 다음을 참고하기 바란다. 王柯, 『東トルキスタン共和國研究: 中國のイスラムと民族問題』(東京: 東京大學出版會, 1995); 宮田律, 『イスラム: 中國への抵抗論理』(東京: イースト·プレス, 2014).

함한 여러 국가의 중동 연구자에게 많은 도움과 격려를 받았음을 밝힌다. 특히 상하이 외국어대학(上海外國語大學) 중동연구소(中東研究所)의 주웨이례(朱威烈) 교수, 류중민(劉中民) 교수, 왕보(汪波) 교수, 쑨더강(孫德剛) 박사에게도 감사의 말씀을 드린다.

마지막으로 바쁜 일정에도 일반 독자의 시각으로 번역 초고를 분담해 읽고 조언해준 한반도아시아국제관계연구회[韓亞會]의 이동건(서울대학교 법학전문대학원 박사 과정, 변호사), 손하늘(서울대학교 정치외교학부, 아시아법학생연합 전임 서울대 지부장) 등 후배들에게도 고마움을 전한다.

2017년 5월

이용빈

차례

이슬람의 비극

이슬람의 비극

제군들이여! 우리에게 조상 대대로 전해 내려오는 영토는, 남쪽은 너무 뜨겁고 북쪽은 너무 춥기 때문에 사람이 거주할 수 없는 경계선에까지 이르고 있다.

크세노폰, 『아나바시스』 중 아케메네스 제국의 키로스 왕자

신(神)과 관련된 일에서 검증에 기초해 전승을 받아들이기보다 오류를 성급하게 진리로 받아들이고, (전통적으로) 신봉되어온 진리를 단지 모방하고 나서 버리는 것으로 몸을 치장하는 사람의 지위보다 더욱 열악한 것이 있겠는가?

알가잘리(Al-Ghazali), 『철학자의 모순(Tahā fut al-Falāsifa)』

2016년에 들어서자마자 중동에서 일어난 일련의 사건은 세계사에 기억될 것이다. 우선 사변의 연쇄 작용은 1월 2일부터 시작되었다. 사우디아라비아 왕국은 시아파의 지도자 아야톨라(ayatollah) 님르 바크르 알님르(Nimr Baqir al-Nimr)를 다른 시아파 교도 세 명과 함께 처형했다. 왕실과 체제의 전복을 기도했기 때문이다.

그러자 격앙된 이란의 일부 국민이 테헤란(Tehran)의 사우디아라비아 대사관과 마슈하드(Mashhad)의 사우디아라비아 영사관을 불태웠다. 그 결과, 사태는 사우디아라비아가 이란과의 국교 단절을 표명하기에 이르렀다.

그 뒤를 이어 바레인과 수단도 단교하고, 아랍에미리트(UAE)와 카타르가 이란으로부터 대사를 소환하면서 2016년 1월 초는 어수선한 모양새가 되었다.

통상 국교 단절은 대사 소환 절차 등을 거쳐 실시된다. 이번 경우는 이례적이라고 해도 좋을 정도인데, 이다음으로는 최후통첩 더 나아가서는 전쟁밖에 남지 않은 것이다.

그렇다고 사우디아라비아가 이란과 정면에서 전쟁을 하려고 결심을 한 것도 아니다. 메카(Mecca)와 메디나(Medina) 두 성지에 대한 시아파 이슬람 교도의 순례를 거부하지 않는다고 표명했기 때문이다.

필자는 2016년 1월 6일부터 18일까지 아랍에미리트, 투르크메니스탄, 이란에 출장을 가서 페르시아만(이하 걸프만) 연안 지역의 정치 상황과 시민의 분위기를 관찰할 기회를 얻어 자세히 살펴보고 귀국했다. 또한 중동에 체류하는 동안 세계 각지에서 테러 사건이 발생해 이스탄불(Istanbul) 구시가지에서 10명, 자카르타 중심부에서 네 명, 부르키나파소(Burkina Faso)의 수도 와가두구(Ouagadougou)에서 29명이 사망했다는 등의 보도를 매일 들었다. 비극은 끊이지 않았고, 희생자와 가족의 슬픔을 생각하면 '이슬람의 비극'이라는 말이 문득 뇌리에 떠오른다.

이스탄불과 자카르타의 사건에는 시리아와 이라크에 뿌리를 내리며 세력을 떨치고 있는 'IS'가 관련되어 있으며, 와가두구 테러의 하수인은 알카에다(Al Qaeda) 소속이라는 풍문이 돌고 있다.

이러한 움직임이 계속되는 반면 필자가 두바이를 출발하기 하루 전인 16일, 이란에 대한 제재가 해제되어 일본은 물론이고 유럽연합(European Union, 이하 EU)과 북미 각국은 이란과의 사업상 기회에서 승기를 잡고자 일제히 행동에 나섰다.

활기에 찬 평화로운 비즈니스와, 테러 및 전쟁의 불안을 내포하는 중동의 위기는 어떻게 연관되어 있는 것일까? 이 질문은 바로 답을 할 수 있을 만큼 간단하지는 않다. 그렇지만 이 책은 일부나마 이 의문을 해명할 실마리로, '중동의 위기'와 '이슬람의 비극'의 현대적 특징을 필자 나름대로 분석하고자 시도한 것이다.

'팍스 도쿠가와나[도쿠가와(德川)의 평화]' 이래로 쇼와(昭和) 10년대(1935~ 1944)를 제외하고 일국(一國) 평화주의에 길들여진 일본인 중에는 테러와 전화(戰火)의 세례를 받고 있는 현재 중동의 모습에 상당히 곤혹스러워하며 환멸을 느끼는 사람도 많을 것이다. 그렇지만 네 차례에 걸친 중동전쟁, 이란·이라크 전쟁, 걸프 전쟁, 이라크 전쟁, 각각 두 차례에 걸친 레바논 전쟁, 가자 전쟁, 현재의 시리아 전쟁 등 전화(戰禍)와 전역(戰役)을 일상적으로 경험하고 있는 중동 특히 아랍 시민의 시각으로 세상을 본다면, 거기에 떠오르는 이미지는 일견 믿을 수 없는 것들뿐이다.

중동 지역에는 '전쟁 자체가 일상이고, 평화는 일상이 아니'라는 권모술수의 소용돌이에 휩싸여 있는 유감스러운 현실이 존재한다. 모던(Modern: 근대)과 모더니즘이 성립 조건을 상실했거나 상실했다고 여겨지는 시대를 만약 '포스트모던(Post-Modern: 탈근대)'이라고 부른다면, 프리모던(Pre-Modern: 전근대), 모던, 포스트모던의 서로 다른 원리나 성과가 복잡하게 엉켜 있는 것이 현대 중동정치다.

또한 1989년의 몰타 미소 정상회담[Malta Conference: 미국 조지 부시(George Bush) 대통령과 소련 미하일 고르바초프(Mikhail Gorbachev) 서기장의 정상 회담]에서 1991년 소련 붕괴 후 계속되어온 '포스트 냉전'은 2014년에 우크라이나의 영토였던 크림반도를 러시아가 무력으로 병합한 이후 이미 과거의 일이 되어버렸다. 러시아는 시리아 전쟁의 본격적인 당사자로서 전장에 관여하는 것뿐 아니라 중동을 중심으로 전 세계적으로 모습을 드러낸 '제2차 냉전'의 주역으로 소련 시대의 권익과 세력권의 회복을 위해 기를 쓰고 있다. 그리하여 중동에서는 구미 대 러시아·이란이라는 국가 간의 냉전이 첨예화되었다.

더 나아가 IS는 시리아에서 이라크에 걸쳐 있는 지역을 지배하면서 주변 국가 이상으로 힘을 다해 국가주권에 도전하고 있다.

2015년 11월 30일 밤, 그 IS가 파리에 동시다발 테러를 가해 프랑스 역사상 유례를 찾아볼 수 없는 대학살을 일으켰다.

후대에 역사를 돌이켜본다면 이 '금요일의 대학살'은 과거에 가톨릭이 위그노(신교도)를 대대적으로 숙청했던 성 바르톨로메오의 학살(1572)이나 프랑스 대혁명 시기에 국민위병대(國民衛兵隊)가 5만 명의 시민에게 발포했던 샹드마르스(Champ-de-Mars) 학살(1791)과 마찬가지로, 피해자의 실제 수보다 사건의 상징적인 의미에서 역사의 전환에 한 획을 긋는 사건으로 추억될 것이다. 혹은 프랑스 역사뿐 아니라 세계사에서 새로운 무질서를 만들어낸 날로 회상될지 모른다.

그 상징성에 먼저 주목한 이가 로마교황 프란치스코(Pope Francis)다. 교황은 이 테러 공격을 "단편적인 제3차 세계대전의 일부다"라고 표현했다. 즉 이제까지 보아온 전쟁과는 이질적이며 반드시 조직화되지 않았다고 해도, 본질적으로는 세계대전으로 발전할 역사적 사건이자 현상이라는 것을 갈파했던 것이다.

감히 필자가 교황 프란치스코의 진의를 대담하게 추측하자면, 제2차 냉전과 포스트모던형 전쟁이 결합하는 위험한 시대가 시작되었다고 논한 것은 아닐까?

이제까지 우리들이 알고 있었던 세계대전이란 세계의 강국이나 대국이 동맹이나 연합을 조직해 서로 진영을 나누고 국가와 체제가 블록을 형성해 영역을 놓고 대결하는 전쟁과 다르지 않다. 이런 의미에서 고전적인 관점에서 말하자면 기원전 5세기의 페르시아 전쟁과 펠로폰네소스 전쟁은 역사에 등장했던 최초의 세계대전이었다.

지금 우리의 눈앞에서 전개되고 있는 것은 이러한 고전적인 대전이나 20세기에 일어난 두 차례의 세계대전과는 질적으로 다른 전쟁이다.

21세기 들어서 이제까지 서구가 내세워 왔던 모더니즘적인 개념이나 의미가 어느 지역에서나 성립하는 조건은 이미 존재하지 않는 것처럼 보인다. 자유, 인권, 민주화 등 구미의 가치관이 반드시 중동과 아시아에서 훌륭하게 기능을 하고 있지는 않다.

이런 포스트모던 시대에 그 도전자로서 지금 악명을 떨치고 있는 것이 IS이며, 그들이 시리아와 이라크에서부터 프랑스로까지 확대시킨 '전쟁'은 많은 면에서 포스트모던형 전쟁이라고 할 만한 이질적인 형태가 되고 있다.

훈련된 '부대'를 본뜬 개인들이 특공대원처럼 파리 시내에서 일상을 보내는 시민들을 무차별적으로 살육하는 수법은 국가 대 국가의 전쟁이 아니며, 국가 대 테러리즘이라는 범죄의 틀에서만 처리되는 것도 아니다.

나아가 무슬림 대 비무슬림의 '십자군전쟁'과 '반(反)십자군전쟁'이라는 전근대적 전쟁으로부터 근대적인 감각으로 통속화되는 고전적인 전쟁일지라도 있을 수 없는 일이다. 이는 희생자 중에 이슬람 계통의 시민이 포함되어 있다는 점에서도 알 수 있을 것이다.

좀 더 말하자면 IS가 지배하는 시리아 지역에서 그들이 주장하는 칼리프 국가를 2014년 6월 수립한 이래로 2015년 11월까지 3591명이 처형되었고, 그중 1945명이 여성과 어린이를 포함한 민간인이라는 것이 영국 주재 '시리아 인권감시단'의 조사로 판명되었다. '십자군', '반십자군' 등의 표상(表象)이나 레터르로는 표현될 수 없는 요소가 포함되어 있는 것이다.

이 책에서는 중동에서 진행되고 있는 제2차 냉전과 포스트모던형 전쟁이 복잡하게 결부된 사건과 현상을 '중동의 복합위기'라고 정의해보고자 한다. 그런 다음 바람직하지 않은 비관적 상정일 수도 있지만, 시리아 전쟁과 중동 각지의 내전이 결부된 중동의 복합위기가 제3차 세계대전을 초래하는 것 아닌가라는 시나리오도 검토할 필요가 있다.

또한 수니파의 맹주 사우디아라비아와 시아파의 총본산 이란은 안전보장 등 국익의 총체를 포함해 오랫동안 경합해왔고 이미 '냉전 상태'에 있었는데, 2016년 1월 단교하고 말았다. 게다가 그 뒤를 이어 사우디아라비아 공군이 예멘의 이란 대사관을 공중폭격 했다고 이란 정부는 비난하고 있다. 만약 양국이 정면으로 부딪치게 된다면 국가 간 충돌에 머물지 않고 비옥한 초승달 지대와 걸프만 지역을 무대로 수니파 대 시아파의 종파 전쟁으로 발전하게 될 것이다.

이 최악의 시나리오가 실현될 경우 중동의 복합위기는 제3차 세계대전으로 향하는 문을 열게 된다. 이렇게 된다면 구미, 러시아, 중국도 휘말리게 되며, 호르무즈해협(Strait of Hormuz)은 봉쇄되든지 자유항행이 크게 제한될 것이다. 일본은 물론이고 전 세계의 에너지 공급과 금융·주식 시장 및 경기 동향을 직접 강타할 충격이 도래할 것이다.

그런데 이란은 2016년 1월 하순 이슬람협력기구(OIC: Organization of Islamic Conference) 긴급 외무 장관 회의와 다보스 포럼에서 사우디아라비아에 긴장 완화를 호소했으며, 이란의 최고 지도자 알리 하메네이(Ali Khamenei)도 대사관 방화를 '악행'이라고 하면서 공개적으로 비난 성명을 냈다. 이란으로서는 제재 해제에 의한 국제사회로의 귀환을 우선시하고자 했을 것이다.

양국의 대립에서 이익을 얻는 것은 IS다. 자신들과 대결하는 국제적 호적수가 약해지기 때문이다. 수니파 대 시아파의 종파적 세력 관계가 적대적으로 변화하는 것만으로도 사우디아라비아, 카타르, 터키 등 IS에 공감하기 쉬운 여론이 일부 형성된 국가에서는 반(反)시아파와 반(反)이란이라는 국민감정이 강해져, 중동 정세와 국제 정치의 틀도 크게 변동하게 될 것이다.

전문가와 학자 중에는 냉전의 학술적 정의와 제1차 냉전의 역사적 경험에 지나치게 구애되어, 러시아의 블라디미르 푸틴(Vladimir Putin) 대통령이 포스트 냉전에 종지부를 찍고 '새로운 냉전'을 대담하게 결의한 정치 현실을 무시하는 사람도 적지 않다. 그런데 2008년 조지아 전쟁과 2014년 크림반도 병합 및 우크라이나와의 충돌은 실로 그런 결의의 표현이었다. 또한 연이어 시리아 전쟁에 참전한 것은 제2차 냉전에 관여해 실지(失地)를 회복하려는 푸틴의 의지가 물러섬이 없다는 것을 똑똑히 보여주었다.

사이버 공간과 우주 공간 등 새로운 전장과 전역(戰域)을 염두에 둔다면, 제3차 세계대전이 이미 시작되었다는 생각도 감히 부정할 수 없다.

이란과 사우디아라비아의 대결

종파 전쟁의 공포

2016년 새해를 맞은 지 얼마 지나지 않은 1월 3일 사우디아라비아가 이란과 국교 단절에 나서자 국제정치와 시장(market)이 크게 요동쳤다.

이 국교 단절의 직접적인 계기는 이란의 '폭도'가 테헤란과 마슈하드의 사우디아라비아 대사관과 총영사관을 방화한 것이다. 본래 이란인이 격앙된 것은 사우디아라비아가 정부와 왕실의 전복 활동에 관여했다고 처형한 인물 47명 중에 저명한 이슬람교 시아파 지도자 알님르가 포함되어 있었기 때문이다.

알님르는 사우디아라비아에서 출생해 이란에서 종교 교육을 받은 후 조국으로 돌아가 왕실을 비판하는 언동을 거듭해 몇 차례나 투옥된 전력이 있다. 그는 2011년에 시작된 '아랍의 봄'을 계기로 시아파의 대중적 항의를 선동한 죄로 체포되어, 사형 판결을 받았다. 알님르가 처형되었다는 보도를 전해 듣고 '시아파 국가'인 이란의 일부 국민이 광분해 1월 2일 밤 사우디아라비아의 공관을 습격했던 것이다.

국제법에 의하면 대사관 습격은 충분히 '개전 사유(casus belli)'가 될 만한 범죄다. 걸프만을 사이에 두고 장기간 대치해왔고, 중동 각지의 분쟁에서도 경쟁 관계에 있던 사우디아라비아와 이란 사이의 긴장이 고조되면서 세계 주요국은 일제히 크게 우려하기 시작했다.

필자는 때마침 양국이 일촉즉발의 정세로 들어선 직후인 1월 6일부터 약 2주 동안 이란과 아랍에미리트 등을 차례로 방문했다. 현지의 긴장감은 일반적인 상상을 훨씬 웃도는 것이었다. 이란인은 대체로 평정을 유지하고 있을 것이라 생각했는데, 이스파한(Isfahan)의 길거리에서 사우디아라비아인으로 보이는 인물이 이란 시민들에게 둘러싸여 논쟁을 벌이던 모습이 인상적이었다. 또한 대사를 소환한 아랍에미리트의 두바이(Dubai)로 돌아가기 위해 이란의 시라즈(Shirāz) 공항에서 짐을 검사받았을 때의 일이다. 평소와는 다르게 혁명수비대(IRGC: Islamic Revolutionary Guard Corps) 장교에게 삼엄한 질문을 받았고, 기기 종류는 모두 작동시켜 세세히 설명할 것을 요구받았다.

시리아와 예멘의 무장 투쟁을 담당하는 혁명수비대에 속해 있는 장병이 눈앞에 있다는 것만으로도 중동 복합위기의 현실을 직접 목격한 것이나 다름없었다.

무릇 사우디아라비아는 이슬람교 수니파로부터 파생된 와하비즘(Wahhabism)을 국교로 삼은 국가인 데 반해, 이란은 이슬람교 시아파를 신봉하는 국가다. 이 양자 간의 종파 대립은 중동 지역의 폭주하는 정치 상황의 혼미와 이해(利害)가 얽히거나 서로 맞물려 중동의 위기를 복합적이면서 또한 심각한 것으로 만드는 주된 유인이 되어왔다.

중동의 복잡한 상황, 이슬람교 수니파와 시아파의 대립 등은 역사학과 지정학에 입각해 이 책에서도 순차적으로 집중해 살펴볼 것이다. 우선 머리말에서는 사우디아라비아와 이란이 대립하게 된 배경과 그 전망을 독해해보도록 하겠다.

와하비즘을 국교로 삼고 있는 사우디아라비아는 네지드(Nejd) 지방(아라비아반도의 중심부)의 리야드(Riyadh)에 가까운 디리야(Diriyah)를 수읍(首邑)으로 삼은 호족(豪族) 무함마드 빈 사우드(Muhammad bin Saud)와 법학자 무함마드 이븐 압둘 와하브(Muhammad ibn Abd al-Wahhab)가 18세기에 동맹을 결성한 데서 유래한다.

와하브파는 18세기에 아라비아반도에서 종래 수니파의 법학 해석과 수피즘(Sufism: 신비주의)을 모두 부정하고 후세에 나타난 '신기한 관행'을 '비다

(bid'ah: 이단)'로 배척하면서 수니파의 엄격화를 추구했다. 이런 와하브파는 애초부터 수니파와 대립해왔던 시아파를 용납하지 않았다. 따라서 시아파 이란과의 대결은 숙명적이었다.

와하브파는 현재의 이슬람 무장투쟁주의(지하디즘)라고 할 수도 있는 'IS' 나 누스라 전선[Al-Nusra Front: 2011년에 '이라크의 알카에다(ISI)'의 지원으로 시리아에서 결성된 수니파 과격 조직], 그 이전 이집트와 시리아의 무슬림형제단이 근원적으로 자극을 받았던, 이슬람 원리주의의 고전적 조류다. 이는 무슬림 1세대인 살라프(salaf)를 향한 원점으로의 회귀와 순수한 전통을 강조하는 살라피즘(Salafism)에서 나온 것이다.

물론 본래의 복고적인 금욕주의는 현재 사우디아라비아의 일부 왕족과 엘리트들의 소비적인 향락주의나 대미(對美) 동맹 노선에는 조금의 흔적도 남기지 않은 채, 부족민과 시민을 대상으로 수족절단 형이나 투석 형 등 엄격한 이슬람법의 집행으로만 전승되고 있다. 이를테면 사우디아라비아의 정치 체제는 이중 기준으로 성립되어 있으며, 이 점 자체가 호메이니 이래 시아파의 이란이 현대에 이르기까지 사우디아라비아를 흔들어대는 근거가 되기도 했다.

와하브파는 19세기 초에 시아파가 많이 거주하는 이라크의 카르발라(Karbala)를 공략한 적도 있다. 그렇지만 1960년대와 1970년대에는 이집트의 가말 압델 나세르(Gamal Abdel Nasser) 대통령과, 이라크 및 시리아의 바아스당(Baath Party)에서 드러나는 범(凡)아랍주의와 대(大)아랍민족주의에 대항해 팔라비 왕조의 이란과 와하브파를 신봉하는 사우디아라비아 왕국은 동맹과 협력 관계를 결성했다.

실제로 닉슨 독트린은 양국을 걸프만 지역의 안전보장을 수호하는 두 개의 기둥으로 중시했던 것이다. 그 방패가 된 것이 바레인에 사령부를 둔 바로 미 해군 제5함대였다.

모든 것을 변화시킨 것은 1979년 이란에서 일어난 '이슬람 혁명'이다.

모하마드 레자 팔라비(Mohammad Reza Pahlavi)를 타도한 루홀라 호메이니 (Ruhollah Khomeini)는 구미가 지원하는 아랍 내 수니파 군주국에 거주하는 시 아파 이슬람교도를 구한다는 명분을 내세워 이슬람(시아파) 혁명을 국제적 으로 수출하고자 기도했다.

사우디아라비아는 이에 곧바로 대항해 1981년 쿠웨이트, 바레인, 카타 르, 아랍에미리트, 오만을 규합해 걸프협력회의(GCC: Gulf Cooperation Council) 를 결성했다.

이후 양국은 상호 체제의 존속을 내걸고 대치하는 관계가 되어간다.

이란 제재의 해제와 핵 협정이 불러온 것

그런 사우디아라비아가 2016년 1월 2일 시아파 지도자 알님르와 다른 세 명의 시아파 교도를 처형한 것은, 이란은 물론이고 시아파 세계의 사람들에 게 간단히 잊힐 사건이 아니다. 사우디아라비아가 43명의 수니파 '테러리스 트'를 처형하고 테러와의 전쟁이라는 대의를 정면에 내세우며 충돌을 줄이 고자 하더라도, 결국 이란과 사이좋은 관계가 될 수는 없다.

사우디아라비아가 대담하게 행동에 나선 것은 이란의 핵 개발 감속을 도모하는 빈 최종 합의에서 보여준 이란의 외교적 성공에 초조감을 느꼈기 때문이다.

2015년 7월 체결된 핵 합의의 정식 명칭은 "포괄적 공동 행동 계획(JCPOA: Joint Comprehensive Plan of Action)"이다. 이것은 사우디아라비아를 비롯한 수니파 아랍 국가들에 의한 바샤르 알아사드(Bashar al-Assad) 정권의 타도를 도모하는 대(對)시리아 전략의 좌절이나, 사우디아라비아의 대미 외교 냉각화와 대조되었다. 핵 합의의 장래는 반드시 낙관할 수 없었지만, 이란 외무 장관 자바드 자리프(Javad Zarif)는 "그것은 그 누구도 만족시키지 못했지만, 모든 사람에게 중요한 것이었다"라고 분명히 말했다.

2016년 1월 16일 마침내 구미의 이란에 대한 경제 제재가 해제되었다.

핵 합의와 제재 해제를 계기로 미국과 이란 간에 긴장 완화(détente)가 진전된다면, 미국이 냉전 시대와 같이 이스라엘과 사우디아라비아를 동맹국으로 절대시하는 옛 사고에서 벗어나 중동 평화를 향한 기운을 강화할 가능성도 배제할 수 없다. 버락 오바마(Barack Obama)에 의한 쿠바, 미얀마, 이란 등 '적성(敵性) 국가'와의 관계 재구축은 지정학적으로 보더라도 커다란 세력 균형(power balance)에 변화를 수반하기 때문이다.

오바마의 외교는 중동에서도 실패했다는 평가만 받고 있지만, 핵 합의와 제재 해제는 새로운 사고의 성과라는 생각도 무턱대고 배제할 수 없다.

그러나 2015년 7월에 체결된 이와 같은 핵 합의로는 이란의 핵 개발 의욕을 단념시키지 못하고 있다는 의심이 곧 생겨났다. 이것은 이스라엘뿐만 아니라 사우디아라비아도 함께 품고 있는 의심이기도 했다.

합의는 이란의 핵 개발 계획의 감속시키는 것으로(원심분리기 1만 9000기 중에 3분의 2의 철거, 보유 농축 우라늄 98% 삭감, 10~15년간 핵에 관한 심도 깊은 연구 제한) 이란이 핵무기를 생산할 수 있는 시간을 2~3개월부터 1년까지 연기시킨 데 불과하기 때문이다.

이 성과는 이란의 대략 30년에 걸친 핵 개발 실적을 놓고 본다면 사소한 것이다. 게다가 10년 후인 2026년부터 신형 원심분리기 개발이 자유로워지며, 15년의 이행 기간이 종료되면 평화적으로 이용한다는 핑계로 우라늄 농축과 재처리하는 기술을 활용해 이론적으로는 핵무기 제조가 가능해진다.

어쨌든 이란에서 주목되는 것은 자리프 외무 장관의 외교 수완뿐만 아니라 제재를 견뎌내며 냉정하게 역사를 만들어가는 국민들의 끈질긴 강인함이며, 고립을 두려워하지 않고 국익을 수호하는 엘리트들이 보여주는 강인한 의지력의 지속성이다.

이란의 약속 이행이 순조롭게 진행된다면 최저 1000억 달러(약 117조 원)로 추산되는, 동결된 이란의 해외 자산이 해제된다. 이 거액의 자산이 항공기 등의 수입과 각종 투자의 종잣돈이 되어, 이란의 경제가 활성화될 것으로 기대된다. 그리고 제재 해제 후 이란은 원유 수출량을 1일 50만 배럴 증산한다고 공언해, 원유 가격 하락을 통해 사우디아라비아의 약체화를 도모하는 전략에 나선 것으로 보인다.

사우디아라비아도 증산 정책으로 응대하면서, 석유수출국기구(OPEC: Organization of the Petroleum Exporting Countries)에서 주도권을 확보하기 위해 이란과의 종파 대립 및 국내 정치에서의 위기에 더해 낮은 유가를 버텨내며 '소모전'을 시작했다.

그렇다 하더라도 이란의 문명론과 역사관으로 뒷받침된 전략에 사우디아라비아는 항상 한 수 뒤지고 있다.

사우디아라비아의 핵 개발, MbS 대 MbN

이란과의 국교 단절을 선언하기까지 빈 핵 합의에 대응한 사우디아라비아의 다각적 외교는 그런 대로 주목할 만한 것이 있었다. 2015년 6월 사우디아라비아의 부황태자로서 국방 장관인 무함마드 빈 살만(Muhammad bin Salman)의 러시아 방문은 상징적 것이었다.

부황태자의 러시아 방문은 EU와 미국이 러시아를 경제적으로 보이콧하고, 우크라이나 문제로 모스크바에 제재를 가하던 시기와 맞물려 있다. 이때 사우디아라비아는 러시아에 16기의 원자로 건설을 용인하고 이를 운용·감독하는 데도 '최대한의 역할'을 하겠다고 약속했는데, 이것이 바로 '구미의 적인 러시아는 아군'이 될지도 모른다는 구도다.

그에 더해 사우디아라비아 교육부는 거리낌 없이 핵에너지를 전공하는 학생 1000명에게 새로 책정된 장학금을 수여하기로 결정했다. 핵클럽 가입을 목표로 삼는 사우디아라비아의 의지가 명확해졌다고 생각하는 것이 자연스럽다.

이란과 단교한 뒤 2016년 1월, 사우디아라비아의 아델 알주바이르(Adel al-Jubeir) 외무 장관은 이란이 핵을 보유할 경우 사우디아라비아도 핵 보유를 배제하지 않겠다고 공언했다. 이것은 과거 종합첩보청(General Intelligence Directorate) 장관 투르키 빈 파이살(Turki bin Faisal) 왕자가 핵 개발 의지를 시사했던 그 연장선에 있다. 그리고 알주바이르 외무 장관의 발언 직후 중국의 시진핑 국가주석이 살만 국왕(Salman bin Abdulaziz Al Saud)과 원자로 건설에 협력하겠다는 합의 문서를 교환한 것은 결코 우연이 아니다.[1]

그런데 그 경과를 살펴보면, 무함마드 부황태자의 활약이 두드러진다.

이는 살만 국왕이 아들에게 왕위를 계승하기 위해 획책한 움직임으로도 분명히 주목된다.

워싱턴의 한 소식통에 따르면 살만 국왕이 왕위를 몇 주 내에 MbS에게 물려줄 것이라는 정보마저 나왔던 것이다. 이제까지와 같이 왕위가 수평적으로 이동하기보다 수직적으로 이동하는 편이 왕실을 안정시킨다는 견해를 살만 국왕이 피력했을 법하다. 하지만 그 소식통은 MbN에 대한 처우에 관해 언급하고 있지 않다.

여기서 MbS는 무함마드 빈 살만 부황태자이며, MbN은 황태자로서 내무 장관을 겸하고 있는 무함마드 빈 나예프(Muhammad bin Nayef)를 가리킨다. 이 약칭은 걸프만 지역과 구미의 관계자 사이에서 흔히 사용되고 있다. 더구나 MbN은 살만 국왕의 조카다.

필자가 2016년 1월 국교 단절 후 두바이를 방문했을 무렵 시아파 지도자 알님르를 처형하기로 결단한 것은 내무 장관의 권한을 행사하던 MbN이며, 그가 이란의 반발을 확인하고도 이를 실행한 것은 외교부터 국방까지 크나큰 권한을 휘두르는 MbS를 곤경에 빠뜨리기 위한 것이라는 풍문이 그럴듯하게 나돌았다.

진위를 가릴 방도는 없지만 알님르의 처형으로 이란의 폭력적 행위를 유발하고, 제재의 해제를 늦추고자 도모한 것이 그 동기 중 하나라고 할 수 있다. 또한 제네바에서 열린 시리아 평화 협상에서 이란을 자연스럽게 배

---

1 아울러 2017년 3월 16일 베이징에서 중국 시진핑 국가주석과 사우디아라비아 살만 국왕은 군사 협의 항목이 포함된 650억 달러(약 73조 6000억 원) 규모의 경제 협력을 체결했다["中沙簽署軍事協議巴軍官訪華藏玄机", 多維網 (2017.3.17)].

제하는 구실을 만들고자 했던 점도 부정할 수 없다.

이런 점에서는 MbS와 MbN 사이에 현격한 차이가 있음이 확실하지만, 두 사람이 권력 투쟁에 왕실과 국가의 안위를 결부시킬 만큼 생각이 없지는 않아 보인다. 오히려 삼십 대 연령의 MbS가 예멘에 대한 간섭 전쟁에 열심이며, 아라비아반도에서 이란의 야심을 불식시키는 최선봉에 서 있는 것이다. 그에 의하면 알님르의 처형은 내정 문제이며, 사우디아라비아가 주도하는 예멘 작전은 국가의 안전보장이라는 면에서 보면 충분히 정당화되기 때문이다. 그렇더라도 경험이 풍부한 이란 정치가의 노회함에 비하면, 사우디아라비아의 왕자들은 분노한 상태에서 다소 성급하게 행동했다고 말할 수 있지 않을까?

렌티어 국가의 변용 과정에서 분출된 불만

사우디아라비아가 1979년 이란에서 일어난 이슬람 혁명의 위협에 대항해 쿠웨이트, 레바논, 카타르, 아랍에미리트, 오만을 규합해 걸프협력회의를 결성한 것은 이미 앞에서 언급했다.

이 걸프협력회의 국가들의 공통점은 '렌티어 국가(rentier state)'로서 국민의 환심을 얻음으로써 통치의 정통성을 얻었다는 점이다. 렌티어 국가란 석유와 천연가스를 비롯해 지하자원 등으로부터 국가가 획득한 이익을 국민에게 재분배하고, 교육과 의료 등 복리·후생과 일상생활을 이 수익에 의존하는 국가를 말한다.

그런데 2015년부터 2016년에 걸쳐 1배럴당 30달러 선이 무너지며 원유 가격이 하락하고 기업 발전과 고용에도 한계가 있어, 무함마드 부황태자는 '요람에서 무덤까지'의 평생 생활 보장 모델을 재검토하고 적자 재정을 편성할 수밖에 없는 상황이므로, 사우디아라비아가 더는 '렌티어 국가'를 계속해서 충실히 이행할 수 없다는 것을 깨달았다.

사우디아라비아는 2015년 12월에 2016년 예산을 발표했다. 세입이 5138억 리얄(riyal)로 2015년 실적 전망에 비해 15%나 감소했고, 마찬가지로 세출은 8400억 리얄로 14% 감소했다. 세출에서 세입을 뺀 재정 적자가 3262억 리얄(약 100조 6313억 원)인 셈이다.

원유 가격의 하락이 재정에 직접적으로 타격을 입히고 있으며, 보조금의 재검토나 부가가치세 등 신세(新稅)의 도입도 검토되고 있다.

이렇게 되면 렌티어 국가로서 사우디아라비아의 국가 제도 자체가 위태로워지는 것이다. 또한 사우디아라비아는 2100만 명의 인구 중 70%가 30세 이하로 두터운 층을 이루고 있다. 머지않은 장래에 대량의 불완전 고용이 발생할 수 있으므로 그들이 IS와 알카에다에 미혹되지 않도록 불만을 흡수하는 국가의 정책이 눈앞에 닥친 급선무라 하겠다. 그 위에 800만 명이라는 많은 수의 외국인층이 중노동을 담당하고 있는 점도 국내 질서의 안정에 불안 요소가 되고 있다.

이에 더해 인구의 10~15%를 차지하는 걸프만 연안의 동부 영토에는 시아파 국민이 거주하고 있어, 바레인과 쿠웨이트의 많은 시아파 주민과 함께 이란이 아라비아반도에 박아둔 쐐기 역할하고 있다. 무함마드 부황태자가 직면하고 있는 중동의 복합위기는 IS와 알카에다에 공감하는 젊은이들이 과격파에 경도되어 발생하는 것만은 아니다. 저유가와 적자 예산, 시아파 등 종파 대립의 불안정 요인도 위기의 복합성을 구성하고 있다.

위기 요인
왕족의 부도덕과 바람직하지 못한 품행

일부 왕실과 왕자들이 보여주는 와하브파답지 않은 해외에서의 음주와 성적 방탕 등의 부도덕과 바람직하지 못한 품행은 노블레스 오블리주(신분이 높은 왕족과 귀족 등 엘리트는 그에 상응해 수행해야 할 사회적 책임과 의무가 있다는 관념)와는 동떨어진 것이다.

왕자만 해도 1000명 이상, 왕족이 적어도 5000명은 있을 것으로 추정되는 사우디아라비아에서는 전반적으로 노블레스 오블리주가 적용되지 않는 듯하다. 비즈니스 중개 과정에서의 특권 남용이나 부패·독직은 물론이고, 2015년만 해도 마약 밀수 혐의로 베이루트 공항에서 체포된 왕자나, 로스앤젤레스 베벌리힐스(Beverly Hills)에서 여성을 성폭행한 혐의로 체포된 왕자 등 추문이 지나치게 많다. 이런 점도 국제적으로 이슬람(시아파) 혁명을 수출하고자 하는 이란이 기회를 틈탈 수 있는 근거가 되고 있다.

과거의 일본에서처럼 황족이 법친왕(法親王)이나 입도친왕(入道親王)으로 승적(僧籍)에 오르든지, 작위 수여를 통해 고위 귀족으로 적을 옮기는 것과 같은 지혜가 없다면 쥐가 기하급수적으로 번식하듯이 왕족이 증가하는 것은 당연하다. 일본에서는 세이와 겐지(淸和源氏)나 간무 헤이시(桓武平氏)와 같이 신적강하(臣籍降下)를 통해 무사가 되는 노블레스 오블리주 본연의 방식도 존재했다. 한편 사우디아라비아와 같이 무위도식하는 왕자를 무한정 부양하는 것은 아무리 렌티어 국가라고 해도 국고 사정상 더는 허락되지 않는다.

동맹국인 미국이 적성국 이란으로 경도되는 국제 요인을 포함해, 사우디아라비아의 정치 환경은 갈수록 복잡하게 변화하고 있다. 이렇게 본다면 MbS든 MbN이든 사우디아라비아의 이성적 지배 엘리트는 지금 직접적으로 이란과 교전하는 것이 유리한 계책이 아님을 인지하고 있을 것이다.

그렇지만 수니파와 시아파의 중동 지정학과 종파 대립의 역사성에는 구미와 러시아의 국제정치관(觀)에는 없는 독특한 것이 많다.

시리아에서는 시아파의 이란이 전쟁 당사자이며, 레바논이나 이란도 시아파가 권력을 잡고 있고, 걸프만 지역에도 시아파 주민이 많다. 걸프만에서 지중해까지 보통의 지도에는 결코 묘사되지 않는 시아파 이란의 세력권이 확대되고 있는 것이다. 무함마드 부황태자는 미국의 오바마 정권이 중동에서 전략적으로 중요한 국가로 이란을 사실상 인정한 이상, 지역의 안전보장과 국내에서의 시아파 반란 저지를 자력으로 도모하지 않을 수 없다.

중요한 것은 사우디아라비아가 이란에 대해 독특한 우열(優劣)의 콤플렉스를 보인다는 것이다.

수니파의 맹주를 자처하는 사우디아라비아인에게 시아파에 대한 우월감이 있다는 것은 틀림없는 사실이다. 그 반면에 사우디아라비아인은 유구한 역사와 전통을 자랑하는 문명 대국 '이란'과, 그 세련된 국민 '이란인'에게 심층 심리를 포함해 일종의 열등감을 느끼고 있다. 쌍방의 관계는 역설과 복잡한 뒤틀림으로 채색되어 있다.

문명국가 이란의 '분열증'

한편 이란의 복잡함은 그 자체에 내재해 있다. 이는 호메이니의 법통을 계승해 국제 이슬람(시아파) 혁명을 확산시킨다는 충실한 흐름과, 일국 이슬람(시아파)주의에 만족하며 국민국가 '이란'을 세계 시장과 국제사회로 되돌아가게 하려는 흐름 간의 대립이라고 형용할 수 있을 것이다. 이를 이란의 '조현병(schzophrenia: 분열증적 언동)'이라고 표현하는 전문가도 있다.

이란은 1979년 11월 4일 테헤란의 미국 대사관을 점거해 444일 동안이나 인질을 구금함으로써 '외교관 보호를 위한 빈 조약'을 위반했다. 이뿐만 아니라 지미 카터(Jimmy Carter) 대통령에게 굴욕을 안겨준 이후 30년가량 무슬림 국가를 포함해 17개 국가와 관계를 단절했다. 거기에는 이집트, 리비아, 튀니지, 모로코, 나이지리아도 포함되어 있었다.

현재 혁명수비대[당시 파스다란(Pasdaran)]나 민병 부대[바시즈(Basij)]와 연계되어 있는 젊은이들은 독일·프랑스·이탈리아·한국의 대사관을 습격해 점거하고, 프랑스 대사 기 조르지(Guy Georgy)를 장기간 구금했다.

2016년 1월 필자가 이란에 출장을 가서 호텔과 비행기에서 직접 본 이란의 신문과 잡지는 처형, 방화, 단교로 이어지는 책임을 사우디아라비아에 전가한다는 점에서 일치했다. 그렇지만 사건의 서술과 평가가 제각각이었던 것은 아무래도 '민주주의라는 테두리가 쳐진 국가'로서 두 가지 흐름이 존재하는 이란다운 부분이다.

이란 국내의 동정을 분석해보면 다음과 같다.

최고 지도자 하메네이의 견해를 대변하는 ≪카이한(Kayhan)≫이나 혁명수비대가 통제하는 파르스 통신(Fars News Agency)은 사우디아라비아와의 단교에 대해 사우디아라비아에 의한 최후의 억제를 벗어던지고 뜻대로 할 수 있는 좋은 기회가 도래했다고 환영했다.

한편 정부 기관지 ≪이란(Iran)≫이나 ≪샤르크(Sharq)≫는 온건파인 전임 대통령 악바르 하셰미 라프산자니(Akbar Hashemi Rafsanjani)와 가까운 관계이 므로, 외교 관계의 긴장을 애석해할 뿐만 아니라 테헤란의 대사관이나 마 슈하드의 영사관을 습격한 '폭도'를 엄중히 비판했다.

자리프 외무 장관은 후자의 견해에 가까운 듯 보이지만, 이란을 중동 의 '주요 문제아'로 간주하는 사우디아라비아를 포함한 아랍연맹(Arab League)의 언설을 결코 인정하지 않는다. 그뿐만 아니라 자리프 외무 장관 은 2016년 1월 10일 자 ≪뉴욕타임스(The New York Times)≫ 논설에서 수니파 국가인 사우디아라비아 자체가 시아파와의 종파 충돌을 아랍 국가들을 향 해 부채질하고 있다고 비판했다.

하산 로하니(Hassan Rouhani) 대통령의 의지가 그다지 분명하지 않다고 해 도, 시아파의 상급 종교인(아야톨라)과 군 통수부 등은 이란과의 관계를 단절 하거나 관계를 격하시킨 사우디아라비아를 비롯한 국가들을 향해 준엄하 게 비난을 퍼부었다.

앞에서 서술했듯이 국제법상 대사관 습격과 점거는 충분히 개전 사유가 될 수 있다. 혁명 전의 이란 '형법'에는 외국 공관에 대한 불법 침입은 3년, 인질 유괴는 15년 형을 내린다고 되어 있었다.

그러나 '분열증'에서 벗어나지 못하고 있는 '이란 이슬람공화국'에서는 대사관 방화 등 외교 영역에서의 불법 행위가 일부에서는 명예나 찬사를 얻으며 환영받고 있다. 구미에는 온건파로 알려져 빈 핵 합의를 타결시킨 로하니도 후자트 알이슬람(Hujjat-al-Islam)이라는 세 번째 위계(位階)에 해당 하는 시아파의 울라마(ulama)이며, 그 정부에는 과거 미국 대사관 인질 사건 에 관여했던 이들이 포함되어 있다. 국방 장관, 수석 정치 고문, 환경문제 특별 보좌관 등이 그렇다. 국회의원 선거를 비롯해 각종 선거에는 지금도 경력 사항에 대사관 점거의 당사자였다고 기입하는 후보가 적지 않다.

이슬람 혁명은 모든 법을 초월하는가?

호메이니 시대의 미국 대사관 인질 사건부터 사우디아라비아 대사관 방화에 이르기까지 공통된 점은 '법의 지배'에 관해 무지하든가 아니면 알아도 무시하든가, 이 둘 중 하나다. 블라디미르 레닌(Vladimir Lenin)이 『국가와 혁명(Gosudarstvo i Revolyutsiya)』에 기술한 "혁명은 그 자체의 법을 만든다"라는 생각을 이란인들은 예기치 않게 실천하고 있다고 말할 수 있다.

게다가 이란인 급진파는 레닌과 초대 외무 장관(외무인민위원) 레온 트로츠키(Leon Trotsky)보다 철저한 점이 있다. 제1차 세계대전 말기인 1918년 '브레스트리토프스크 조약(Treaty of Brest-Litovsk)'으로 독일과 국교를 정상화한 뒤, 연립 정부를 구성한 좌익의 사회혁명당(Socialist Revolutionary Party) 당원[2]이 독일제국의 대사 빌헬름 그라프 폰 미르바흐하르프(Wilhelm Graf von Mirbach-Harff) 백작을 암살했을 때 레닌은 지체 없이 독일에 사죄하고 좌익 사회혁명당을 해체하는 데 착수했다.

이란과 유사한 것은 오히려 문화대혁명 시기의 중국일 것이다. 외국으로부터 대사를 소환하고 정상적인 외교 기능을 정지시켰을 뿐만 아니라, 홍위병은 외국 공관을 상대로 난폭하고 무도한 행위를 멈추지 않았다.

이란에는 매우 성숙한 문명국가의 전통과, 호메이니가 선동한 감정적인

---

2   야코프 그리고리예비치 블룸킨(Yakov Grigorevich Blumkin)을 말한다.

사념을 모락모락 피어오르게 하는 혁명의 시뻘건 숯불이 지금도 병존하고 있는 듯 보인다.

2011년 테헤란의 영국 대사관이 '폭도'의 습격으로 서류 등을 약탈당했을 때 당시 이란의 외무 장관 알리 악바르 살레히(Ali Akbar Salehi)는 영국의 외무 장관 윌리엄 헤이그(William Hague)에게 전화로 사죄하며 "나는 그 인물들이 누구인지 모른다. 또한 누가 대사관을 약탈하기 위해 그들을 보냈는지도 모른다"라고 말했다.

살레히는 그들을 몰랐을지 모른다. 그렇지만 누가 보냈는지 정도는 예상할 수 있었을 것이다.

확실한 것은 혁명이 일어난 지 40년 후에 테헤란과 마슈하드의 사우디아라비아 공관을 방화했음에도 그 누구에게도 죄를 묻지 않고, 벌도 내리지 않았다는 사실이다. 그 후 몇 명의 하수인이 체포되었지만 말이다. 일반인의 상식으로 보면 이란은 역사와 문명을 자랑하는 당당한 국가이기는 하지만, 사회과학자의 견지에서 보면 혁명 때까지 ≪카이한≫의 편집 주간을 맡았던 아미르 타헤리(Amir Taheri)의 의문에 다소나마 공감할 수밖에 없다. 즉 "이란은 국내법과 국제법을 충실하게 지키는 국민국가인가, 아니면 모든 법을 초월하는 혁명국가인가?"라고 말이다.

이란 정부 기구의 내부에서조차 '분열증' 양상을 보이는 듯한 두 가지 조류가 있다. 확실한 것은 선거가 가까워지자, 불특정 외국과 일을 공공연히 꾸미거나 구미인을 포로나 인질로 삼아 위기를 선동하면서 자기주장을 하는 흐름이 빈 핵 합의나 경제 제재 해제 이후에도 끊이지 않고 있는 것이다.

또한 이성적이라고 간주되는 자리프 외무 장관마저 걸프만에 떠 있는 세 개의 섬을 점령해 아랍에미리트와의 사이에 분쟁 중이라는 사실을 인정하러 들지 않으며, 국제사법재판소에 해결을 위임하려 하지도 않는다.

그러나 핵 협정에 조인하고 제재가 해제된 후에는 이렇게 하면 안 된다. '분열증'을 극복하고 중동 각지에서 일어나고 있는 국제 이슬람 혁명에 연결된 무장 투쟁에 대한 지원과 타국에 대한 군사 간섭을 멈추지 않는 한, 이란은 국제적으로 신뢰받는 지역 대국이 될 수 없다.

이란의 정치적 위신과 외교력은 중동의 혼란과 무정부 상태에 편승해 획득한 혁명적 성과이며, 질서와 조화 가운데 배양된 평화의 결실이라고 할 수 없다. 경제 제재 해제는 핵 개발과 국제 이슬람 혁명의 최종적 단념을 의미하지 않는다는 것을 냉정히 살펴볼 필요가 있다. 이란은 여전히 다음 장에서 본격적으로 설명되는 중동 복합위기의 중요한 요인이라 할 수 있다.

격화되는 종파 전쟁의 공포

앞에서 말한 것에 더해 이란과 사우디아라비아 간의 대결의 중심축에 있는 시아파 대 수니파라는 종파 대립은 양국의 관계에 국한되는 것이 아니라 중동의 복합위기를 갈수록 심화하는 요인이다.

이미 이라크와 시리아의 분열에 관련된 시아파 대 수니파의 대립 격화는 IS라는 수니파의 귀자(鬼子)[3]를 낳아버렸다. 종교 이데올로기에 기초한 정치 대결과 무력 충돌의 구도는 시리아의 알아사드(Bashar al-Assad) 정권과 레바논 헤즈볼라(Hezbollah: 신의 당)의 동맹자인 이란과, IS 혹은 그 배경에

---

3 못된 아이를 뜻한다.

결부된 사우디아라비아 간의 대결로 명확해졌다고 할 수 있다.

1980년에 일어난 이란·이라크 전쟁으로 시작된 시아파 대 수니파의 분쟁은 점차 새로운 충돌 더 나아가 전쟁으로 발전하고, 종파와 정치가 결부된 문명 내 대립은 앞으로 심화될지언정 해소되지는 않을 것이다. 정치화된 종파 청소(sectarian cleansing)의 공포는 바야흐로 중동의 광범위한 지역에 미치고 있다.

달리 말해 '종파 분쟁'과 그 위협은 이제 시리아 전쟁이나 예멘 내전, 바레인 분쟁을 초월해버렸다. 2016년에 도래한 이란과 사우디아라비아의 위기는 현대 중동의 가장 두터운 '종파적 단층선(sectarian fault lines)'이 어디에 가로놓여 있는지를 똑똑히 드러내 보이고 있다.

사우디아라비아의 살만 국왕과 황태자들은 국가의 재정 기반과 대미 동맹에 의존해왔던 그들의 존재감이 갈수록 약화되고 있다는 것을 알고 있다. 원인 제공 순으로 보면, 이란에도 상당한 책임이 있는 종파 대결을 유리하게 진행시키기 위해 새로운 동맹국과 지원자를 만들어내려 시도하고 있다.

우연이라 생각할 수 없는 것은 대(對)러시아 관계의 긴장으로 고립감이 심화된 터키의 레제프 타이이프 에르도안(Recep Tayyip Erdoğan) 대통령이 2015년 12월 말 사우디아라비아의 살만 국왕을 방문해 전략적 파트너십에 합의했다는 점이다. 시아파 지도자 알님르의 처형은 그 직후에 일어났다.

종파주의가 표면에 노출되기 시작하면, 분노와 원한이 일반 국민이나 신도 사이에서 확산될 위험이 증가한다. 국가는 종파 분쟁에서 더 많은 과실을 얻고 권력을 확대하는 데 이용하고자 서로 경합한다. 알님르의 처형으로부터 공관 방화, 나아가 국교 단절과 대사 소환이라는 흐름은 그 표면적인 움직임에 지나지 않는다.

사우디아라비아의 전임 국왕 압둘라 빈 압둘아지즈 알사우드(Abdullah bin Abdulaziz Al Saud)는 국내에 존재하는 응어리가 맺혀 있는 수니파 주민의 불만과 시아파 주민의 반항심을 판도라의 상자 속에 봉인하기 위해 진력해왔다. 하지만 살만 신임 국왕은 알님르의 처형으로 판도라의 상자를 아주 쉽게 세상을 향해 열어버렸다. 앞으로 일어나는 양대 종파, 아랍과 이란 양국민의 원한과 증오를 일반적인 차원에서 제어하는 것은 단언컨대 쉽지만은 않을 것이다.

그러는 사이에 바레인, 예멘, 시리아, 이라크, 레바논에서의 시아파 운동을 이끄는 리더십은 틀림없이 갈수록 강해질 것이다.

그 리더십이 호메이니주의에 충실한 독립 분자인지 이란 정부가 통제하는 효과적인 이성적 집단인지는, '분열증'의 이란을 염두에 둔다면 당분간은 문제가 되지 않는다. 혁명수비대와 같이 이란 정치기구의 일부로서 이란의 국익을 끊임없이 의식할 수 있는 혁명분자는 이란의 '분열증'을 자각하고 있기 때문이다.

그들은 '최고 지도자' 하메네이의 뜻을 정면에서 거부하지 못하면서도 로하니 대통령에게 내심 불만을 품고 있지만, 겉으로는 복종하는 태도를 유지하면서 핵 합의와 제재 해제를 이란의 국익과 시아파 우위의 중동 신질서 형성에 이용하고자 한다. '분열증'을 극복하는 것이 아니라 이 두 가지 흐름이 모두 '분열증'을 교묘히 이용하고 있다는 데 이란의 예측할 수 없는 개성이 있는 것이다.

또한 사우디아라비아가 꺼낸 국교 단절 카드에도 주눅 들지 않고, '패닉 상태'에 빠졌다고 하면서 경솔하게 굴지도 않으며, 이란과의 협력 자체가 사우디아라비아에는 '바람직한 장래'가 될 것이라고 단교를 행한 지 1개월이 지나지 않는 시점에 관계 정상화를 제안하는 이란의 노회함이 놀라울 뿐이다.

한편 사우디아라비아에서 가장 본질적인 문제는 다른 곳에 있다. 그것은 만약 종파 전쟁이 본격화되더라도 사우디아라비아는 그 지휘권을 결코 잡지 않을 것이라는 점이다. 사우디아라비아 내 수니파 주민의 생활고, 불평불만이 가득한 왕족·왕자의 출현은 IS에는 좋은 빌미를 제공하며, 사우디아라비아 지도부와 IS 간에 수니파 내부의 주도권을 둘러싼 치열한 투쟁이 시작되고 있는 것이다.

이란과 사우디아라비아 간의 대립에 사우디아라비아와 IS 간의 모순까지 연계될 경우, 이는 중동의 복합위기에 새로운 요인으로 작용할 것이다.

원유 시장과 안전보장을 고려하지 않고 이란과 사우디아라비아라는 두 개의 지역 대국이 국가로서 정면충돌하는 것은 생각하기 어렵다. 그렇지만 대리전쟁이나 소규모 전쟁으로 일단락될 것이라 믿고 있는 시리아 전쟁이 막다른 골목에 내몰린다면 중동에서는 종파적 폭력이 갈수록 만연할 것이다. 그 충돌이 가져올 파괴의 충격은 헤아릴 수 없다.

1

포스트모던형 전쟁과
중동의 복합위기

국가, 내전, 난민

두 가지 냉전의 차이

"두 명의 남자가 엄청 흥분했다고 하더라도 서로 마주보게 되면, 자신이 들고 있는 곤봉을 상대의 눈에 띄지 않게 숨길 것이다." 터키의 옛 속담은 두 명의 카리스마에 대한 국제 여론의 기대를 암시하는 듯 보인다.

터키와 러시아의 관계는 2015년 11월에 일어난 터키군의 러시아 전투기 격추 사건으로 갑자기 긴장감이 고조되고 있다. 그런데 러시아의 푸틴 대통령에게는 로마노프 왕조(Romanov dynasty)라는 제국(帝國)과 소련의 전통을 계승한 유라시아의 통치자라는 긍지가 있으며, 터키의 에르도안 대통령에게는 세 개 대륙을 지배한 오스만 제국(Ottoman Empire)으로서 과거 시리아를 경영했다는 자부심을 잃지 않고 있다. 러시아와 터키의 관계는 앞날을 낙관할 수 없다.

2008년 러시아가 일으킨 조지아 전쟁에서 시작되어 2014년 크림반도 병합에 의해 심화된 긴장이 널리 감돌고 있는 역사적 국면은 시리아 전쟁으로 나날이 악화되고 있다.

이렇듯 제2차 냉전이라고 할 만한 사태가 명백해진 것은, 동유럽과 중유럽부터 중동에 이르는 유라시아 서부에 대한 미국의 전략적 장악력이 저하되고, 유럽 통합의 한계도 노정되었기 때문이다. 그래서 정치적 진공 상태와 힘의 불균형이 발생하면 공백을 메우기 위한 움직임이 반드시 일어난다.

게다가 아랍의 자기 통치력 결여는 중동에서 IS의 부상을 초래해 시리아와 이라크라는 지도 위에 존재하는 국가의 틀을 현실에서는 사라지게 만들어버렸다.

제1차 냉전은 자유주의 대 공산주의, 자본주의 대 사회주의라는 이데올로기의 차이를 기본으로 하는 국가들의 블록 대립이 특징이었다. 그렇지만 현대의 냉전은 자본주의와 시장의 원리를 받아들이면서 공산당이 일당독재를 통해 동중국해와 남중국해의 자유 수역을 배타적으로 영유하고자 하는 중국을 비롯해 이슬람의 시아파 국가로서 법학자라고 불리는 종교 지도자가 혁명전쟁을 지도하기도 하는 이란에 이르기까지, 과거의 소련 진영처럼 균질한 이데올로기에 의해 하나의 진영이 형성된 것은 아니다.

그렇다고 해도 그들은 러시아와 마찬가지로 독재와 권위주의적인 통치 양식에 의거하고 있다는 공통점이 있다. 시리아의 알아사드 독재 정권을 옹호하기 위해 러시아와 이란이 등장한 것은 우연이 아니다. 또한 구미 위주로 만들어진 국제 정치·경제부터 국제법에 이르는 시스템에 정면으로 도전하고 있다는 점에서, 느슨한 블록이 형성되고 있다는 것도 부정할 수 없다.

시리아 내전에 관여하는 국가들을 중심으로 세계적인 규모의 제2차 냉전이 진행되고 있다는 현실은 갈수록 분명해지고 있다. 러시아, 중국, 이란 삼국은 19세기 『전쟁론(Vom Kriege)』의 저자 카를 폰 클라우제비츠(Carl von Clausewitz)나 만주사변(滿洲事變)의 주모자 이시와라 간지(石原莞爾)와 같이 고전적 전쟁관에 기초한 외교정책을 전개하고 있다. 그것은 "전장에서 승자와 패자 간의 차이는 절대적이며, 승자가 정치의 결실로 영토와 자원을 획득한다"라는 힘을 외교에도 원용(援用)하는 사고방식이다.

크림반도와 북방 영토에 대한 러시아의 집착, 중국의 센카쿠열도(尖閣諸島)에 대한 야심과 남중국해 도서 및 암초에 대한 군사 요새화, 걸프만 도서 및 바레인과 같은 시아파가 다수인 지역에 대한 이란의 야심 등은 구미와 일본이 생각하는 영토 주권의 불가침, 분쟁지에 대한 평화적 해결과 타국의 주권 아래에 있는 영토 회복의 역사적 근거, 해양 통행의 자유 등과 서로 괴리되어 있다.

한편 미국과 EU는 국내 여론과 비용 계산 때문에 시리아 전쟁에 군사적으로 개입하지 않고 있으며, 터키와의 긴장도 고조되어 러시아와 충돌하거나 격전을 벌이려는 의지도 약하다.

샌드위치 신세가 된 터키

중동에서는 자주 "적의 적은 아군"이라는 말이 사용된다. 그렇지만 혼란스러운 현실이라고 할 만한 중동의 정세에서는 흔히 "적의 적은 여전히 적"이라는 상황이 전개되고 있다. "사건과 결과는 특히 전장에서는 대부분 운에 달려 있다"(『수상록』 2, 47장)라는 몽테뉴(Michel Eyquem de Montaigne)의 말은 21세기 중동에도 적용된다.

그 운명은 우리의 추리나 판단마저 혼돈과 불확실성 속으로 휘말려 들게 할 만큼 격렬한 것이다.

세계적인 차원에서 말하자면, 지정학과 에너지 안전보장 측면에서 보아도 거의 모든 국가에 최대 위협은 IS가 될 것이다. 하지만 "IS의 적인 쿠르드는 아군"이라는 견해가 구미와 일본, 러시아에서는 적용될 수 있다 하더라도 터키에는 적용되지 않는다.

이뿐만 아니라 마지못한 것이라고 해도 구미의 압박으로 2014년 7월 이제까지 은밀하게 지원해왔던 IS를 공격한 터키는 이와 동시에 IS의 적 쿠르드를 공격함으로써 "적의 적은 여전히 적"이라는 복잡한 정세를 스스로 만들어 외교의 가능성을 인터로킹(interlocking)하게 해버렸다.

인터로킹이란 해체할 방도가 없을 정도로 서로 다른 요소가 맞물려서 밀접하게 연동해 자물쇠가 채워져 버린 상태를 일컫는다. 예스럽게 말하자면 터키가 시리아 정세에서 감합(嵌合) 상태에 빠져버린 것이다. 시리아 정세에서 현재 가장 인터로킹이 강하게 걸린 것은 미국인데, 이에 대해서는 이 책 6장에서 상세히 논할 것이다.

제2차 냉전은 러시아의 시리아 정세에 대한 직접적인 군사 개입과 터키의 러시아군 전투기 격추를 계기로 러시아와 터키 간의 대립이 심화되고, 러시아와 이란 간의 동맹이 강화되면서 새로운 단계로 진입했다. 과거에 시리아에서 행해졌던 것은 국내 차원에서 말하자면 '아랍의 봄'이 파급되어 일어난 '시리아의 봄'을 탄압한 알아사드 정권과 자유시리아군 등 반정부 세력 간의 '내전'이며, 중동 지역 차원에서 말하자면 알아사드 정권의 용인 여부를 둘러싼 관계국 간의 '대리전쟁'이라는 성격을 띤다. 그리고 세계적 차원에서 논하자면 시리아는 우크라이나 및 체첸과 함께 제2차 냉전 속에서 국지적으로 격전의 에너지를 방출했던 것이다.

그러나 시리아에서의 공중폭격 개시와 터키에 의한 러시아 전투기 격추를 계기로, 러시아는 대리전쟁의 후원자라는 가면을 벗어던지고 시리아 내전을 통상적인 전쟁으로 바꾸는 주인공이 되었다. 현재 러시아는 시리아 전쟁의 당사자인 것이다.

제2차 세계대전이 종결된 1945년부터 45년간 지속된 제1차 냉전기에도 소련의 중동에 대한 관여는 군사 고문단과 기술 전문가의 파견에 머물렀고, 서남아시아라고 할 수 있는 아프가니스탄 침공을 제외하면 한국전쟁과 베트남 전쟁에서 볼 수 있는 미국형 전쟁을 일으킨 적은 없었다.

무엇보다 러시아와 터키 간의 군사적 긴장만을 논하자면, 국가 대 국가의 대칭적인 원리에 기초한 타협과 양보가 불가능한 것도 아니다. 현실에서 양국은 16세기 이래 12차례나 반복된 전쟁에서 강화(講和)를 이끌어냈고, 때로는 동맹국과도 같은 관계를 이룬 적도 있었다.

터키는 지금도 천연가스의 54.76%를 러시아로부터 수입에 의존하고 있으며, 러시아도 동유럽과 남유럽으로 연결된 '터키 스트림'이라는 가스 수송관을 계획하고 있다(이 책 7장에서 자세히 서술할 것이다). 과연 이 공동 가스 수송관 구상을 쉽게 단념할 수 있을 것인가? 양국 간 무역은 2013년에는 313억 달러에 달했고, 2014년에는 330억 달러, 2015년 초부터 9개월 동안 185억 달러에 이르는 상호 의존적 구조를 무턱대고 배제할 수 있을까? 2020년까지 1000억 달러로 확대시킨다는 공통의 목표가 양국 모두에게 있다.

터키의 러시아 전투기 격추를 계기로 발동된 푸틴의 대(對)터키 제재는 터키 측에 확실한 타격을 입힌 것이 틀림없다. 터키가 러시아로 농산물을 수출해 얻어왔던 17억 달러가 사라졌고, 관광산업의 10%를 차지하는 400만 명에 달하는 러시아인 관광객을 상실했다.

터키가 입은 손해는 장기적으로 1000억 달러에 달한다는 추정도 나오고 있다.

포스트모던형 전쟁이란 무엇인가?

그렇다고 해도 양국이 관계하는 시리아 전쟁은 제2차 냉전과는 이질적인 포스트모던(탈근대)형 전쟁이라고 할 만한 요소가 별도로 포함되어 있다.

쌍방이 결부된 시리아 전쟁, 더 나아가서는 여기서 파생하는 정치 현상을 '중동의 복합위기'라고 부르고자 한다. 이 중동의 복합위기가 세계적으로 확산되고 있다는 점에 21세기의 난제가 집약되어 있는 것이다.

그 한 가지 상징적인 사례가 바로 자유와 인권에 기초한 시민사회와 국민국가를 존중하는 근대의 원리, 즉 모더니즘을 부정하면서 칼리프 국가와 샤리아(Shari'ah: 이슬람법)의 실현이라는 전근대적 교리를 주장하는 IS가 시리아라는 영역을 초월해 각지에서 온갖 테러를 자행하고 있다는 사실이다.

러시아에 대해 언급하자면 자신들이 본격적으로 개입하지 않았다면, 우마이야 왕조(Umayyad Caliphate, 이 책 4장 참조) 이후 시리아의 수도 다마스쿠스(Damascus)가 IS의 수중에 떨어지고 칼리프 국가가 성립되어 지하디즘(Jihadism)의 근거지가 되었을 것이라고 공개적으로 말하고 싶을 것이다. 지하디즘이란 성전을 일컫는다. 즉 지하드(Jihād)라는 명분 아래 테러와 무장투쟁의 형태로 구미와 중동에서 권위와 권력을 전복시키려는 '이슬람 테러리즘'을 말한다.

2015년 11월 13일 프랑스 파리에서 일어난 '금요일의 대학살'이라 불릴 만한 동시다발 테러는 IS의 견지에서 시리아 전쟁의 연장이자 확대의 일환으로, 구미에서 일으킨 원격지 전쟁인 것이다. IS가 어떤 형태로든 관련된 테러는 시나이반도의 러시아 여객기 추락, 캘리포니아의 총기 난사, 차드(Chad)호에서의 여성들의 자살 폭탄 테러, 런던에서의 지하철 승객 습격 등으로 확대되고 있으며, 전 세계 어느 곳에서든 IS로부터 군사적 지휘와 사상적 영향을 받는 원격지 전선이 이를 계기로 열리게 될 위험성이 높다.

이것은 이미 무슬림과 비(非)무슬림 간의 '십자군 전쟁', '반십자군 전쟁' 등 전근대에서 근대에 걸친 인식으로, 통속적으로 이해되는 사건과 현상이 아니다. 오히려 400명이 넘는 사상자를 낸 파리 대학살과 시리아에서의 대대적인 처형(2014년 6월 칼리프 국가 수립 이래 2015년 11월까지 시리아 국내에서 3591명이 처형되었는데, 그중 1945명이 전투에 가담하지 않은 민간인이었다) 등은, 무차별 학살과 시민 포로에 대한 살해를 공공연히 자행하는 테러의 양상을 크게 변화시켰다는 점에서 포스트모던 특유의 전쟁으로 이해해야 한다.

2015년 말인 12월 27일 이라크군이 IS로부터 라마디[Ramadi: 이라크 중서부의 알안바르(Al-Anbar)주의 주도(州都)]를 탈환한 것이 보도되자, 이라크의 아바디(Haider al-Abadi) 총리는 2016년이 "대승리의 해가 될 것"이라고 호언장담했다. 하지만 이 말은 다소 낙관적인 것 아닐까? 2016년에 예정된 IS의 이라크 거점이자 산유지 모술(Mosul)에 대한 공방전은 예단을 허락하지 않는다.[1]

IS가 열세하다고 하지만, 이라크에서는 서부 알안바르(Al Anbar)주와 북부 니나와(Nineveh)주의 많은 영역을 여전히 지배하고 있다. 이라크에서 불리하다고 생각되면 시리아로 도주하고 시리아에서 열세에 처하면 이라크로 방향을 선회하는 것이 IS의 상투적 수법이다. 실로 손자(孫子)가 말한 전쟁이란 "궤도(詭道)"[2]라는 것이 IS에도 적용되는 것일까? 적이 혼란스러울 때 탈취하고 강할 때는 그것을 피하며, 적이 대비하지 못한 곳을 가격하고, 적이 뜻하지 않은 곳을 공략하는 것은 포스트모던형 전쟁에서 IS가 구사하는 지상전의 특징이기도 했다.

IS는 구미의 유지연합(有志連合) 혹은 러시아와 이란 등 알아사드 지원 국가의 힘으로도 진정시키지 못했는데, 항공 지원을 받는다 하더라도 이라크 정부군의 힘만으로 모술에서의 '최종 결전'에서 승리를 거두기는 어려

---

1   2016년 10월 이라크군이 모술 탈환을 시도했으나 결국 성공하지 못했다.
2   궤도란 정상적인 행동 방식에 반하는 행위라는 뜻으로 기만술을 가리킨다.

울 것이다. 2014년 11월 일본을 방문한 요르단 국왕 압둘라 2세(Abdullah II bin al-Hussein)는 필자의 질문에 "IS 토벌에는 10년이 걸린다"라고 답했다. 거의 같은 시기에 미국의 레온 파네타(Leon Panetta) 전임 국방 장관도 '30년'이라는 수치를 제시했다.

IS가 개시한 포스트모던형 전쟁은 구미에서 태어난 젊은이들이 받는 취업 차별이나 인종적 편견에 기인하는 사회적 불만에 기반을 둔 것이 틀림없다. 그렇지만 그 원인을 깊이 따져 논하자면, 이민과 난민을 노동력 수요라는 측면뿐 아니라 '인간애'의 측면에서 수용해온 EU, 특히 북유럽의 선의와 장점이 있는 그대로 잘 이해되지 못했다는 딜레마에 그 비극의 씨앗이 자라나고 있었다.

혹독한 경제 정체로 취업 기회가 감소하고 더군다나 동화도 되지 못한 상황에서, 무슬림 젊은이들과 기독교도를 비롯해 현지의 국민과 비교해보면, 취업률이 절반 이하라는 냉엄한 현실도 자리하고 있다. 그 전형적인 사례가 바로 프랑스였던 것이다. IS는 이를 틈타 종교에 기반을 둔 이데올로기와 문화관(觀)의 차이를 절대시하면서, 자아실현적으로 도발한 문명 간 충돌의 아종(亞種)이라는 성격도 띠고 있다.

푸틴과 '자신의 전쟁'

제2차 냉전의 격전화와 포스트모던형 전쟁의 복합위기가 중동에서 심화된 크나큰 원인은 오바마 외교의 한계에 있다고 할 수 있다.

오바마는 걸프 전쟁과 이라크 전쟁의 후유증에서 벗어나지 못하고 '타협과 외교'를 중동 정책의 근본으로 삼아왔다. 시리아에서 알아사드 대통령이 화학무기의 사용 등 '레드 라인red line'을 어기면 군사적으로 개입하겠다고 공언했음에도, 비극이 발생했지만 오바마의 국제 공약은 실현되지 않았다.[3] 이 시점에 러시아는, 중국이나 이란과 마찬가지로 구미의 강경한 경고는 말뿐이며 전쟁이나 무력적 간섭에 호소할 의지가 없다는 것을 파악했다. 이것으로 미국은 시리아 문제에서 주도권을 장악할 기회를 잃어버렸다.

러시아는 알아사드 정권에 저항한 '시리아 평화 혁명'을 고의로 군사화한 것이 구미와 그 동맹국 사우디아라비아라고 간주해왔다. 그렇지만 푸틴은, 오바마가 자신에게 도전하지도 또한 자신의 군사 모험주의에 대해 그 어떤 언급도 하지 못하는 소극적 태도에 득의양양해하며 웃음 지었을 것이다.

결국에는 러시아의 크림반도 병합과 동(東)우크라이나 간섭, 중국에 의한 남중국해의 도서 및 암초의 일방적인 점유와 군사 거점화의 진행, 이란의 이라크, 시리아, 레바논 및 예멘에 대한 혁명수비대 파견에 의한 군사 개입은 구미로부터 특별히 저지되지 않았고, 미국의 영향력도 크게 줄어들었던 것이다.

이와 동시에 미국은 북(北)시리아의 쿠르드 분리주의자를 지원하는 한편, '아랍의 봄' 이래 알아사드 정권과 대치하는 온건파인 수니파 세력을 육성하는 데 실패했다. 최근 반정부파의 민병 연합인 시리아민주군(SDF: Syrian

---

3 시리아의 알아사드 정권이 화학무기를 사용했다는 이유를 내세우며, 미국 트럼프 대통령은 2017년 4월 6일(현지 시각) 알샤이라트(al-Shayrat) 공군 비행장을 향해 59발의 토마호크 미사일을 발사하도록 명령을 내렸다. 이는 미국 정부가 알아사드 정권의 시리아 정부군에 대해 공격을 감행한 첫 사례다("Trump strike on Syria makes it clear: the Americans are back," *Jerusalem Post*, April 7, 2017; "트럼프, 시진핑과 만찬 직후 시리아 폭격", ≪조선닷컴≫, 2017년 4월 8일 자).

Democratic Forces)은 총탄을 알아사드군으로 향하지 않고 쿠르드족과 함께 IS와 싸우는 데 전념하고 있다.

오바마가 이라크 문제를 미국이 처리하는 대신, 시리아를 러시아의 재량에 맡긴다는 해석이 나오고 있을 정도다. 이것은 오스만 제국의 분할을 결정했던 1916년의 '사이크스피코 협정'에서 영국이 이라크, 프랑스가 시리아를 분할 영유했던 사례와 유사하다.

러시아의 권익과 세력권을 '존중'한다는 것은 냉전의 논리이기도 하다. 이라크에는 시아파 이란의 힘이 강하게 미치기 때문에 미국의 영향력에 물음표가 붙는다고 해도, 시리아 정세에서 중대 행위자가 러시아임은 틀림없다.

푸틴은 IS와의 포스트모던형 전쟁에 대응하는 한편, 구미가 제창한 '테러와의 전쟁'의 원리를 반알아사드 세력과의 전쟁에도 원용하고 있다. 푸틴의 의도는 명백하다. 파리 대학살, IS에 의한 시나이반도에서의 러시아 여객기 추락, 터키의 러시아 전투기 격추 등 이 세 가지 사건을 결부시키면서 '자신의 전쟁'을 우위에 서서 추진하고, 소련 해체 이후 중동에서 빼앗긴 땅을 회복하고자 하는 것이다.

푸틴의 전략은 터키가 중동에서 구축해왔던 전략적 우위를 훼손시키고 터키를 시리아로부터 분리시켜 군사적인 보급 능력을 빼앗고 고립시키려는 지정학적인 의도에 기초하고 있다. 이것은 오스만 제국 이래 배양되어 온 수니파의 터키와 아랍이 육상에서 연계되는 것을 차단하고, 터키의 아흐메트 다우토을루(Ahmet Davutoğlu) 총리(재임 기간: 2014. 8.28~2016.5.24)가 외무 장관 시절(2009~2014)에 제창한 '신(新)오스만 외교'의 기반을 소멸시키는 것을 노리고 있다고 할 수 있다.

카스피해에서 북아프리카, 발칸에서 호르무즈해협까지를 시야에 넣고 있는 '신오스만 외교'의 야심은 러시아 측에는 주제넘은 것으로 비치기도 했다. 러시아는 시리아 전쟁에서도 터키가 시리아 영내에서 기도하는 안전지대나 비행 금지 구역 구상을 철두철미하게 방해할 필요가 있었다. 안전지대로 상정한 지역에는 수니파인 투르크멘인과 아랍인이 거주하고 있어, 터키는 그와 같은 설정을 통해 자국으로의 난민 유입을 방지하는 동시에 국경 주변에 쿠르드 국가를 건설하지 못하게 하려는 노림수가 있기 때문이다.

푸틴은 터키군에 의한 러시아 전투기 격추 사건 이후 터키에 의해 비호를 받던 투르크멘인을 북시리아에서 쫓아내고자 하며, 에르도안이 IS를 지원해 그들에게서 석유를 밀수해 거액의 부를 얻고 있다고 대대적으로 선전하고 있다.

알아사드 정권도 다마스쿠스, 알레포(Aleppo), 홈스(Homs)에서 투르크멘인을 추방하고, 러시아가 새로 기지를 확충한 라타키아(Latakia)에서도 투르크멘인과 수니파 아랍인을 상대로 인종 청소와 종파 청소를 추진하고 있다. 이로써 알아사드 정권의 전술적 동맹자인 이란을 엄호하고 시리아 전역에 분포하는 수니파 이슬람의 거주 기반을 붕괴시킬 기회를 엿보고 있다.

IS의 체첸인 지하디스트

그렇지만 푸틴의 전략에는 큰 위험이 수반된다. IS와의 포스트모던형 전쟁의 최전선에 러시아가 나서면서, IS 군사 지도부의 많은 체첸인들이 전역과 전선을 러시아 국내로 확대하도록 자극했기 때문이다.

캅카스 지도

＊은 러시아 연방에 속한다[북캅카스 연방 관구(管區)].

IS의 외국인 전사 중 4분의 1이 구소련 지역 출신인데, 그들이 러시아로 귀환하는 것을 저지하기 위해 푸틴은 공중폭격을 단행한 것이다. 그는 체첸인이 귀국하기 전에 중동 현지에서 철저히 그들을 섬멸하려는 계획을 세워두고 있는 것으로 보인다.

푸틴은 시리아 전쟁 자체를 북캅카스(北Kavkaz)의 체첸공화국 등 러시아 국내 문제의 연장으로 파악하고 있다. 이 점이 다른 수뇌와 다른 점이다.

'캅카스의 무자헤딘(전사들)'에 결집하는 다게스탄(Dagestan), 체첸(Chechen), 인구시[잉구셰티야(Ingushetia)], 카바르디노발카르(Kabardino-Balkar) 등 북캅카스의 각 공화국 출신자로서 IS에 충성을 표명하는 이들이 적지 않다. 2015년 12월에 러시아 치안 당국은 모스크바에서 테러 공격을 계획했던 테러리스트 집단을 체포했다고 발표했다. 푸틴은 "그들은 시리아의 IS 캠프에서 훈련받았으며 구소련 출신의 활동가 2000명 이상이 시리아에서 싸우고 있다"라고 CBS와의 인터뷰에서 답하기도 했다.

시리아에서 캅카스 지하디스트는 세 부류로 나뉜다(독일 국제안전보장연구소의 조사).

① **자이시 알무하지린 왈안사르**(Jaish al-Muhajireen wal-Ansar)

시리아에서 가장 유명한 전투 집단 중 하나로 아부 오마르 알시샤니(Abu Omar al-Shishani)[4]의 지도 아래 IS로 편입된다.

---

4   아부 오마르 알시샤니가 2013년 겨울까지 지도자로 있었고, 그 이후 살라후딘 알시샤니(Salahuddin al-Shishani), 아부 이브라힘 쿠라사니(Abu Ibrahim Khurasani)를 거쳐 2015년 9월부터 무아타심 빌라 알마다니(Sheikh Mu'atassim Billah al-Madani)가 이끌고 있다.

② **사이프 앗딘 알시샤니**(Saif ad-Din al-Shishani)

이것은 ①의 조직에서 분화되어 2013년 말에 누스라 전선(2011년 '이라크의 알
카에다'의 지원을 받아 시리아에서 관련 조직으로 결성된 수니파 과격 조직)에 충성을
맹세했다.

③ **준드 알샴**(Jund al-Sham, Soldiers of the Syria)

무슬림 아부 왈리드 알시샤니(Muslim Abu Walid al-Shishani), 즉 아부 왈리드
(Abu Walid)[5]의 지도 아래 누스라와 IS에 군사적으로 협력하는 독립된 그룹으
로 구성되어 있다.

'시샤니(Shishani)'라는 말은 체첸 출신자를 의미한다. 푸틴은 체첸인의 각
집단이 시리아에서 귀국해 과거 아프가니스탄 전쟁 이후에 그랬던 것처럼
사회 혼란을 일으키고, 러시아 사회에 테러 공격을 감행할 위험을 우려해
시리아 공중폭격에 나섰다는 견해도 있다.

숨겨둔 곤봉과 세 명의 독재자

제2차 냉전과 포스트모던형 전쟁의 복합위기로부터 가장 먼저 피해를 입
은 것은 터키다. 터키 남동부에서 벌어진 IS와의 충돌이나 예전부터 테러 단
체로서 교전해왔던 쿠르드 노동자당(PKK: Kurdistan Worker's Party)과의 내전이
본격화됨으로써, 국내 분열이 진전되고 러시아를 비롯한 외국으로부터 간

---

5   1972년 조지아에서 출생했으며, 본명은 무라드 마르고시빌리(Murad Margoshvili)다.

섭받게 될 위험성이 높아지고 있다. 러시아가 시리아에 배치한 대공 미사일 시스템 S400은 시리아의 쿠르드족을 공격 혹은 위협했던 터키의 군사력을 견제하고 있다. 터키에는 시리아 상공 400km 범위로 추정되는 초장거리 지대공 미사일 시스템을 무시하고, 투르크멘인과 수니파 아랍인을 보호하기 위해 전투기를 출동시켜 다시 러시아와 일을 크게 벌일 용기는 없을 것이다.

이웃 나라 시리아에 대해 지정학적 우위를 상실한 터키는 고립에서 벗어나기 위해 구미와 북대서양조약기구(NATO: North Atlantic Treaty Organization, 이하 나토)의 우산에 크게 의존할지도 모른다. 터키의 에르도안 대통령이 인지를리크(Incirlik) 기지(터키 남부의 공군 기지)를 나토 측에 제공하는 선택을 거부하기 어렵고, 그럴 경우 과거 파키스탄과 아프가니스탄이 탈레반 전쟁에 의해 전장이 되었던 악몽이 되살아나게 될 것이다.

푸틴과 에르도안 외에 주요 행위자가 또 있다. 그것은 2015년 11월 푸틴이 300년 전에 제작된 『코란』을 선물로 준비해 방문한 이란의 최고 지도자 하메네이다. 이란은 이미 시리아의 잠정 정권 성립 후에 예정된 선거를 주시하고 있다. 푸틴으로서는 난민이 대거 출국해 인구 분포에 큰 변화가 발생한 시리아의 선거 구획과 예상되는 종파의 거주 지역 이동(주민 교환) 구상에 대해 이란이 은밀히 누스라 전선 등 반(反)알아사드 수니파 조직과 교섭하는 것을 하메네이에게 주문한 것으로 보인다.

덧붙이자면 하메네이에게 증정할 300년 된 『코란』을 선물로 지참하고 모스크바에서의 이슬람 대학 창설과 다게스탄(The Republic of Dagestan)[6]의

---

6 러시아 연방을 구성하는 공화국 중 하나로 이란 북방의 북캅카스 지방과 카스피해 사이에 위치한다.

데르벤트(Derbent)에 시아파 학교 개설을 인정하는 우호적인 제안을 했다.

흥미로운 것은 푸틴이 물과 음식 등을 모두 러시아에서 가지고 갔다는 것이다. 당연히 보드카도 가지고 갔을 것이다. 그렇지만 독살과 관련해 이란보다는 측근을 경계한 것으로 보인다. 이 이야기를 하다 보니 불현듯 1934년에 이오시프 스탈린(Iosif Stalin), 시어도어 루스벨트(Theodore Roosevelt), 윈스턴 처칠(Winston Churchill)이 테헤란(Teheran)에서 회담했을 때의 일화가 떠오른다. 스탈린의 기호품은 '검은 후춧가루'와 우유를 섞은 칵테일이었는데, 재료는 모두 지참했다. 그리고 신선한 우유를 얻기 위해 특별히 젖소를 끌고 가기도 했다. 구소련의 KGB 첩보 요원이던 푸틴도 마찬가지로 스탈린의 정치 문화를 답습했다는 인상을 준다.

이란은 시리아 국내에 시아파 거점을 인위적으로 만들고, '아랍의 봄'에 의해 자극을 받은 반정부 봉기 이전 상황으로 알아사드의 권력을 복귀시키고자 했다. 그렇지만 이제까지 10억 단위로 추정되는 달러를 사용했음에도 성공하지 못했다. 시리아 국내의 시아파 인구는 5%의 소수파에 불과하고 수니파 인구는 80%에 달한다. 이것이 레바논이나 이라크와 다른 부분이다.

이란과 러시아는 2011년 이래 알아사드 정권을 유지시키기 위해 부심해왔다. 그렇지만 지금 그들은 이 계획의 달성이 간단하지 않다는 것도 깨닫고 있다. 시리아는 이제 하나의 군과 치안 기구를 갖춘 통일국가가 될 수 없다. 현실에서는 시리아를 분할해 알아사드의 출신 세력인 알라위파(Alawites: 시아파에서 유래한 분파) 등 비(非)수니파의 소수파로 구성되는 국가를 지중해 연안에 만들 계획마저 부상하고 있다. 그런데 여기에 장애가 되는 것이 인접한 터키다. 터키에 의한 러시아 전투기 격추와 IS에 대한 은밀한 지원은 예외로 하더라도, 에르도안 대통령은 조만간 푸틴과 알아사드, 하메네이의 공통된 이익과 대립할 수밖에 없을 것이다.

한편 푸틴은 이란과의 핵 개발 중단 합의에서 미국에 환멸을 느낀 사우디아라비아와 이스라엘에 대해서도 미국이라는 '변덕스러운 우방'과의 일련탁생(一蓮托生)[7]을 그만두고, 러시아를 더욱 중시하는 전략을 취하도록 부추기고 있다. 하지만 이런 메시지가 설득력을 얻기 위해서는 터키와의 긴장완화라는 실적을 쌓아야만 한다. 푸틴이 제2차 냉전의 권력관계에서 순조로운 위치에 있더라도, 러시아 국내에 대한 포스트모던형 원격지 전쟁의 도전을 받으면서 터키를 상대로 가학적인 행위를 즐길 여유는 없을 것이다.

푸틴도 에르도안도 포스트모던형 전쟁이라는 중대하는 현실의 위협을 앞에 두고, 이제 슬슬 숨겨둔 곤봉을 버리고 제정신을 차릴 필요가 있다. 사우디아라비아와 이란의 관계 악화는 러시아와 터키가 관계 정상화에 나설 적절한 기회가 되었다. 러시아와 터키 양국은 각기 상대국과의 관계 조정에 열의를 보이고 있으며, 터키는 자연히 러시아에 양보할 기회를 엿보고 있기 때문이다.

중동의 질서는 2014년 이전으로 돌아가지 않는다

2015년 9월 말부터 시작된 러시아의 시리아 영내를 겨냥한 공중폭격, 그리고 거의 같은 시기에 뉴욕에서 열린 9월 28일 유엔(UN) 총회에서의 푸틴과 오바마 간의 긴장감 넘치는 대담 후 이어진 우크라이나 문제와 맞물려

---

7   어떤 일의 예측되는 결과에 관계없이 끝까지 행동과 운명을 함께한다는 것을 비유한 말이다.

미국과 러시아 간에 대립이 심화되었다.

제2차 냉전을 심각하게 만든 러시아의 시리아를 둘러싼 국가 방침은 간단명료 그 자체다. 그것은 중동에 세력균형(power balance)의 공백과 진공 상태가 만들어진다면 그것을 메우는 것은 러시아가 할 일이라는 주장이다. 오바마가 시리아에서 우유부단하게 결단을 내리지 못하는 모습을 보인다면, 조금도 망설임 없이 개입하는 것이다. 러시아의 시리아 문제에 대한 영향력 증대는 미국의 힘의 감소에 반비례하고 있다.

푸틴은 오바마에게 '제2의 데이턴 평화 협정(Dayton Peace Accords)'을 요구해왔다. 쌍방 모두 대등한 위치에서 분쟁 해결에 협력하고 분쟁 당사자들에게 강하게 압력을 행사해 강화를 위한 합의를 성사시키는 것이다. 데이턴 평화 협정이란, 과거 유고슬라비아 해체 이후 세르비아인들과 크로아티아인들에 의해 압박과 학살의 대상이 된 보스니아헤르체고비나의 '민족적 정체성을 표방하고 있는 무슬림'이라는 특이한 민족을 구제하기 위해 빌 클린턴(Bill Clinton) 대통령의 강한 지도력으로 1995년 미국 오하이오주 데이턴에서 체결한 협정을 말한다. 이를 시리아에서 미국과 러시아가 공동으로 조정해 재현하고자 하는 것이다.

현대 중동과 이슬람 세계의 정치 구도의 혼돈은 제1차 세계대전 당시 연합국이 맺은 비밀 조약과 편파적인 약속, 즉 1916년의 '사이크스피코 비밀 협정'(영국과 프랑스가 오스만 제국의 영토를 분할하기 위해 맺은 비밀 협정), 1917년의 '밸푸어 선언(Balfour Declaration)'(팔레스타인에 유대인 거주지를 건설하는 데 대해 영국이 발표한 지지 성명)으로 거슬러 올라가는데, IS의 역사적 의미는 '사이크스피코 비밀 협정'에서 획정된 시리아와 이라크 간의 인공적 국경선 획정을 현실에서 부정했다는 점이다.

터키

시리아

알레포 ○ ○락까

다마스쿠스 ◎

요르단

이라크

라마디 ○

모술 ○ ○아르빌

키르쿠크 ○
티크리트 ○

바그다드 ◎

나자프 ○

바스라 ○

쿠웨이트

사우디아라비아

이란

□ 쿠르드 자치정부   ■ 시아파 지역

이라크 국내 정세(2015)

제국주의의 나쁜 유산에 대한 도전은 이집트의 나세르 대통령 등에 의해 공화제 아랍 국가의 통일을 우선적으로 도모하는 범아랍주의와 아랍 민족주의가 최고조에 달했을 때도 결코 성공하지 못했다. 1990년의 사담 후세인(Saddam Hussein)에 의한 쿠웨이트 병합 시도는 일부에서는 아랍 민족주의의 실현을 향한 첫걸음으로 갈채를 받았지만, 맥없이 파국을 맞았다. 다른 한편으로 20년 이상이 흘러 IS라는 작은 집단이 시리아와 이라크에 걸쳐 있는 광대한 토지를 현실에서 지배하고 양국 간에 가로놓인 장대한 국경선을 무시하는 모습을 보였던 것이다.

어찌 됐든 2014년 이전의 중동 질서와 국가의 틀로 되돌아갈 수는 없다. 그에 대한 구조적인 근거로 이 책의 머리말에서 거론한 것을 제외하고, 우선 네 가지 사항을 제시하겠다.

파탄 국가와 종파적 단층선

첫째는 중동 정치의 초점이 변화해 영토와 국경선이 사실상 변경되었다는 점이다. 이것은 IS가 말하는 '국경의 파쇄(破碎)'가 주효했기 때문이다. 20세기에 최대 규모로 지속된 분쟁은 팔레스타인 문제를 둘러싼 아랍과 이스라엘 간의 대립이었지만, 이는 IS에 의한 시리아와 이라크의 영토적 점령과 테러의 만연이라는 국제적 위협으로 전환되었다는 느낌도 든다. 그리고 이라크 전쟁(2003)을 계기로 이라크 북부에 이미 성립한 '쿠르드 자치정부(KRG: Kurdistan Regional Government)'의 존재는 중동과 세계에서 국가를 갖지 못한 최대의 소수민족 쿠르드족(인구 2500만~3000만 명)의 비장한 소원인

'독립국가'를 이라크 일각에서 탄생시키고 있다.

한편 정치적 진공 상태의 발생은 파탄 국가조차 탄생시키는 크나큰 원인이 되고 있다. 권위주의적이던 아랍의 국가 중 시리아, 리비아, 예멘은 부분적으로 파탄 국가로 변용되었고, 이라크 공화국은 이라크 전쟁 이후 2003년 수니파 부족 지역에 대한 주변화와 시아파의 중앙권력 강화를 거쳐 세 개의 새로운 '국가'로 사실상 분해되는 과정을 밟고 있다. 이것은 2011년 세 개의 '종파적 단층선'에 따른 시리아의 해체와 병행해 진행되고 있다.

① 쿠르드 자치정부를 중심으로 하면서 장래에 독립할 '이라크 쿠르디스탄공화국': 이것은 터키와 시리아의 쿠르드족을 편입시켜 대(大)쿠르디스탄으로 발전할 가능성을 남기고 있다. 그렇지만 터키의 에르도안 대통령은 가능한 한 쿠르드족 자치국가의 범위를 이라크 영토 내로 봉쇄함으로써 쿠르드 문제의 타협적인 수습을 지향하고 있다.

② 이라크 남부의 바스라(Basra)를 수도로 하는 '시이스탄(Shiistan: 시아파의 땅)'이라고 부를 수도 있는 시아파 아랍 국가는 수백 년의 아랍 역사 중에 시아파 아랍이 단독으로 국민국가를 성립하는 최초의 틀이 될 것이다.

③ 시리아와 이라크에 해당하는 '시리아사막(Syrian Desert)'에 수니파 아랍 국가가 장기적으로는 출현할 것이다. 이것은 이스라엘 학자가 말하는 '수라킬란드(Suraqiland)'[8]의 범위와 거의 일치한다. 이 지역의 수니파 부족의 실재성은 IS의 칼리프 국가이든 무엇이든 간에 시리아와 이라크의 분열 및 해체와 연

---

8 '수라킬란드'에 대한 자세한 내용은 다음을 참고하기 바란다. Ofra Bengio, "Suraqiland and the Shifting Paradigms in the Middle East," *Jerusalem Post*, February 18, 2015.

계되는 수니파 주민의 정치적 정체성의 형성으로 연결된다.

쿠르드 자치정부가 높은 수준의 자치를 통해 독립국가에 가까워지면 IS와 나란히 중동정치의 틀을 변화시킬 큰 기폭제가 되고, 중동의 정치적 구도에 새로운 현실성을 부여한다. 1991년 걸프 전쟁의 발단이 된, 사담 후세인이 아랍의 국경을 부정하며 쿠웨이트를 병합해 대(大)아랍을 지향했던 것과 마찬가지로 이라크에서 유래한 수니파 아랍 출신의 IS가 시리아와 이라크 국경을 거부하며 양국을 무정부 상태로 이끈 것은 기구할 따름이다.

시리아에서도 누스라 전선 등 지하디즘이 우세한 수니파 아랍 지역, 북동부를 중심으로 한 쿠르드족 지역, 알라위파를 포함해 이란의 지원을 받는 시아파 아랍 지역(수도 다마스쿠스를 중심으로 한 알아사드 정권의 지배 영역도 포함된다), IS가 점유한 시리아와 이라크에 걸쳐 있는 지역 등 사실상 네 지역으로 분열하고, 거기에 드루즈파[Druze: 시아파의 한 분파로 비밀스러운 종교 의식을 행하는 교의(教義)를 지니며, 시리아와 이스라엘의 산간 지역에 약 90만 명의 신도가 있다]나 터키인의 형제 민족 '투르크멘인' 등 소수 종파와 민족도 결부됨으로써, 만약 시리아 전쟁이 종식되는 방향으로 나가더라도 이런 균열 상황이 고정되어버릴 가능성이 높다고 할 수 있다.

터키의 고립과 '이슬람-터키 권위주의'

둘째는 터키의 외교적 고립과 '이웃 나라와의 문제 제로(problem zero)' 외교의 파탄에 연이은 러시아·터키 관계의 긴장이다. IS와 쿠르드 문제를 둘러싸고 폭력, 테러, 전쟁이 터키로도 파급력을 확산하고 있으며, 에르도안 대통령의 정의개발당(AKP: Adalet ve Kakinma Partisi, Justice and Development Party) 정권은 IS와 쿠르드를 동시에 적으로 삼을 수밖에 없는 상황에 처했다. 터키로부터의 자립을 내세워왔던 쿠르드족의 쿠르드 노동자당은 한 차례 터키와의 화해 기운을 조성했고, 터키 정부도 쿠르드족의 자치에 대해 전향적인 교섭을 추진했다. 하지만 2015년 6월 실시된 총선거 결과 에르도안은 다시 쿠르드족과의 대결로 방향을 바꾸었다. 쿠르드 노동자당이나 그와 같은 시리아 조직은 IS의 적인 구미로부터 원조를 받는 한편, 쿠르드의 적인 터키의 묵인하에 IS의 인력, 물자, 자금이 터키 국경을 통과했다.

에르도안이 쿠르드와의 평화와 타협의 기운을 멈추고 쿠르드 노동자당과 전면 대결을 부활시킨 이유는 2015년 11월 총선거에서 반(反)쿠르드 표의 획득을 승리와 결부시키기 위해서였다. 그런 한편 IS와의 대결에 어쨌거나 나선 것은, 미국 주도의 대(對)IS 작전에 참가한다는 것을 명분으로 삼아 쿠르드 노동자당을 비롯한 터키 및 시리아의 쿠르드 세력과의 대결에 구미 나토의 이해와 지원을 요구하기 위해서였다. 이 구도는 러시아가 테러와의 전쟁을 대의명분으로 삼아 반알아사드파 지하디스트와 IS에 대한 동시 대결을 구가하면서 실제로는 반알아사드파 공격에 중점을 두고 있는 것과 유사하다.

에르도안의 도박은 성공을 거두어 2015년 11월 선거에서 49.2%의 득표율을 기록하며 압도적으로 승리했다. 덧붙여 말하자면 2011년 6월 선거에서의 득표율은 49.9%이었으나, 2015년 6월 총선거에서는 40.9%에 불과했다. 에르도안은 대통령 권한의 강화와 정권의 장기화를 도모하기 위해 헌법을 개정할 수 있는 기반을 획득한 셈이다.

그러나 쿠르드 문제의 군사화와 새로운 러시아·터키 전쟁의 위험성은 시리아와 이라크의 정세와 결부되어, 터키 민족주의의 몰락과 에르도안에 의한 이슬람주의와 신(新)오스만주의를 융합시킨 새로운 종류의 '이슬람=터키 권위주의'가 출현할 것이라는 우려를 낳고 있다.

에르도안 대통령은 2013년 12월 중대한 부정부패 사건과 관련된 수사에서 드러난 것처럼 사우디아라비아에 약점을 잡힐 일이 많다. 그 시기에 사우디아라비아 국적의 야신 알카디(Yasin al-Kadi)로 불리는, 유엔과 미국에서 '알카에다의 재무 담당'으로 간주하는 인물이 수차례나 불법적으로 터키에 입국해 에르도안 및 첩보부 장관 하칸 피단(Hakan Fidan)과 회견했던 사실이 확인되고 있다.

알카디는 에르도안의 아들 빌랄 에르도안(Bilal Erdoğan)과 그 프런트 컴퍼니(front company)⁹를 통해 뇌물을 주고받는 관계인 것으로 알려져 있다.

2014년에도 공화인민당(CHP: Cumhuriyet Halk Partisi)의 케말 클르츠다로을루(Kemal Kılıçdaroğlu)는 에르도안과 빌랄을 비판했다. 그것은 바로 사우디아라비아 국왕 압둘라에게 보스포루스해협(Bosphorus)의 경승지 세브다 테페(Sevdah Tepe)에 건축 허가를 내주는 대가로 빌랄의 재단이 약 1억 달러를 기부받은 것 아니냐는 의혹이었다.

2014년 3월에 은밀히 녹음된 알카디와 빌랄의 회담은 사우디아라비아의 일개 국민이 터키 외교에 얼마나 영향을 미치고 있는지를 보여주는 증거로 충격을 주었다. 그 자리에서 알카디는 빌랄에게 그의 부친 에르도안 총리에게 경고하는 듯 영어로 다음과 같이 말했다. "당분간 사우디아라비

---

9 일반적으로 조직적인 범죄를 위해 설립된 회사를 의미한다.

아 국민에게 비난을 퍼붓지 말도록 해주기 바란다. 그들에게 냉엄한 부친의 발언을 멈추게 해주었으면 한다."

별도의 녹음에는 에르도안이 사우디아라비아에 대한 비판 문제로 아들을 격렬히 질책하는 목소리가 담겨 있다.

어쨌든 에르도안의 사우디아라비아 비판은 파도가 물러가는 것처럼 신속히 후퇴해버렸다. 이것은 동 시기에 이집트의 무함마드 무르시(Mohamed Morsy) 대통령을 사실상의 군사 쿠데타로 전복시킨 현 대통령 압둘팟타흐 시시(Abdel Fattah el-Sisi)에 대한 집요한 비난이 그 후로도 이어지고 있는 것과는 정반대다. 에르도안의 사우디아라비아에 대한 자세는 아랍에미리트, 요르단, 이집트에 대한 냉혹함과는 대조적이라고 터키의 신문 《자만(Zaman)》(2016.1.11)은 논평하고 있다.

《자만》에 의하면 사우디아라비아에 대한 에르도안의 관용은, 다른 국가가 리야드(Riyadh: 사우디아라비아의 수도)와 다른 체제이기 때문이 아니라 사우디아라비아가 '금으로 된 나무'이기 때문일 뿐이다. 과거에 양호했던 아부다비(Abu Dhabi) 및 이란 등과의 관계가 변화한 것도 돈줄이 막혔기 때문이라는 준엄한 비판도 있다. 2015년 9월의 메카 순례에서 터키인을 포함해 1000명이 사고로 사망을 했을 때도 에르도안은 사우디아라비아를 옹호했다.

이런 흐름 속에 터키는 사우디아라비아의 예멘에 대한 파병 원조, 사우디아라비아가 주도하는 반(反)테러 및 이슬람 군사동맹에의 참가, 2015년 12월 전략적 대화 메커니즘 형성 등을 실현했다.

러시아 무기의 실험장 '시리아'

셋째, 러시아는 시리아 간섭의 강화 및 터키와의 긴장 증대를 통해 '자신의 전쟁'을 하고 있다. 푸틴은 제1차 냉전기의 권익과 위신 회복에 연결되는 중동의 신질서 형성 외에는 인정하지 않겠다는 결의를 굳히고 있다. 푸틴의 자세는 19세기 이래 동방문제와 그레이트 게임(The Great Game)으로 불리는 열강의 중동 간섭의 역사, 더 나아가서는 제1차 세계대전 시 중동 전선에서 에드먼드 앨런비(Edmund Allenby) 장군과 '아라비아의 로런스(Lawrence of Arabia)'[10]가 관여했던 영국의 중동 정책과 비교하더라도 전례를 찾을 수 없을 정도로 격한 것이었다.

러시아는 시리아 전쟁에서 알아사드 대통령을 지원하는 것뿐만 아니라 교전 당사국이 되고 있다. 게다가 시리아를 최첨단 무기의 실험장으로 삼아 무기 판매를 확대하는 기회로 이용하고 있다.

이미 러시아는 시리아에서 공중폭격을 본격적으로 가하기 이전부터 '96K6 Pantsir-S1'이라는 근거리 대공 방어 시스템을 배치해놓고 있었다. 기관포와 단거리 대공 미사일을 복합한 이 독특한 군사 장비는 적의 지상 병력에도 우세함을 유지하고 반알아사드 세력을 후퇴시키는 데도 위력을 발휘했다. 또한 공중폭격을 본격화하자 'S-400 트리움프(Triumf)'라는 여러 목표물을 동시에 타격할 수 있는 초장거리 지대공 미사일 시스템을 알아사드 정권의 지배 지역과 공방 중인 전장에 각각 배치했다. 이것은 미국에서 제작한 패트리엇(Patriot) 미사일보다도 두 배나 되는 사정거리를 자랑한다

---

10 토머스 에드워드 로런스(Thomas Edward Lawrence)를 가리킨다.

고 알려져 있다. 러시아의 주장을 곧이곧대로 옮기자면 S-400은 400km 앞에 있는 여섯 개의 목표를 동시에 처리할 수 있는 것으로 보인다. 그보다 높은 수준의 스텔스기를 상대로 전투할 능력도 갖추고 있는 것이다. 터키의 시리아 영공으로의 침범과 반알아사드 세력에 대한 원호(援護)는 이것에 의해 대폭 제약되고 있다.

마찬가지로 놀라운 것은 2015년 10월 7일 카스피해 함대가 시리아를 향해 발사한 고성능 순항 미사일 26발의 위력이다. 수상(水上) 발사 대지형(對地型)의 칼리버(Caliber) 미사일은 수직 발사형과 어뢰 발사관형으로 구분되는 것으로 보이는데, 어느 것이든 사정거리는 300km로 알려져 있다. 그런데 카스피해 함대의 순양함과 작은 코르벳함(corvet)에서 발사하는 기술도 놀랍지만, 사정거리를 1500km로 수정해 시리아 영내를 향해 탄착시킨 높은 기량은 무시할 수 없다.

중동의 복합위기를 만들어내는 크나큰 책임은 의심할 바 없이 러시아에 있다. 시리아 전쟁에 의해 러시아제 무기 판매가 증가한 것이 무기 시장에서 염려스러운 점이다. 《산케이 신문(産經新聞)》 2015년 12월 22일 자에 의하면, 2012년에는 러시아의 무기 수출액이 152억 달러에 불과했다. 하지만 시리아 전쟁에서 실전에 참가한 뒤 러시아 국영 무기수출공사(ROE: Rosoboronexport)의 계약 액수는 2015년 8월 기준으로 400억 달러(약 48조 3000억 원)였고, 본격적으로 공중폭격을 가한 이후인 같은 해 12월 중순에는 570억 달러(약 68조 8000억 원)로 증가했다.

그런데 무기 수출로 매일 들어가는 거액의 시리아 측 군비 부담에 상응할 만큼 이익을 올릴 수 있을까? 2015년 12월 하순에는 1배럴당 30달러 대로 원유 가격이 낮아졌고, 같은 해 1월부터 11월까지 러시아의 재정 적자는 이미 8966억 루블(약 17조 9000억 원)이 되어, 2014년 3347억 루블의 2.5배를 상회하기에 이르렀다. 게다가 우크라이나 문제를 둘러싸고 EU에 의한 대(對)러시아 제재가 연장되었다. 시리아 전쟁이 소모전이 된다면, 아프가니스탄에서의 전쟁이 소련을 붕괴로 이끌었던 것처럼 푸틴에게는 '제2의 아프가니스탄'이 될 것으로 보인다.

난민 문제와 테러리즘

넷째는 난민 문제다. 시리아 내전의 결과 인구 2200만 명 가운데 400만 명이 국외 난민이 되었고, 국내에도 700만 명이나 되는 주민이 집과 고향을 잃고 난민화되고 있다. EU는 이번 난민 문제 자체가 제2차 세계대전 이래 가장 심각한 위기라고 했다. 어쨌든 난민의 수가 어디까지 늘어날지는 알 수가 없다.

그런데도 독일을 비롯한 EU의 일부는 시리아 난민 수용에 한 차례 전향적인 자세를 보였다. 이것은 마땅히 평가받아야 한다. 한편 현재 중동의 복합위기에 큰 책임이 있는 러시아와 이란은 난민 수용에 소극적일 뿐만 아니라 난민 수용을 사실상 거부하고 있다. 또한 시리아 등 아랍의 난민들이 러시아와 이란 양국에 망명이나 난민 신청을 하지 않는 것은, 난민들도 어느 국가에 가면 쾌적한 조건에서 수용될 것인지를 잘 알고 있기 때문일 것이다.

유럽으로의 난민 유입은 근본적으로는 인도주의의 위기와 연관된 문제다. 그렇지만 헝가리뿐 아니라 폴란드를 비롯한 동유럽의 EU 각국이 난민 수용 할당에 반대하는 것은 난민 문제가 문명론적으로 다른 종교 및 다른 문화와 마찰이나 충돌을 초래할 요소를 내포하고 있기 때문이다. 임금이 낮은 시리아인들에게 조만간 고용의 기회를 빼앗겨 버릴 것이라는 우려도 있다.

더구나 프랑스나 독일, 오스트리아와 같이 난민과 이민에 관용적이던 국가에서도 극우 여론을 포함해, 입국 관리를 엄격히 해야 한다고 주장하는 정치 현실주의(realism)가 도처에서 대두하고 있다. 난민 보호의 우산에 숨어 IS든 반IS든 간에 테러리즘과 폭력 범죄에 관여했던 시리아인 등이 유입될 가능성이 높기 때문이다. 2015년 12월 마지막 날에 독일 쾰른(Köln)에서 발생한 집단 성폭행 사건은 충격적이었다. 용의자 31명 중 18명이 독일에 난민 신청 중인 중동·북아프리카 계통의 남성이었기 때문이다. 난민 문제는 인도성(人道性)과 테러 위험의 양면을 배려하면서 해결해야만 하는 정치 쟁점이 되고 있다.

일본 정부와 국민도 난민의 대량 입국과 신청에 관련된 문제 해결을 공식적으로 상정해야 할 단계에 진입하고 있다.[11] 예를 들면 내일이라도 시리아 난민이 독일의 자원봉사자가 마련해준 일본행 항공편으로 나리타(成田) 공항이나 간사이(關西) 공항에 도착해 보호를 요구한다거나 관광 입국이라도 요구할 경우에 어떻게 할 것인가? 입국을 거부할 것인가, 허가할 것인가? 어쩌면 그들은 거부되더라도 입국 심사를 기다리며 공항 로비에서

---

11 일본은 2015년에 7586명의 난민 신청자 중에서 27명의 망명 신청을 받아들였으며, 이 중에 시리아 출신 난민은 세 명이었다. 한편 일본 정부는 2017년부터 5년 동안 시리아 난민 150명을 '학생' 신분으로 수용하기로 결정했다("일본, 2015년 난민 99% 거절했다. 독일은 90% 수용", ≪경향신문≫, 2016년 1월 24일 자; "Japan to take in 150 Syrians as exchange students after criticism of harsh refugee policy," *Japan Times*, May 20, 2016).

장기간 대기하는 시련을 버텨낼 각오를 하고 있을지도 모른다. 2015년 가을 부다페스트(Budapest) 동역(東驛) 대합실에서 벌어진 사건[12]이 나리타 공항에서 재현될지도 모르는 것이다.

만약 이런 사태가 벌어진다면, 이는 중동의 복합위기가 유럽의 난민을 매개로 하여 전 세계적으로 팽팽한 긴장감 속에 서로 연계되어 있다는 것을 일반인이 처음으로 실감하는 순간이 될 것이다.[13]

---

12 2015년 9월 독일 등 서유럽으로 가기 위해 시리아, 이라크 등에서 온 중동 난민들이 독일행 기차에 탑승하지 못해 헝가리 부다페스트의 켈레티(Keleti)역에서 노숙한 사건을 말한다.

13 이와 관련된 더욱 구체적인 논의는 다음을 참고하기 바란다. 墓田桂, 『難民問題: イスラム圏の動搖, EUの苦惱, 日本の課題』(中央公論新社, 2016).

2

파리 대학살과
신동방문제

전쟁과 시장 사이에서

탈(脫)영토 또는 초(超)영토적인 '전쟁'

2015년 11월 13일 밤, 파리에서 일어난 프랑스 역사상 유례를 찾을 수 없는 대학살은 IS에 의한 동시다발 테러 사건이었다. 파리 대학살이 일어난 습격 장소는 9·11 테러에서처럼 세계 자본주의와 제국주의의 본거지가 아니다. 9·11 테러를 일으켰던 알카에다는 미국의 백악관과 국방부에 대한 공격도 기도했는데, 파리에서는 관공서나 군사 시설 등 '하드 타깃'을 대상으로 한 것이 아니었다. 집중적으로 파괴된 곳은 시민이 주말을 즐기고자 외출하는 극장과 스포츠 경기장, 레스토랑과 바(bar) 등 이른바 '소프트 타깃'이었다. 이번 테러의 최대 특징은 바야흐로 평화적이고 안정된 일상생활에 대한 증오라는 점이다.

파리라는 거리가 공격 대상으로 선택된 이유도 '이교도 국가'의 평화와 번영에 대한 불쾌감에서 기인하는 것으로 보인다. 파리는 예술의 도시이자 꽃의 도시로 불려왔다. 그렇지만 IS에 따르면 그곳은 건강한 시민이 거주하는 것뿐 아니라 번영과 소비, 사치와 퇴폐를 상징하는 부도덕한 거리이기도 했다. 바야흐로 배덕(背德)과 악덕(惡德)의 도시였던 것이다. 즉 파리를 공격하면서 그 목표는 파리로만 향한 것이 아니라 파리로 상징되는 현대 사회와, 거기에서 행복을 향유하는 사람들 전체를 타깃으로 삼았던 것이다. 참으로 소름 끼칠 정도의 구도가 거기에 도사리고 있다.

이 사건에서 범행 성명을 냈던 IS는 지금 시리아와 이라크에 걸쳐 있는 사막 지역과 주변 도시 등의 일정한 영역을 지배하면서 각지에서 전쟁을 계속하고 있다. 동시에 각지에서 테러를 감행하고 있으며, 2015년 10월 31일 이집트 동부 시나이반도에서 일어난 러시아 비행기 추락도 IS는 자신들이 폭파한 사건이라고 자인하고 있다.

이제까지 IS가 벌인 전투는 시리아, 이라크, 시나이반도, 리비아 혹은 마그레브, 서아프리카에 이르고 있다. 그것이 이번에는 더욱 시공을 초월해 중동과 이슬람 세계에서 영토적으로는 멀리 떨어져 있는 프랑스의 수도 파리로 확산되는 양상을 보였다.

이런 점에서 파리에서의 포스트모던형 전쟁은 세계적인 성격을 띠고 있다는 점에 주목해야만 한다. 이미 아프가니스탄의 카불(Kabul)부터 프랑스의 파리에 이르는 광대한 지역에 거주하는 사람들의 생활에 크게 영향을 미치고 있어, IS의 영향권이 더욱 확대되리라는 것을 충분히 예상할 수 있다.

도대체 무엇이 이 전쟁과 테러를 포스트모던하게 만든 것일까? 그 해답 중에 한 가지는 매우 간단하다. 즉 이 새로운 포스트모던형 전쟁은 국가 간의 싸움이 아니라는 점이다.

IS는 스스로를 일정한 영역을 지배하는 국가적 주체를 자임하며, IS에 가담하고 있는 각지의 조직도 표면적으로는 독자적인 정체성을 지닌 독특한 문화 집단이나 자립적인 사회 집단으로 위장하는 경우가 많다. 그렇지만 그들이 지하드나 타크피르(Takfir: 어떤 인간 혹은 집단에 파문을 선언하는 것)를 외치고 지하디즘과 타크피리즘(Takfirism)을 자처하면서 같은 신자들마저 대거 살해하고 소녀의 성노예화를 합법으로 삼는 이슬람 테러리즘 집단이라는 점은 본질적으로 틀림없다. IS와 같은 집단이 한편으로 존재하고 다른 한편으로는 주권을 지닌 국가가 실존하는 사태가, 역사상 거의 경험하지 못한 전례 없는 전쟁 형태를 등장시킨 것이다. 21세기에 접어들면서 국가 간에 서로 총을 들고 교전하는 형식만을 전쟁으로 고려할 수 없는 역사 단계로 이미 진입한 것이다.

'탈(脫)영토' 혹은 '초(超)영토'적으로 폭력과 테러의 연장선상에서 행해지는 '전쟁'이나, 이제까지는 전쟁이라고 표현되지 않았던 '전쟁'을 현재 목격하고 있는 것이다. 폭력과 테러 자체가 상대를 굴복시키는 유일한 수단임을 확신하고, 광신적으로 '무슬림'을 자칭하는 개인 및 집단과, 구미 더 나아가 러시아의 국가와 사회를 둘러싼 가치관끼리의 대결이기도 하다.

포스트모던형 전쟁은 국가 간의 전쟁이라는 전근대부터 근대에 이르기까지 공통적으로 인식되어왔던 전쟁의 이미지와 내용을 대폭 다시 고쳐 쓰도록 하고 있다.

구미의 보수 극우에 의한 무슬림 배척

IS에 의한 파리 대학살에서 부각되고 있는 '홈그러운(homegrown)[1] 테러리스트' 등 무슬림 범죄자의 특징은 차별과 인종 편견 등을 이유로, 자신이 태어나고 자란 프랑스 사회 더 나아가 구미 사회에서 분열과 증오를 고의적으로 일으켜 무정부 상태나 혼란을 확대하려는 움직임을 보인다. 이런 충동은 중동과 아프리카에서도 공통되며 근대 국가의 성립 기반을 착실히 약화하고, 내측으로부터 분열시켜 단번에 붕괴하도록 만든다. 그 부정(否定)과 파괴 앞에 놓인 것은 파탄 국가로 향하는 길이다.

즉 포스트모던형 전쟁이 발생하게 된 것은 구미 사회 내부의 차별과 빈곤에 기인한 불평불만뿐 아니라 종교 및 종파의 차이에 의한 문화와 이데

---

1   현지에서 자생적으로 일어나고 있다는 의미다.

올로기의 상이함을 의도적으로 부각시켜, 대소(大小)를 불문하고 '문명의 충돌'을 통해 자아실현을 하는 IS의 정치적 의지가 강고하기 때문이다. 같은 사회에 태어났는데도 서로 다른 환경에서 자라난 집단 간의 깊은 증오와 원한을 초래하는 것이 IS에 의한 포스트모던형 전쟁의 목적인 것이며, 현실에서 프랑스의 마린 르펜(Marine Le Pen)과 미국의 공화당 대통령 후보자 도널드 트럼프(Donald Trump)[2]가 무슬림 시민과 이민자를 배척하는 데 큰 빌미를 제공하고 있다.

2015년 12월 3일 캘리포니아주 샌버너디노(San Bernardino)에서 일어난 총기 난사 사건으로 14명이 살해되었다. 프랑스와 미국에서 일어난 대규모 테러는 구미 사회에서 태어나 표면적으로는 정치와 종교를 분리시킨 세속주의 사회에서 자유와 민주주의를 향유하면서 자라난 사람들로부터 테러리즘이 발생했고, 게다가 하수인인 무슬림 부부는 IS의 '폭력적인 과격사상'에 영향을 받았음을 숨기지 않고 있다. 그들은 외견만 볼 경우 IS에 감화된 '외로운 늑대(lone wolf)'형으로 볼 수 있지만, 그 범행은 IS의 행위와 동일시되어 미국 전역에 커다란 충격을 미침으로써 IS는 목적을 달성한 셈이다.

공화당의 트럼프는 무슬림 시민을 '차별적'으로 취급할 것을 요구하는

---

2 도널드 트럼프는 제45대 미국 대통령으로 당선되었으며 2017년 1월 취임한 이후 이라크, 이란, 시리아, 리비아, 소말리아, 수단, 예멘 등 이슬람 7개국 국적자의 미국 입국을 한시적으로 금지하는 반(反)이민 행정명령에 서명했으나, 법원에서 제동을 걸었다. 그 이후 2017년 3월 '반이민 수정 행정명령'에 서명함으로써 기존의 7개국 중에서 이라크를 제외한 이슬람 6개국 국적자의 미국 입국을 한시적으로 금지하는 명령을 내렸다("美국무-법무-국토안보 '무슬림 입국금지 美안보에 필수'", ≪연합뉴스≫, 2017년 3월 7일 자).

성명을 발표했는데, 그 성명 중에 재미 무슬림 시민의 25%가 "미국에 대한 폭력은 세계적인 지하드의 일부로 정당화되고 있다"라고 답한 인터넷 조사를 강조했다. 이로부터 그들의 증오는 이성을 초월했으며, 이슬람 과격파를 봉쇄하기 위해서는 무슬림의 신규 입국을 마땅히 금지해야 한다고 말했던 것이다.

프랑스에서 2015년 12월 6일 실시된 주(州: 지역권) 의회선거(비례대표 2회 투표제)의 제1차 투표에서는 '반(反)이민'을 내세웠던 극우 성향의 국민전선(FN: Front National)이 전체 13개 주 가운데 6개 주에서 28%를 획득해 제1당이 되었다. 이것은 니콜라 사르코지(Nicolas Sarkozy) 전임 대통령의 공화당·우파연합의 27%나 프랑수아 올랑드(François Hollande) 대통령을 배출한 사회당·좌파연합의 23%보다도 높은 수치였다.

이런 결과는 샤를리 에브도 사건(2015년 1월 7일에 파리의 풍자 주간지 ≪샤를리 에브도(Charlie Hebdo)≫ 편집부를 이슬람계 테러리스트가 습격해 편집자와 풍자만화가, 칼럼리스트 등 12명을 살해한 사건이다)이나 '금요일의 대학살'에서 높아진 반(反)이슬람 이민과 무슬림 난민에 대한 반감이 배경으로 자리하고 있기에 가능했다. 당 대표 르펜은 이슬람 테러의 확산을 비난하면서 EU 조약에 반하는, 삼엄한 국경 관리를 실시해 테러리스트의 출입을 저지하고 이슬람 과격파를 괴멸시켜야 한다고 호소했다.

물론 12월 13일 재선거에서 국민전선은 반(反)극우로 스크럼을 짠 다른 정당 연합에 굴복해 어떤 주에서도 제1당이 되지 못했다.

이슬람 내부의 분열과 심화되는 위기

포스트모던형 전쟁은 IS에 의해 일어나고 있는 것은 사실이지만, IS는 오히려 결과이지 원인은 아니다. 본질적으로는 현대 세계에서 자주 '파탄 국가'가 발생한다는 점에서 그 원인을 찾아야만 한다.

이제까지 흔들림 없이 존재한다고 생각되어온 국가에 마약, 인신 매매 및 장기 매매 등에 손을 대고 있는 범죄 단체나, 이교도(異敎徒)라는 이유로 소녀의 성노예화를 합법화하는 IS와 같은 이슬람 테러리즘이 기생하고, 그 군사력에 압도당해 국가의 골격이 부패하는 흐름이 중동에서 아프리카에 걸쳐 포스트모던적 정치 현상이 되고 있다. 그보다 먼저 도달하게 되는 것은 국가의 해체다. 이제까지 우리들이 지구의(地球儀)를 보며 익혀왔던 영토와 영역, 그것을 획정하는 국경을 부정하면서 국가의 융해와 해체가 진전되고 있다는 데 심각함이 있다.

이러한 포스트모던형 전쟁을 이해하는 데 기초가 되는 세 가지 조건과 특징을 다시 정리해보겠다.

첫째는 중동을 포함한 이슬람 세계의 내부 분열과 심화된 위기다.

차별과 빈부의 격차는 지구상 어느 사회에서든 존재한다. 이것만으로는 왜 유럽의 이슬람 공동체로부터 테러리스트가 발생하고, 이슬람의 교리가 11월 '파리의 대학살'을 결행하고 정당화하는 인간을 만들어냈는지를 해명할 수 없다. 공동체의 내부로부터이든 주변이나 외부로부터이든 어쨌든 간에 이슬람을 내세우며, 이슬람에서 근거를 찾는 집단이 이와 같은 테러를 자행해버린 현실에 대해 양심적인 무슬림들은 어떻게 생각하고 있을까?

향후 이슬람에서의 윤리(moral) 체계 혹은 도덕 시스템이 어떻게 되어갈 것인지에 대해 양심적이고 일반적인 무슬림은 스스로 진지하게 되물을 수밖에 없을 것이다. 과거 일관성을 자랑했던 이슬람은 이제 윤리 체계, 도덕 시스템으로서 정상적으로 기능을 하지 못하고 있으며, 역사의 계승에도 파열이 노정된 지 오래되었다. 테러의 간접적인 원인과 책임을 구미에만 지도록 할 것이 아니라 이슬람교도와 시민도 심각하게 반성해야만 하는 시기가 도래하고 있다.

파리 대학살 사건의 용의자 중 한 명은 스탠드바를 경영했다. 그와 그의 주변인은 알코올과 마약 중독자였다는 보도도 나오고 있다. 이슬람에서는 음주를 금지하고 있지만, 이슬람의 이름을 빌려 테러와 전쟁에 종사하는 사람들이 술집을 경영하고 마약 등 '비(非)이슬람적인 쾌락'을 부정하지 않는 인간도 받아들여 전쟁과 자폭 요원으로 삼고 있다는 대목에서 IS의 본질을 살짝 엿볼 수 있다는 것이 매우 흥미롭다. 이처럼 표면적으로 근본주의적 이슬람 신앙을 주장하는 이들 중에 실로 사회로부터 낙오해, 왜곡되고 극단적인 허무주의(nihilism)나 무정부주의(anarchism)에 경도된 젊은이들이 많이 참가하고 있으며, 미성년 소녀와의 결혼이나 이교도 여성에 대한 노예 매매를 합법화하는 모습을 대부분의 경건한 이슬람교도는 과연 어떻게 생각하고 있을까?

이런 의미에서 파리에서 대규모 테러가 발발하자, 수니파의 온건파를 대표하는 최고 권위 기관 알아즈하르(Al-Azhar) 종무청(宗務廳, 이집트 소재)이 유럽에 대표단을 파견해 대화를 시작하겠다고 표명한 것은 환영해야 한다. 이슬람 문명으로부터 IS와 같은 집단이 발생했다는 유감스러운 사실을 비판하고 내부로부터 극복하려는 노력은 양심적인 이슬람 사회가 담당해야 할 책임이기 때문이다. 내부로부터의 자연스러운 움직임이 세계 곳곳에서 일어나지 않는 한, 궁극적인 문제 해결은 어려운 것이다.

이제까지 중동의 중심적인 현안은 팔레스타인 문제를 둘러싼 이스라엘과 아랍 간의 분쟁 및 이란의 핵 개발 문제였지만, 이런 문제는 IS가 부상하면서 뒷전으로 물러난 느낌도 든다. 왜냐하면 시리아와 이라크에 걸쳐 있는 영역을 초월해 IS의 전장이 중동에서 유럽, 더 나아가 북미까지 테러가 일어나는 원격지로서 확대되고 있기 때문이다. IS는 구미와 러시아로부터 공격을 받는 시리아만을 전장이나 전선(戰線)으로 생각하는 것이 아니라, 구미와 아프리카, 러시아에 이르기까지 자체적으로 원격지 전선을 적극 확대하려는 것으로 보이기도 한다. 이는 이미 테러와 폭력의 범위를 초월해 포스트모던형 전쟁의 영역에 진입했다고 말할 수 있을 것이다.

국민국가와 시민사회의 붕괴

둘째는 근대적인 정치 원리가 만들어낸 다수의 국가가 중동을 중심으로 붕괴 혹은 파탄 나고 있는 현실에서 찾을 수 있다.

국가의 붕괴는 시민 생활과 사회 질서의 보전뿐만 아니라 각종의 세계 시스템에 손실을 입히는 최악의 정치 현상이다. 현재의 국제사회는 명백히 '국가'라는 단위를 기초로 성립되어 있다. 이런 국가라는 단위가 붕괴되고 만다면 어떻게 될 것인가? 현재 일반인의 관점에서는 상상하기 어려울지도 모른다. 그렇다면 아랍의 많은 국가와 마찬가지로 정부가 붕괴되고 국내적으로 현 정권파와 반(反)정권파로 양분되어 각각 외세로부터 지원을 받으면서 싸우고 있을 때, IS와 같은 테러 조직이 난입해 참전하는 상황이 되는 사태를 상상해보기 바란다. 이럴 경우 시리아인을 비롯한 아랍인들의 생활과 안전은 그 얼마나 심각한 위기에 처하겠는가?

"국가의 움직임은 운명에 얼마나 이끌리는가에 의존한다"("수상록』 6)라고 말한 이가 몽테뉴다. 이와 함께 그는 "개인의 행동은 우리가 얼마나 이끄는가 하는 데 있다"라고 기술했다. 난민이 된 것은 어쩔 수 없는 선택이다. 그렇다고 하더라도 부모의 조상 때부터 전해 내려오는 땅을 떠나 난민으로서 유럽으로 향해야만 하는 고충과 비극은 필설로 다할 수 없다.

이제까지의 국민국가의 틀은 크림반도에서 우크라이나, 아프가니스탄 및 리비아에서 시리아, 예멘에 이르기까지 붕괴되었고, 이라크도 파탄 국가에 가까워지고 있다. 아프리카에서도 많은 국가가 해체되거나 파탄 나고 있다. 구미와 러시아의 전쟁과 군사 간섭에 더해 그것에 대항하는 내전과 테러의 만연이 이러한 국가의 해체와 파탄을 촉진했던 것이다.

이는 시리아에서의 러시아와 구미의 대치로 진행 중인 제2차 냉전과 중동에서 발생하고 있는 포스트모던형 전쟁을 결합시켜, 중동의 복합위기를 전 세계적인 규모의 대전(大戰)으로 발전시킬 위험성이 있다.

게다가 아랍 각국의 약체화에 의해 아랍권과 아라비아반도에 대한 역외(域外)로부터의 간섭과 영향력이 강화되고 있다. 비(非)아랍계인 이란과 터키는 이런 지역과 민족을 지배했던 제국(帝國)의 기억을 정책의 기초로 삼고 있으며, 아케메네스 제국(Achaemenid Empire, B.C. 550~B.C. 330)으로 거슬러 올라가는 역사를 간직한 '시아파의 총본산' 이란과, 수니파의 칼리프를 이은 '오스만 제국의 계승자' 터키 간의 분쟁도 격렬하다. 그들의 팽창주의적 야망은 러시아와 손을 잡은 이란 측이, 러시아의 비행기를 격추시켜 푸틴과 적대 관계에 내몰린 에르도안의 터키보다 성공적이라고 할 수 있다. 이란과 사우디아라비아 간의 심각한 대립을 살펴볼 필요도 없이 국제 이슬람(시아파) 혁명의 확대가 복합위기를 촉진할 가능성은 향후 우려할 만한 요인이라고 할 수 있다.

구미의 민주화, 자유론의 한계

셋째는 세계적이고 다차원적인 정치와 사회의 구조 변동을 이해하고 해결하는 데 구미의 근대적 견해나 민주화 및 자유론(自由論)을 축으로 한 정책이 중동에서는 성과를 거두지 못한다는 것이 증명되었다는 점이다.

앵글로색슨이든 슬라브인이든 구미로부터 러시아에 이르기까지 자유주의와 민주주의 등의 모더니즘 아래 육성된 정치 엘리트와 지식 엘리트는, 소녀의 성노예화 등을 전근대적인 것으로 합리화하면서 포스트모던적인 무차별 테러나 자폭 테러를 전쟁의 다양한 전술과 결부시키는 IS를 비롯해, 무수한 이슬람 테러리즘 운동의 발호라는 새로운 현실에 적응하지 못한 채 포스트모던형 전쟁에 질질 끌려 다니고 있다.

'아랍의 봄'에서 발생한 세속주의나 모더니즘에 의한 민주화와 자유의 실험은 이제까지의 성공 사례라고도 말할 수 있는 터키의 혼미와 에르도안의 독재화와 맞물려 도리어 중동에서 이슬람주의의 신장을 초래하고, 이슬람의 민주화라는 개념을 독자적으로 성장시키려는 시도를 좌절로 내몰고 있다. 리비아의 무아마르 카다피(Muammar Gaddafi)나 이라크의 사담 후세인, 이집트의 호스니 무바라크(Hosni Mubarak) 등 강권적인 독재자를 타도하고, 민주적이며 또한 자유로운 투표를 실시하더라도 권력이 신장되는 것은 결국 이슬람주의 세력과 종파주의라는 얄궂은 결과를 초래하고 있다.

그리고 다른 한편으로 이와 같은 혼란에 편승해 러시아, 중국, 이란과 같은 공산주의, 마오쩌둥 사상(毛澤東思想), 호메이니즘(Khomeinism) 등의 전체주의나 권위주의적 흐름을 취하는 국가들이 IS 등 이슬람 테러리즘과의 대결을 대의명분으로 내세우며 국내에서 인권 억압과 민주주의의 무시나 민족자결권의 부정을 정당화하면서 제2차 냉전에서 우위를 차지하고자 한다.

구미나 일본의 정치 엘리트들이나 문화인들은 자유와 민주주의의 이상이나 EU로 상징되는 지역 통합을 향한 꿈을 드높이 내세워왔는데, EU가 허락한 역내(域內) 왕래의 자유가 거꾸로 반격당하고 있다. 테러리스트나 범죄자가 위장해 유입된 난민 중에 잠입한 결과, 파리 대학살과 쾰른의 집단 강간의 하수인이 되었던 것이다. EU의 엘리트와 문화인은 틀림없이 헤아릴 수 없는 충격을 받았을 것이다.

포스트모던형 전쟁은 이제까지 구미를 중심으로 구축되어왔던 지식의 체계나 사회 시스템을 심각하게 재검토해야 할 국면이 도래하고 있음을 시사한다. 경제적인 번영과 공학적(工學的)인 기술이라는 두 가지 요소를 조합해 사회 문제를 해결하는 수법은 19세기 이래 구미 사회와 그 아류에 해당하는 일본에서는 확실히 성공했다. 그렇지만 이런 성공의 체험에 의존한 나머지 구미는 최첨단의 경제력과 기술력 혹은 그 틀을 집약한 군사력에 과도하게 의지해, 이라크 문제의 해결에 실패했을 뿐만 아니라 '아랍의 봄'의 여파를 받은 시리아 위기에 대해서도 문제에 충분히 대응하지 못하고 있다.

이제까지 이슬람 세계는 구미가 개발한 기술과 공학을 받아들일 수밖에 없었고, 그에 기초한 사고법과 연구 방법도 도입해왔다. 중요한 점은 그런 것을 총체적으로 이슬람 세계의 변혁에 활용하는 데 성공하지 못했다는 점 이다. 오히려 이런 창조적인 변혁이나 미래를 창조해야 할 이공계에서 배출된 이들이 알카에다 및 IS와 마찬가지로 허무주의나 무정부주의에 잠긴 세계관과 생활 감각을 지닌 젊은이들이다.

그들은 현실 상황에 대한 좌절감과 불평불만 때문에 기존의 권위에 반발하는 충동에 사로잡혀 있다. 그들의 공격은 직접적으로 피해를 입히거나 생활을 파괴시키는 것은 아니지만, 때로는 무고한 사람을 인정사정없이 겨냥한다. 그 대상자는 무슬림을 포함한 프랑스 시민이건 가톨릭계 시민이건 시리아와 마그레브(알제리와 튀니지 등 북서 아프리카 지역)의 무슬림이건 IS의 포스트모던형 전쟁에 휘말려든 사람들이건 간에 계속 증가할 것이다.

세계사적 사령탑의 부재

이와 같은 새로운 상황의 도전에 직면한 현재, 무엇보다도 필요한 것은 새로운 역사적 관점을 가능케 하는 지적(知的) 패러다임이다. 그렇지만 이제까지의 세계사적 상식을 뛰어넘는 IS의 위험에 대해 새로운 역사관과 패러다임으로 무장하면서 세계를 지도할 수 있는 정치가와 사령탑은 좀처럼 발견할 수 없는 것이 현실이다.

현재 구미는 그리스 금융 위기와 시리아 위기를 보더라도, 자국의 안전과 국민의 고복지 및 고소득을 최우선하는 국가가 대부분이다. 이런 국가의 시민들은 납세자로서 자신이 지불한 세금이 중동과 아프리카로부터 유입된 타국의 국민을 위해 사용되는 것이 옳지 않다고 생각하는 경향이 강하다. 그중에서도 EU의 이상과 인간애 때문에 난민 수용에 적극적이던 독일과 프랑스에서마저, 끝없는 난민의 유입 때문에 국내의 복지비를 삭감하면서까지 예산을 전용하는 데 대한 회의적인 흐름이 생겨나고 있다. 이와 같은 경향과 조류에 편승한 정치가가 미국의 오바마 대통령과 독일의 앙겔라 메르켈(Angela Merkel) 총리다.

오바마 대통령에 대해 말하자면 실적과는 무관하게 노벨 평화상이 너무 이른 시점에 수여되었다는 기억이 새롭다. 그렇다고 그가 책임 있는 초강대국의 지도자로서 세계적으로 기억되고 평가받을 만한 업적을 남겼다고 하기는 어렵다. 경제와 과학기술의 성과를 결부시켜 그 과실에 의존하는 형태의 평균적 의미에서의 지도자로서는 합격일지 몰라도, 우드로 윌슨(Woodrow Wilson)의 국제평화주의나 프랭클린 루스벨트(Franklin Roosevelt)의 뉴딜 정책과 같은 세계사를 바꾼 철학성이나 역사관은 결여하고 있다. 게다가 그의 주변 각료나 측근 중에도 제대로 된 인재가 없다고 할 수 있다.

또한 독일의 메르켈 총리의 재직 연수가 10년을 넘고 있다고 하더라도, 과거 콘라트 아데나워(Konrad Adenauer)나 빌리 브란트(Willy Brandt), 헬무트 콜(Helmut Kohl)과 같은 전임 총리와 비교하면 그 정치 수법이 매우 실용적이라거나 각별한 역사 철학이 있는 것도 아니다.

거짓말과 빚

그래서 여기서는 독일의 메르켈 총리와 중동의 복합위기 사이의 관계에 대해 한 차례 언급해보려 한다.

이를 설명하려면 기원전 499년 이후에 일어난 페르시아 전쟁에 오늘날 국제 위기의 세 당사자가 결부되어 있다는 사실을 언급하지 않을 수 없다. 페르시아 전쟁의 발단은 이란(페르시아)의 국왕 다리우스 1세(Darius I)가 오늘날 우크라이나의 도나우강을 경유해 대원정을 감행하고, 유럽의 병합을 기도했다가 실패한 데서 유래한다. 당시 수준에서 말하자면 이란은 아마도 무시무시하고 야심에 찬 '대전(大戰)'을 기도했을 것이다. 그사이 아시아 최서단의 그리스인이 반란을 일으켰다.

2015년 그리스의 채무 문제와 이란의 핵 협상 최종 합의를 볼 때마다 고대 그리스의 역사가 헤로도토스(Herodotos)가 기술한 말이 떠오른다. 그에 의하면 고대의 이란인의 가장 수치스러운 행위 중 첫째가 거짓말을 만들어 낸 것이고, 그다음이 차금하는 것이라고 생각했다. 이는 로마 시대에 태어난 프로타고라스(Protagoras)의 『모랄리아(Moralia)』에는 역순으로 기술되어 있다. 어쨌든 빚을 진 자는 결국 거짓말을 지어내게 된다고 이 두 사람은 주장한 것이다.

현대 그리스인은 '거짓말과 빚'을 태연스럽게 거듭해왔던 점에서 정신적 조상의 시대보다 상황이 더욱 나빠졌으며, 이란인은 핵 개발에 대해 사실대로 말하려고 하지 않았다. 금융과 안전보장의 차이는 있다고 해도, 고대사에서 사극(史劇)의 주연을 적극적으로 연기했던 그리스와 이란은 현대사에서도 국제 위기라는 짐을 전가하는 장본인이 되고 있다.

그리스의 과오는 2001년에 GDP의 약 13%를 차지하는 재정 적자를 1%라고 거짓말을 하며 유로를 도입한 데서 유래한다. 그 과오의 결과, 지금은 공적 채무가 2428억 유로(약 300조 원)에 이르고 있다.

그러나 계속 차관을 들여오면서 마침내 거짓말을 입 밖에 낼 수 없는 때가 도래하게 된다. 중남미의 혁명가 체 게바라(Che Guevara)의 숭배자 알렉시스 치프라스(Alexis Tsipras) 총리마저 은행 휴업과 자본 규제를 시민에게 강제하면서 EU로부터 금융 지원을 받기 위해 재정 개혁 법안을 국회에서 승인받았다. EU는 70억 유로(약 9조 원)의 일시적인 연계 융자를 실시하고 3년간 최대 860억 유로(약 108조 원)에 달하는 금융 지원 협의를 시작했던 것이다.

거짓말의 후폭풍은 거세다. 그리스인이 연금 삭감과 세금 부담을 일시적으로 혐오했던 것만으로도, 향후 2년간 GDP에서 차지하는 채무 비율은 200%로까지 상승할 것이다. 2014년의 177%에서 더욱 악화될 것이기 때문에, 유로에 가맹했다는 것이 내포하는 '거짓말과 빚'도 몹시 커질 것이다.[3]

이란의 '거짓말'에는 중동의 복합위기에 관련된 지역의 안전보장이 결부된다는 것만으로도, 북한의 핵 개발과 관련된 거짓말에 여러 차례 휘둘려 왔던 일본으로서는 묵인할 수 없다.

이란은 2002년 8월 극비의 우라늄 농축 시설의 존재가 폭로된 이래 농축 중지에 대한 영국·프랑스·독일과의 합의를 어겼을 뿐만 아니라, 2006년에는 우라늄 농축 활동 재개라는 공약 위반을 저질렀다. 유엔 안보리는 2006년 12월부터 2010년 6월까지 네 차례에 걸쳐 이란 제재 결의를 채택했다.

게다가 그 사이에 신고를 하지 않은 우라늄 농축 시설에 의해 농축도 20%의 우라늄 제조를 개시하는 등, 거짓말을 거듭했다는 점에서 국제적인 신용을 잃었다. 2012년에 미국이 금융 제재를 발동하고 EU가 이란산 원유

---

3   실제로 2015년 그리스의 GDP에서 차지하는 채무 비율은 184.3%로 추산되었다(EY Eurozone Forecast, http://www.ey.com).

에 대해 수입 금지 조치를 취했던 것은 자연스러운 흐름이었다.

그렇다고 해도 이란이 장래에 핵 개발을 허용할 여지를 남기고 최종 합의에 도달했던 것은, 그리스에는 없는 우위성이 이란에는 있기 때문이다. 그것은 그리스가 '거짓말과 빚'이라는 이중고로 자승자박되었던 것과는 달리 이란은 구미에 거액의 채무를 지고 있지 않았고, 미개척 시장으로서 매력적인 면모 때문이기도 하다.

이를 증명하는 것이 유엔 안보리 상임이사국 외에도 독일이 이란과의 협의에 참여해왔다는 것이다. 메르켈 총리가 이끄는 독일은 프랑스가 발명한 유로를 최대한 이용했던 수익자다. 최종 합의에 대한 사우디아라비아와 이스라엘의 비판의 창끝을 미국으로 향하게 하는 한편, 그리스와 남유럽 덕분에 경쟁력이 생긴 유로의 수출력으로 이란의 신규 시장에서 패권을 장악하려는 야망을 언뜻언뜻 비치고 있다. 독일이 아시아인프라투자은행(AIIB: Asian Infrastructure Investment Bank)의 열렬한 가맹국이 된 동기도 시장으로서의 중국과 이란을 중시하는 야심 때문이었다.

독일이 관여하는 '신동방문제'

에마뉘엘 토드(Emmanuel Todd)가 말하는 '독일 제국'이나 제임스 리카즈(James Rickards)의 '새로운 제국' 독일은 이란, 그리스, 우크라이나의 위기의 해결사로서 영국, 프랑스를 능가하는 존재감을 발휘하고 있다. 달러를 희생시킨 유로의 발전에 기댄 메르켈의 지도 아래 독일의 리더십을 높게 평가할 것인가, 유로가 독일의 이익에 봉사하는 화폐로 전락했다고 생각할 것인가로 견해는 나뉘어도, 독일 유로와 그리스 유로의 실질 가치를 동등하게 생각했던 그리스의 정치가와 국민의 환상은 부정할 수가 없다.

채무 변제의 30년 유예나 원금에 대한 삭감이 이루어지지 않는다면, 그리스는 차관만 변제하기에도 급급한 처지로 전락하며, 경제성장은 안정될 수 없다. 유로권이 만들 예정인 그리스의 국유 재산을 처분하는 채무 변제 기구[4]는 마치 오스만 제국(터키)의 부채를 확실히 변제하게 했던 19세기 오스만 제국의 부채 처리국(處理局)을 연상시킨다.

결국 지금의 그리스, 이란, 우크라이나에 공통되는 국제적인 현상은 '신 동방문제'의 탄생인 것이다.

동방문제란 1820년대의 그리스 독립전쟁을 계기로, 터키에 대한 유럽의 간섭과 각국 간의 경쟁 및 협조 등 역동적인 국면을 포괄하는 외교 개념이었다. 다만 크게 변한 점이 두 가지 있다. 당시 '유럽의 병자(病者)'는 터키였는데, 현재는 그리스가 되었다는 점이다. 또한 제2차 냉전과 포스트모던형 전쟁, 난민 문제가 중동에서 유럽으로 확대되고 있는 공간적인 측면을 함께 감안해보면 '유럽의 빈사 상태의 병자'는 시리아라고 할 수도 있다.

그러나 이질적인 점이 한 가지 있다. 그것은 19세기의 오토 폰 비스마르크(Otto von Bismarck)는 동방문제에 거리를 두었는데, 21세기의 메르켈 총리는 우크라이나로부터 그리스나 이란에 이르는, '동방'에 대해 적극적인 진출책(進出策)을 취하고 있다는 점이다.

다만 국토가 분열되어 '빈사 상태의 병자'가 된 시리아에는 시장의 유혹이 없으며, 독일 자본이 탐낼 만한 매력도 결여하고 있다. 교묘한 것은 '새

---

4   자산개발공사(TAIPED)를 가리킨다.

로운 제국'이라는 인상을 주지 않고 EU 유로권을 위해서라는 조심스러운 분위기 속에 채무 불이행 직전인 우크라이나와 그리스 문제에는 관여하면서 회수해야만 할 채권이 없는 시리아 문제에는 노골적으로 관여를 피하고 있다. 이런 의미에서 '신동방문제'는 거꾸로, 독일의 EU 유로권에서의 패권과 관심의 중심을 비추는 '서방문제'의 거울이 되고 있다.

핵을 보유하지 않은 독일이 핵 보유 5개국 대열에 가담하여 풍요로운 시장과 구매력이 있는 이란과 협의하는 광경은, 통화 발행권 포기로 주권을 제한받은 그리스에 대해 독일이 엄격히 간섭하는 모습과 대조적이다. 그리스는 '신동방문제'하에서 EU 유로권, 실제로는 독일로부터의 끊임없는 압력에 노출되는 국면이 반복될 것이다. 이를테면 "이자(利子) 앞에 이자가 있으며, 게다가 또 하나의 이자가 있다"는 것이다. 사치와 낭비벽의 결과 대부금의 일부는 차관을 변제하는 데 썼기 때문에 '증서에 기재된 금액보다도 적은 액수를 받게 된다'는 것은 고대로부터의 상식이다. 고대 이란인에게 배운 조상의 충고를 무시했던 현대 그리스인의 자업자득이라고 해야만 할 것이다.

그러나 그리스인의 마음속 내면의 주름은 더 움푹 패어 들어가 있다. 그들은 독립 후 초대 국왕이 된 독일인 오토 1세(Otto I, 바이에른 왕실)가 '학정(虐政)'을 펼친 것이나, 1941년부터 1942년 겨울에 나치(Nazi) 독일의 점령으로 20만 명에서 30만 명의 아사자를 냈던 비극을 잊지 않고 있다. 1943년 빵 값이 제2차 세계대전 이전보다 1300배가 오르고, 1944년에는 340만 배로 뛰어오르는 하이퍼인플레이션을 발생시킨 독일의 점령에 대한 배상으로, 치프라스 총리는 메르켈 정권에 1620억 유로(약 203조 원)의 청구권이 있다고 주장하기도 했다.

‘신동방문제’는 그리스의 전시(戰時) 배상 청구권과 부채 원금의 삭감 등 역사 인식의 차이와 채무 변제 의무가 ‘거짓말과 빚’을 둘러싼 공방과 결부되는 한편, 오스만 제국 말기 이래 긴밀히 연계된 터키와 러시아 간의 시리아 전쟁을 둘러싼 긴장 관계, 우라늄 고농축화의 중단과 맞바꾼 이란 시장의 개척 등에 얽혀 있는 중동의 복합위기와도 연결되어 있다. 독일이 관여하는 ‘신동방문제’는 중국에 의한 그리스의 ‘피레우스(Piraeus)항’의 지분 매각 문제와 맞물려 19세기 동방문제와는 다른 복잡성을 노정하게 될 것이다.

3

지정학과
무함마드의 실제 모습

대문자의 이슬람과 소문자의 이슬람

북아프리카와 중국을 잇는 교역 거점으로서의 중동

제2차 냉전과 포스트모던형 전쟁이 결부되어 실제 격전으로 확대되고 제3차 세계대전이 일어나게 된다면, 그 진원지는 중동이 될 것이다. 그 위험성을 탐색하기 위해 우선 중동, 더 나아가 이슬람의 역사와 지정학을 개관해보도록 하겠다.

중동은 역사적으로 보면 '아라비아반도'와 '비옥한 초승달 지대(The Fertile Crescent)'라는 두 개의 핵심 지역으로 이루어져 있다. '비옥한 초승달 지대'는 티그리스강과 유프라테스강에서 시리아, 팔레스타인을 거쳐 이집트에 이르는 반원형의 녹색 평야 지대를 지칭한다.

이 두 지역이야말로 인간이 거주 가능한 지역, 즉 고대 그리스인과 로마인이 '외쿠메네(Ökumene)'라고 명명한 지대의 양단(兩端)을 잇는 교역로상의 상업 거점에 자리하고 있었다. 이렇게 지적한 사람은 미국 시카고 대학교의 이슬람 역사가 마셜 호지슨(Marshall Hodgson)이다.

호지슨이 집필한 『이슬람의 모험: 세계 문명의 양심과 역사(The Venture of Islam: Conscience and History in a World Civilization)』는 필자가 학부생이던 시절 이슬람과 중동 및 중앙아시아에 관심이 있는 학생들에게 보급되어 반드시 참고하도록 추천되던 책이었다. 지금이라면 당연하다고 할 수도 있지만, 그는 근대 이후 유럽의 서양사와 경제사 연구자의 견해를 일종의 '터널 사관'이라고 비판했던 학자다. 그는 서양사라는 유럽 내부의 인과 관계만 비교하는 터널에 갇혀 협소한 시각으로 사물을 바라봐서는 안 된다는 예리한 논평을 내놓은 것이다.

호지슨에 의하면 고대의 그리스인과 로마인이 미화했던 외쿠메네는 북

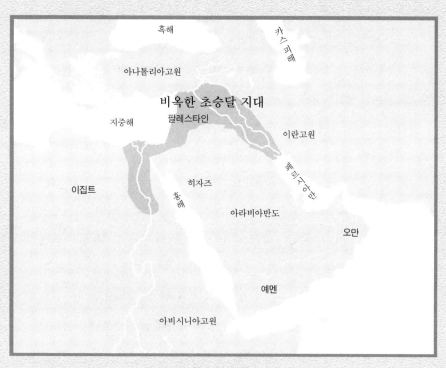

지도 안 레이블:
흑해
카스피해
아나톨리아고원
비옥한 초승달 지대
팔레스타인
지중해
이란고원
히자즈
페르시아만
이집트
홍해
아라비아반도
오만
예멘
아비시니아고원

비옥한 초승달 지대

아프리카부터 중국 서부에까지 걸쳐 있었다. 그는 아라비아반도와 비옥한 초승달 지대가 북아프리카와 중국 사이를 이어주는 교역 거점이었다고 주장한 것이다. 과거 구미의 사람들이 아라비아반도라고 하면 흔히 사막의 불모지라는 인상만 떠올리던 시대에, 호지슨은 그 역사적 의의를 적절히 위치시켜 보여주었다. 비옥한 초승달 지대는 물론이고, 아라비아반도를 교역상 중요한 경로로 규정한 것은 비범한 발상이라고밖에 말할 수 없다.

그는 헤로도토스가 묘사한 유럽과 중국 사이에 낀 지대를 그 나름대로 '나일투옥수스Nile-to-Oxus(아무다리야강)'로 부르는 독창성을 발휘하기도 했다.

호지슨의 생각에 따르면 이슬람은 유럽, 중국, 인도 등의 외쿠메네를 이어주는 문명의 촉매 역할을 수행했다고 할 수 있다.

뒤집어서 생각해보면 아라비아반도의 베두인(Bedouin) 유목민은 북쪽의 시리아, 북동의 메소포타미아(이라크), 동쪽으로 인도양에 접한 오만, 서남쪽의 홍해와 아라비아해를 경유해 아프리카를 빠져나와 예멘, 서쪽으로 홍해에 접한 헤자즈(Hejaz)와 같이, 다소나마 농경과 통상이 가능한 지역에 둘러싸여 이주를 반복해왔다고 말할 수도 있다. 그리고 동서 교역로의 건조 지대에 자리하고 있는 중동의 지정학적인 위치는 고대부터 현대에 이르기까지 전략적으로 불안정한 양상을 중동의 국가에 늘 강제하는 간접적인 원인이 되어왔다. 이와 동시에 건조 지대와 농경 지역이 중첩되듯 존재하는 것은 중동의 묘미라고 할 만하다.

거듭 말하자면 아라비아반도와 비옥한 초승달 지대에서 석유와 천연가스 등 에너지 자원의 매장이 근대 시기 이래로 확인되었기 때문에, 이는 현대 중동의 정치와 경제가 세계적인 규모로 영향을 미치는 크나큰 전략적 요인이 되고 있다. 이런 의미에서 신(神)만이 알고 있는 역사와 시간을 초월한 요인에 의해, 호지슨이 예견한 이 지역의 중요성이 결정되었다고 할 수도 있을 것이다.

현대 중동은 에너지라는 요소가 없었던 시대로부터 형성되어온 지정학적 불안정 구조가 갈수록 심각해지고 있다. 그것은 석유나 안전보장이라는 요인에 의해 전략적 중요성이 증대되고 있을 뿐만 아니라 전쟁과 테러리즘이라는 국제평화와 질서를 위협하는 무대도 되고 있기 때문이다[Robert Kaplan 著, 奧山眞司·櫻井祐子 譯, 『地政學の逆襲』(朝日新聞出版社, 2014)].

아나톨리아고원과 이란고원

고대부터 현대에 이르기까지 아라비아반도와 비옥한 초승달 지대에 접해 있는 북서의 시리아, 북동의 이라크, 남쪽의 예멘의 저편에는 호지슨이 "정치적 오지(奧地)"로 일컬은 고원 지대가 펼쳐져 있다. 시리아와 아나톨리아고원, 이라크와 이란고원, 예멘과 아비시니아(Abyssinia: 에티오피아)고원 등이 짝을 이룬 형국이다.

시리아 북방에 펼쳐져 있는 아나톨리아고원은 비잔틴 제국(Byzantine Empire)과 오스만 제국의 영토적 심장부이며, 그곳에 위치한 현재 터키공화국의 수도 앙카라(Ankara)는 1402년에 오스만 제국의 제4대 술탄 바예지드 1세(Bayezid I)와 중앙아시아로부터 진출해온 티무르(Timour)가 회전(會戰)했던 곳이기도 하다. 감히 말하자면 앙카라의 위치는 중국의 쉬저우(徐州)와 같이 사통팔달(四通八達)한 땅으로, 동서(東西)의 병력이 대규모로 집결해 전투를 벌여왔던 지형이라고 할 수도 있다.

현재의 이라크와 고대 메소포타미아 문명의 번영을 뒷받침한 것이 그 배후에 있는 이란고원이다. 지정학적으로 생각해보면 이란과 메소포타미아(이라크)는 광범위한 시아파 세력은 물론이고, 걸프만 해안 지역의 연속성 등과 결코 떼어놓고 말할 수 없는 장소이기도 했다.

예멘은 오만이 인도양 위의 잔지바르(Zanzibar)제도와 남아시아를 잇고 있었던 것처럼, 예로부터 현재의 에티오피아에 해당하는 아비시니아와 연계가 강했다. 거기에는 실로 해양 세계의 논리가 있다.

따라서 아라비아반도를 사막밖에 없는 불모지로 파악하는 것은 완전히 잘못된 인식이다.

시리아와 이라크 모두 이슬람이 발흥한 7세기를 전후해 아나톨리아와 이란을 교화해 이슬람권을 팽창시키는 전선(前線)이 되었던 것이다. 시리아의 수도 다마스쿠스와 이라크의 수도 바그다드가 과거에 각각 우마이야 왕조와 아바스 왕조의 중심지로서 번영한 수읍(首邑)이었다는 사실은 결코 무시할 수 없다.

이런 두 개의 수레바퀴에 연계된 형태로 시리아의 알아사드 정권과 수니파 IS의 대항 축, 이란 중심의 시아파 세력 대 사우디아라비아 중심의 아랍 수니파 세력 간의 대립 관계가 형성되었다. 그리고 그 주변의 내전에서 '대리전쟁'을 거쳐 지금은 전쟁 당사자가 된 아라비아반도(걸프 국가들 포함)와 비옥한 초승달 지대(이스라엘과 가자 지구 포함)의 관계국이 배치되어 있는 것이다.

역사적으로 말하자면 시리아, 이라크와 아라비아반도, 예멘과 아라비아반도의 핵심 부분을 차지하고 있던 사람들은 기본적으로 상인들이었다.

이슬람의 예언자 무함마드는 태어나기 전 부친을 여의고 유아 시절에 어머니도 세상을 떠나 고아가 되어, 조부과 숙부의 손에 자랐다. 그가 출생한 하심가(The House of Hashim)는 쿠라이시족(Quraysh)의 명문가이며, 쿠라이시족은 무함마드가 출현하기 3대(三代) 전부터 국제적인 상인으로 성장해 아라비아반도와 '샴(Sham: 시리아)'에 퍼져 있는 대상(隊商, caravane)을 조직했다. 무함마드도 소년 시절 상인이 되어 대상에 참여했으며 '샴'을 방문했다고 전승되고 있다.

심장부와 세계섬

중동 지역이 '왜 중요한가'라는 질문에 답해보도록 하겠다. 우선 "방대한 석유와 천연가스가 매장되어 있어, 일본 산업경제의 생명선을 틀어쥐고 있기 때문이다"라는 견해는 그르지 않다. 그렇지만 이것만으로 충분하지 않다. 고대로부터 계속 이어져 내려오며 변하지 않는 지정학적 위치도 답에 들어가지 않으면 안 된다. 화석연료 에너지의 매장지, 정변과 테러의 진원지 등 다양한 측면을 지정학의 이해와 결부시킴으로써 제2차 냉전과 포스트모던형 전쟁이 연계되는 공간으로서 중동의 의미를 다원적으로 이해할 수 있다.

이와 관련해 중요한 핵심어 '지정학'에 대해 언급해보도록 하겠다.

영국에서 활약했던 지정학자 핼퍼드 매킨더(Halford Mackinder)는 주요 산맥과 하천을 따라 간선 교통망이 발달한 지역의 형상이 '제국'의 발전을 움직인다고 생각했다. 여기서 만들어진 이론이 '유라시아의 하트랜드(Heartland: 심장부)'라는 사고로 연결되었다. 그의 설명은 대단히 명쾌하다. "동유럽을 지배하는 자는 하트랜드를 통제하고, 하트랜드를 지배하는 자는 세계섬(World Island: 유라시아 대륙 + 아프리카 대륙)을 통제하며, 세계섬을 지배하는 자는 세계를 지배한다."

그리고 하트랜드의 중심을 중앙아시아에서 찾았던 것이다.

이러한 생각은 오늘날에도 러시아와 우크라이나 간의 긴장 관계, IS와 사우디아라비아 및 이라크 간의 정치적 대결을 동일한 '장'으로 이해하는 데 시사하는 바가 많다고 할 수 있다. 매킨더의 지리 우위 사상은 오해받기 십상이지만, 그런데도 중요한 것은 지리가 기나긴 역사적 경로 속에서 간단하게 변하지 않는 요소이기 때문이다.

페르낭 브로델(Fernand Braudel)은 역사학의 명저 『펠리페 2세 시대의 지중해와 지중해 세계(La Méditerranée et le Monde Méditerranéen a l'époque de Philippe II)』(1949)에서 과거 스페인 제국의 최고 번영기에 군림했던 펠리페 2세 시대의 지중해를, 그것이 위치한 지리와 자연 환경을 통해 분석하고 있다. 역사의 변동을 고려하는 데 '지리'라는 불변에 가까운 요소를 무시하는 것은 불가능하다. 실로 현대와 같이 지역 차원에서부터 세계적인 규모에 이르는 국제 질서가 상전벽해(桑田碧海)와 같은 역사적 대변동을 경험하고 있는 지금, 지리라는 기본 조건을 다시금 인식할 필요가 있는 것이다.

지중해로부터 인도양까지, 카스피해에서 걸프만까지

예를 들면 이란의 정치외교와 안전보장을 고려할 때 시아파의 확산뿐만 아니라 지정학적으로 이란고원과 유프라테스강의 조합이라는 요인을 감안하지 않으면 이란의 독특한 정치적인 사고와 국익 감각을 이해할 수 없다. 그리고 이라크도 언제나 이란의 지정학적 요건을 의식하지 않을 수 없는 구조에 놓여 있다.

고대부터 시작되는 이란의 역사와 지정학의 기본 구도를 묘사해보면, 이란고원의 서쪽으로 그리스 문명권에 연결되는 메소포타미아와 아나톨리아가 위치하며, 동쪽으로 황허(黃河) 문명을 탄생시킨 중국과 연결되는 지리가 펼쳐져 있다. 그로부터 동남쪽에는 인더스 문명의 인도가 있다. 티그리스·유프라테스강이나 인더스강에 접해 있기 때문에 이란은 아랍과 인도 및 파키스탄 사이의 분계 지점일 뿐 아니라, 카스피해와 엘부르즈(Elburz)산맥 북쪽에서 캅카스와 중앙아시아의 초원과 하나의 선을 형성하고 있다.

어쨌든 미셸 카플랑(Michel Kaplan)이 말하는 '보스포루스-인더스' 지역, 호지슨이 말한 '나일투옥수스'의 중심을 차지하고 있는 나라는 이란이라고 해도 과언이 아니다. 중동을 상식적으로 이해하고자 한다면 아랍을 축으로 생각하는 편이 낫지만, 전략적으로 중동을 분석하려면 이란을 중시해야만 하는 근거가 여기에 있다.

무릇 오늘날에 이르기까지 중동이라고 불리는 지역은 여러 가지로 어려운 문제를 내포하고 있다. 원래 중동(Middle East)이라는 명칭은 미국 해군의 전사 전략 연구가였던 앨프리드 세이어 머핸(Alfred Thayer Mahan)이 만들었다. 머핸은 아시아의 분쟁지라는 의미에서 중동을 중시했던 것이다. 중동 지역은 러시아라는 랜드 파워(land power)와 영국이라는 시 파워(sea power) 간의 분쟁지라는 미묘한 인상을 풍긴다. 이런 중동의 위치를 필자는 저서 『중동 국제관계사 연구(中東國際關係史研究)』(岩波書店, 2013)를 통해 그레이트 게임과 동방문제의 어긋남이라는 관점에서 살펴보기도 했다.

어찌 됐든 간에 제국이면서 '국민국가'로서의 통합을 그대로 유지한 채 분열이 일어나지 않았던 희한한 하나의 사례가 이란이다. 이라크와 이란의 관계도 시아파라는 틀로만 파악하는 협소한 정치적 관점에서 분석하기에는 무리가 있다. 이란의 전략적 가치는 커다란 중동권의 석유와 천연가스 거의 전부가 걸프만과 카스피해 해역에 매장되어 있으며, 이 쌍방에 걸쳐 있는 나라는 자국뿐이라는 자부심에서 유래한다. 로버트 캐플런이 옳게 지적했듯이 세계 원유 매장량의 55%를 차지하는 걸프만 전체를 지배하고 있는 나라가 이란이다. 이라크와의 국경 지대인 샤트 알아랍(Shatt al-Arab)강에서 호르무즈해협에 이르기까지 1000km 정도를 통제하고 있는 이란의 걸프 국가로서의 자의식도, 강을 사이에 두고 마주 보고 있는 아랍 군주제 국가의 관점에서는 참을 수 없는 것이다.

이란인의 자의식에는 고대의 아케메네스조 페르시아(Achaemenid Persia) 이래 그리스의 폴리스(도시) 국가나 에게해의 섬들로부터 아무다리야강, 아프가니스탄, 인더스강 유역까지, 지중해에서 인도양으로 확장되었던 제국 의식과 세계관이 담겨 있다. 이 두 바다 사이에 내해(內海)와 같은 위치에 있는 것이 바로 걸프만이다.

이란은 아무리 국력이 약했을 때라도 유프라테스강과 인더스강 사이에 둘러싸여 있었으며, 인공국가와는 다른 역사적인 관록과 내력을 과시하고 있는 것이다. 이란이라는 지역의 성립은, 메소포타미아도 이란이라는 힌터랜드(hiterland: 배후지)가 바로 있었기 때문에 번영했다는 점에서 그 중요성을 엿볼 수 있다. 반대로 이란고원 역시 자그로스(Zagros)산맥(이란 남서부, 이라크와의 국경 부근에 남북으로 뻗은 산맥)의 서쪽은 메소포타미아와 시리아로 연결되고 있다.

이란은 남동 유럽으로부터 우크라이나와 러시아, 흑해에서 지중해에 더해 걸프만으로 연결되는 지역에 크게 가로놓여 있다. 북쪽을 보면 실로 매킨더가 논했던 하트랜드(유라시아의 핵심 지역)에 해당하는 중앙아시아, 그와 순치(脣齒) 관계에 있는 캅카스에도 바로 접해 있으며, 동쪽으로는 중국과 인도로도 연결되어 있다.

더욱이 중요한 것은 주변을 핵보유국들이 둘러싸고 있는 현실이다. 북쪽의 러시아, 동북의 중국, 동쪽의 파키스탄과 인도, 서쪽의 이스라엘, 그리고 남쪽의 인도양을 무장한 채 순시하고 있는 미 해군 제5함대, 즉 미국도 이란을 포위하고 있는 핵보유국 중 하나다. 이 강박관념 자체가 이란의 안전보장상의 위기감을 좋든 싫든 증가시키며, 핵 보유에 대한 충동을 멈추기 어렵게 하는 원인이 되고 있음은 틀림없다.

다시 말하자면 이란은 석유와 천연가스 매장량을 과시하는 세계 굴지의 자원(資源) 대국이다. 천연가스의 매장량은 970조 km³로 세계 2위, 석유는 1330억 배럴로 세계 3위다. 각각 세계 확인 매장량의 약 40%와 70%를 차지하고 있다.

이와 같이 유라시아를 중간 지대에서 장악한 지리적 중요성은, 역사는 물론이고 지정학적인 의미와 현실적인 전략론의 견지에서 보더라도 헤아릴 수 없이 크다. 러시아는 수차례의 전쟁이나 내정 간섭을 수행해왔던 경험을 통해 이란의 역할을 충분히 자각하고 있다.

이란은 시아파의 이슬람 혁명을 국제적으로 수출했던 것을 최근까지도 잊지 않고 있다. 시아파는 호메이니 이래 지금의 하메네이에 이르기까지, 걸프 지역과 중앙아시아에 시아파 혁명을 순차적으로 수출하는 것을 고려해왔다. 그렇지만 호메이니 시대에는 걸프만을 중심으로 생각했던 아랍 세계에 대한 국제 이슬람(시아파) 혁명 구상이, 이제야말로 아랍의 중심이자 일종의 문설주[楔]인 비옥한 초승달 지대의 이라크로부터 시리아와 레바논에도 적용되는 양상이 되고 있다.

또한 아랍과 이슬람의 '요람의 땅' 아라비아반도를 유럽인들은 아라비아 펠릭스(Arabia Felix: 행복한 아라비아)라고 불러왔는데, 지금은 '아라비아 펠릭스'가 아니라 '페르시아 펠릭스(행복한 페르시아)'로 변화하는 중이다. 이는 사우디아라비아에는 악몽이라고밖에 할 수 없는 사태다. 사우디아라비아가 시리아에서 이란이 뒷받침하고 있는 알아사드 정권의 존속을 결코 허락하지 않는 것은 이란에 의한 국제 이슬람(시아파) 혁명의 위협을 뼈저리게 느끼고 있기 때문이다.

"서양도 아니고 동양도 아니다"는 이란의 이슬람 혁명 이래로 국시(國是)가 되었다. 이것은 지정학이 뒷받침된 구호다. 이란은 서쪽의 구미와 대결하면서 시리아나 이라크에서의 평화적인 외교적 해결을 주장하는 한편, 동쪽의 러시아와 연대해 군사적으로 사우디아라비아 등 아랍 세계와 터키에 쐐기를 박는 것을 결코 멈추지 않았다.

이와 같이 이란이 시리아 전쟁의 향방을 좌우할 뿐 아니라 중동의 복합 위기를 자신들의 보폭에 맞춰 해결하는 21세기의 주요 행위자로서, 세계사에 이름을 남기려는 야심을 이제 와서 숨기지 않고 있는 것도 그 지정학적 조건에서 발현된 숙명이라고 말할 수 있을지 모른다.

쇼토쿠 태자 시대에 탄생한 이슬람

중동의 혼돈과 무질서의 근원을 확인하기 위해서는 지정학과 함께 중동에서의 역사, 특히 이슬람의 발전과 국가와 민족이라는 세 가지 관계를 주시할 수밖에 없다. 그리고 이 경우 무엇보다 중요한 것은 이슬람이라는 종교에 대한 균형 잡힌 이해다.

매일매일 보도되는 뉴스에서 IS가 결부된 전쟁과 테러를 보고 있으면, 이슬람이 마치 폭력과 살인을 옳다고 여기는 종교인 것 같은 착각이 생긴다. 실제로 테러리즘을 불사하는 IS와 같은 집단으로부터 '자신들의 행위 자체가 지하드(성전)이며, 이슬람의 가르침에 충실한 것이다'라는 폭력을 교의(教義)로 정당화하는 메시지가 나오고 있다.

혹은 이슬람교도가 다수를 이루고 있는 사회를 '종교가 모든 것을 지배했던 중세 기독교 세계'와 같은 이미지로 인식하는 사람이 있을지도 모른다.

그러나 거기에는 많은 오해가 있다. 예를 들면 이슬람교에는 기독교의 신부와 목사와 같은 직업적인 종교인이 없다는 것을 아는 사람이 얼마나 될까? 오해를 감수하고 말하자면 이슬람 사회에는 모든 신자가 예배를 통해 신과 직접 연결되는 동시에, 세속의 산업 사회에서 각각 직업을 갖고 생활하는 이른바 '재가승(在家僧)'이라고 할 수 있는 것이다.

이슬람교에서 중요한 개념은 신 앞에서의 평등이다. 따라서 기독교처럼 교회를 통해 신에게 연결되는 구조는 성립되지 않는다. 이슬람교에는 울라마라는 법학자나 종교적인 해석자에 해당하는 직업과 예배를 선도하고 설교도 하는 이맘(Imam)이라는 직책이 있기는 하지만, 그들 또한 일개 이슬람교도에 불과하며 특별한 교계제에 의해 위치가 정해진 성직자는 아니다.

7세기 초에 성립된 이슬람교는 쇼토쿠(聖德) 태자 시대에 탄생했음에도, 합리적인 측면 덕에 신앙과 일상생활이 양립하는 데 무리가 없었다. 바로 그렇기 때문에 현대에도 세계 도처에 이슬람교도가 16억 명이나 되는 것이다.

대문자의 이슬람과 소문자의 이슬람

전쟁과 테러 행위를 불사하는 사람들이 신봉하는 이슬람교가 있으며, 또 한편으로는 많은 사람들이 온건하게 신앙하는 이슬람교가 있다. 이런 극단적인 차이는 무엇으로부터 나오는 것인가?

필자는 이것을 '대문자의 이슬람'과 '소문자의 이슬람'에 비유해보려고 한다. 확실하게 말하자면 아랍어에는 대문자와 소문자의 구별이 없다. 이 것은 어디까지나 일본어에서 비롯된 비유이며, 필자가 학생이던 1970년 대부터 일본의 학계에서는 흔히 사용되었다. 최근에는 카를라 파워(Carla Power)가 저술한 『대양이 잉크라면: 믿기 힘든 우정과 '코란의 심장'으로의 여행(If the Oceans Were Ink: An Unlikely Friendship and a Journey to the Heart of the Quran)』(2015)에 의해 알려지게 된 용어다.

그런데 '대문자의 이슬람'이란 대단히 협소한 의미에서 이슬람을 엄격하게 해석한 교의다. 자신들의 해석이 전부이며, 타인에 의한 설명을 인정하지 않고, 관용과 공존으로 연결되는 유연성을 배제한다. 이것이 자주 다른 종교 및 다른 민족과 충돌을 발생시킬 뿐 아니라, 같은 이슬람교도라고 하더라도 마치 다른 종교 혹은 이단이기라도 한 것처럼 공격을 불사하게 한다.

이 '대문자의 이슬람'을 끝없이 추구하게 되면 다른 견해가 존재할 여지를 부정하고, 다른 파(派) 더 나아가 사회에서 평온하게 생활하는 시민을 힘으로 지배하는 정치적인 운동과 결합하게 된다. 이것이 정치화해 도달한 극단적인 형태가 전쟁과 내전, 테러와 성노예화 등과 같은 IS의 폭력 행위라고 할 수 있다.

IS와 알카에다로 연결되는 흐름은 이슬람교 초기부터 존재하고 있었다.

그 전형적인 집단으로 7세기 후반에 파생된 하와리즈(Khawarij)파를 들 수 있다. 하와리즈란 '공동체 밖으로 나간 자'를 의미한다.

이들과 관련해 유명한 일화가 전해지고 있다. 언젠가 노인과 임신한 젊은 아내가 아라비아반도의 어딘가를 가로질러 걸어가고 있었다. 그러다가 운이 나쁘게도 하와리즈파 일당과 마주친 것이다. 그들은 "너희는 하와리즈인가 아닌가?"라고 교의 문답을 시작했다. 이에 "하와리즈가 아니다. 나는 무슬림이다"라고 답하자, 아내의 배 속에 깃든 생명과 함께 두 사람을 모두 살해해버렸다는 것이다. 다른 사고방식과 생활 방식을 인정하지 않는 하와리즈파의 극단적인 엄격함과 폭력성은 실로 IS 및 알카에다와 일맥상통한다고 할 수 있다.

그에 반해 '소문자의 이슬람'은 내면적인 일상의 신앙이다. 이슬람이란 신(알라)에 대한 절대적 귀의를 의미하며, 매일 신에게 기도를 올리고 신에게 모든 것을 위임하는 겸손한 신앙인 것이다.

이 '소문자의 이슬람'의 견지에서 본다면 이슬람교도가 거주하는 토지와 민족에 따라 다양한 관습의 차이가 있으며, 직업이 다르면 개인의 생활 방식도 달라진다. 그렇지만 그런 차이를 초월해 개개인이 알라에게 기도하고 의지하는 것이 가장 중요하다.

다수파인 수니파의 근본적인 사고방식에 따르면 이슬람교도가 죄를 범했을 경우에는 최후의 심판 날에 신이 최종적으로 재판하는 것이지, 하와리즈파든 IS이든 간에 현세에서 인간이 결정하는 것은 불손하며 신에 대한 모독으로 이어지는 불법 행위다.

무슬림 대다수는 '소문자의 이슬람' 세계 출신이다. 한편 다양한 정치적 국면에서 자기주장을 굽히지 않는 '대문자의 이슬람'도 엄연히 존재하고 있다. 이런 이중성을 이해해야만 한다.

그렇다고 하더라도 위로부터의 시각과 협소한 견지에서 이슬람을 파악하는 견해는 늘 그래왔듯이, 최종적으로는 가족이나 직업을 일상생활의 기초로 간주하는 온건하면서도 양식 있는 이슬람 해석에 마땅히 그 자리를 양보해야만 한다.

예언자 무함마드의 합리성

이슬람의 근본을 이해하기 위해 간과할 수 없는 것은 신의 예언자에 해당하는 무함마드의 존재다. 무함마드는 570년경 지금의 사우디아라비아에 해당하는 아라비아반도에 있는 헤자즈의 도시 메카에서 태어났다. 그는 근면하고 성실한 상인으로 성장했고, 그의 상업적 재능을 인정한 부유한 미망인 하디자(Khadijah)와 결혼했다. 그녀는 15살 연상의 여성이었고, 애초에 무함마드는 정치가도 법률가도 군인도 아닌 시정(市井)의 상식인(常識人)으로 업무에 종사했던 것이다.

무함마드의 인생이 일변한 것은 610년경이다. 그는 메카의 교외에서 온몸이 조여드는 듯한 충격을 받는다. 어디로부터 들려오는지 알 수 없는 목소리를 듣게 된다. 이윽고 신체가 떨린다. 무슨 일이 일어난 것인지를 놓고 무함마드는 자살을 생각했을 정도로 번뇌하기도 했다. 그런데 그것 자체가 그에게 내려진 신의 계시였던 것이다. 무함마드에게 부여되었던 신의 계시는 그의 사후에 『코란』으로 편집되어, 이슬람교도뿐 아니라 인류 공통의 문화유산으로 현재까지 전해지고 있다.

그렇다면 그 계시란 무엇이었을까? 무함마드는 자신이 받은 가르침을 '이슬람교'라는 새로운 종교로 삼기보다 아브라함(이브라힘) 이래 모세와 예수를 포함해 연면히 이어온 셈족(Semites) 계통의 세계에서 예언자 계보에 연결되는 사람이라는 자각 속에서 이해했다. '유일신'(알라)이 초월적으로 존재한다는 것을 믿는다는 의미에서는 유대교와 기독교 모두 같은 셈족 계통 신앙의 흐름 속에 있다. 다만 유대교는 유대 민족만의 종교로서 그 가르침을 협소하게 만들어버렸다. 기독교는 '삼위일체[성부, 성자(예수), 성령]'라는 신비적인 교의를 일신교에 적용함으로써 인간이자 예언자였음이 분명한 예수를 신과 동일한 신앙의 대상으로 만들어버렸다. 그런 점에서 그 어느 쪽도 일신교로서는 왜곡된 부분이 있다는 것이 이슬람의 견지다.

대조적으로 무함마드는 신앙에서의 합리성과 설명 가능성을 중시한다. 무함마드는 어디까지나 인간이며, 신의 종복(從僕)에 불과하다. 그런데 그는 신의 계시를 담당함으로써 일신교의 전통을 본래의 길로 되돌리고 계시를 왜곡하지 않고 올바르게 해석하는 사명을 담당했던 것으로 여겨진다. 지금은 유대교도, 기독교도라고 일컬어지는 사람들도 겸허히 신의 목소리를 들음으로써 결국 본래의 일신교를 계속 이어가고 있는 이슬람의 가르침에 귀의하리라고 여겼던 것이다.

계시를 받았던 무함마드를 따라 처음으로 이슬람에 입신(入信)한 사람은 그의 아내 하디자와 초대 칼리프(Khalifah)인 메카의 장로 아부 바크르(Abū Bakr)였다. 곧이어 무함마드의 사촌 아우로 후에 딸 파티마(Fatimah, Zahra)의 남편이 되는 알리 이븐 아비 탈리브(Ali ibn Abi Talib)도 가담했다. 얼마 지나지 않아 조금씩 확장되어 움마(umma: 공동체)라는 신앙 공동체가 성립되고, 20년이 채 되지 않는 기간에 이슬람에 귀의한 집단이 아라비아반도를 통일하기에 이르렀던 것이다.

사산조 페르시아와 비잔틴 제국

그러면 어째서 이렇게도 짧은 시간에 이슬람이 확대되었을까? 이를 이해하기 위해서는 당시 아라비아반도에 대한 지정학적인 이해가 반드시 필요하다.

무함마드 시기에 아라비아반도는 동쪽으로 이란고원을 중심으로 한 사산조 페르시아(Sasanian Empire), 서쪽으로 아나톨리아에서 시리아로 뻗어 있던 비잔틴 제국이라는 두 개의 거대한 제국에 둘러싸여 있었다.

사산조 페르시아는 조로아스터교(Zoroastrianism)의 기원이 되는 마니교(Manichaeism)를 탄생시켰고, 그 지배 영역은 서쪽으로 터키의 아나톨리아 지방에서 동쪽으로 아프가니스탄에까지 이르렀다. 일본 나라(奈良)의 쇼소인(正倉院)에도 페르시아에서 도래한 물품이 소장되어 있다. 그중에는 사산조 페르시아 시대의 유품이 많다.

한편 비잔틴 제국은 로마 제국의 후계 국가로서 이탈리아반도, 북아프리카, 이베리아반도의 일부에까지 지배권을 수립했다. 그리고 시리아와 이집트를 둘러싸고 사산조 페르시아와 격렬한 분쟁을 벌여왔다.

아라비아반도와 비옥한 초승달 지대가 놓인 정치적 상황은 이 두 대국으로부터 가혹한 전제 지배와 억압을 받았다는 것이다. 전란이 끊이지 않았을 뿐만 아니라 무거운 세금이 부과되는 등 가렴주구(苛斂誅求)의 극치를 보여준 두 제국의 징수는 백성의 고뇌를 깊어지게만 했다. 게다가 세금을

코르도바

로마

콘스탄티노플

다마스쿠스

바그다드

쿠파

크테시폰
(사산조 페르시아의 수도)

예루살렘

바스라

푸스타트(카이로)

사마르칸트

카불

메디나

메카

우마이야 왕조

비잔틴 제국

사산조 페르시아의 판도
(642년 이슬람군에 패배, 651년 멸망)

이슬람교의 확대와 우마이야 왕조

지불하더라도 보상이 없는 '주지는 않고 빼앗기만 한다'고 할 만한 전제(專制)적 지배여서, 일방적인 착취를 감내하지 않으면 안 되었다.

아랍 민족의 내부에서는 여러 부족이 분열하고 수십 명에서 수백 명 규모의 전투가 계속되었다. 이 때문에 주요 일손인 성인 남성 다수가 사망해버리는 가혹한 현실에 직면해 남겨진 가족의 생활과 과부들에 의한 육아는 커다란 문제가 되었다. 오늘날 용어로 말하자면 사회 복지와 모자(母子) 지원 자체가 정치와 사회가 해결해야 할 중요한 영역이 되었던 것이다.

당시 아라비아반도에서는 다신교도 신봉되었는데, 가혹한 상황을 거치면서 사회적 무질서와 도덕적 퇴폐로 확대되는 양상을 보였다. 이 시대는 아랍의 역사가에 의해 흔히 '자힐리야(Jahiliya)', 즉 무지(無知)의 시대로 불렸다.

당시 아라비아반도에는 쿠라이시족이라는 명문 귀족이 있었으며 무함마드의 생가인 하심가도 그 부류 중 하나였다. 그렇지만 그들은 특권적인 지위를 향유하면서, 사회에 깊이 뿌리내려 확산되고 있는 차별과 빈곤 문제에는 등을 돌리고 자신들이 수행해야 할 사회적 책임과 의무를 소홀히 했던 것이다. 이를테면 노블레스 오블리주를 결여했던 것이다.

이 때문에 사람들의 쌓여 있는 불안과 불만을 해결하고, 구원을 청하는 마음가짐 자체가 무함마드가 신으로부터 받은 계시가 폭넓게 지지받는 밑바탕이 되었다고 할 수 있다.

무함마드의 다채로운 재능

무함마드는 유일신 알라로부터 계시를 받은 예언자 또는 사도다. 그것은 결국 종교의 창시자로 간주되는 기독교의 예수(Jesus)나 불교의 석가모니(釋迦牟尼)와는 다른 존재다.

차이점은 그뿐 아니다. 실재했던 이 세 명의 역사적인 인물은 모두 걸출한 종교 지도자였지만, 그중 무함마드만이 신앙·사회·정치가 일체된 움마의 최고 지도자이기도 했다. 무함마드는 『코란』에 수록된 계시의 60%를 메카에서 받았다. 그렇지만 이슬람이라 불리게 된 신앙이 현재처럼 세계 종교로 성장한 것은 메카에서가 아니라 622년 성천(聖遷, Hegira)하여 메디나로 옮긴 이후의 일이다.

무함마드는 메디나에 머물면서 이슬람에서 말하는 최후 및 최대의 예언자로서 단순히 신앙인의 정신만 뒷받침한 것이 아니다. 그는 팽창한 신도 공동체의 경영뿐만 아니라 메카의 쿠라이시족 등 외부에서 예언자와 신앙을 위협하는 적이나 공동체 내부에서 일어나는 절도, 간통, 유산 상속을 둘러싼 분쟁 등에도 적절히 대응할 것을 강요받았다. 메디나에서 무함마드는 종교인 이상의 역할을 수행했다.

그리고 바로 이 점이 예수와 석가모니와 같은 다른 종교 지도자보다 눈에 띄게 하는 결과를 낳았다. "무함마드 안에 있던 다양한 능력이 통치, 군사, 입법, 사법, 행정, 중재, 외교 등 여러 분야에서 별안간 차례로 꽃피웠던 것이다"[小杉泰, 『ムハンマド』(山川出版社, 2002)].

우선 무함마드가 가장 많이 언급한 것은 신 앞에서의 평등이다. 많은 사람이 빈부 격차로 고통받고 있지만 신 앞에서는 지위나 수입에 관계없이 누구나 일률적으로 복종한다는 점에서, 직업의 귀천이나 수입의 많고 적음은 문제가 되지 않는다. 예를 들면 단식(라마단)이라는 의무는 돈을 갖고 있든 그렇지 않든 상관없이 누구라도 수행하지 않으면 안 된다. 매우 구체적인 형태로 신 앞에서의 평등을 표현하는 것이다.

그리고 무함마드는 6언 5행(六言五行)이라는 이해하기 쉬운 신의 가르침을 제시했다. 6언이란 "알라, 천사, 코란, 예언자, 내세, 예정의 여섯 가지를 믿으라"는 계시를 존중하는 것이며, 5행이란 "신앙고백, 예배, 희사, 단식, 순례의 다섯 가지를 달성하라"는 의무를 부과한 것이다. 특히 희사(喜捨, sadaqa)는 생활하는 데 고통받는 과부, 고아, 노인, 병자 등에 대한 사회 구제의 기반이 되었다. 이슬람의 특색으로 유명한 일부다처제도 원래는 전쟁에서 반려자가 사망하고 자식이 있어 생계가 곤란한 여성을 구제하는 사회적 보호책으로서의 의미가 강했다.

더욱 큰 의미가 있는 것은 무함마드가 지도했던 이슬람 공동체의 통치 지역에서 무슬림이 되어 지세(地稅, Kharaj)만 납부하면 인두세(人頭稅, jizya)는 납부하지 않아도 좋다는 획기적인 세제(稅制)를 시행했다는 것이다.

이처럼 무함마드가 전파한 신의 가르침에 기초한 시책이, 인간의 평등과 약자 구제에 중점을 두었다는 점을 재차 확인할 필요가 있다.

'소문자의 이슬람'의 엄정함

이슬람 공동체가 확대되면서 메카의 쿠라이시족 유력자들과 유대교도 등 무함마드를 적대하는 세력도 출현했다. 무함마드는 이에 대항하기 위해 군사 지도자로서 많은 전투에 임했다. 그렇지만 '적이 항복하면 받아들이고, 희생자는 힘을 다해 최소화한다'는 방침은 일관되었다. 예를 들면 메카로 향하는 순례를 방해받았을 때도 무함마드는 "순례는 싸우는 것이 아니다"라고 하며 방해했던 메카의 유력자들과 화해의 협약을 체결한다. 이것을 '후다이비야의 조약(The Pact of al-Hudaybiya)'이라 하며, 이슬람 역사에서 최초로 경험한 외교 교섭이자 조약 체결로 간주되는데, 그것이 전쟁을 피하기 위한 양보였다는 것은 특별히 강조해 기록할 만하다.

현재 IS에 국한되지 않고 이슬람 과격파 쪽에서 무함마드의 군사 지도자로서의 면모가 지나치게 강조된 나머지, 신앙을 위한 전투인 '성전'으로서의 지하드가 균형을 상실할 정도로 전면에 내세워지고 있다. 그렇지만 본래 아랍어 'Jihād'라는 '신앙을 위해 노력한다'는 뜻을 담고 있다. 신앙을 방해하는 자는 힘으로 제거한다는 것은 지하드 개념의 일부에 불과하다.

'소문자의 이슬람'이라는 것은 결코 대수롭지 않은 이슬람을 의미하지 않는다. 오히려 매일 동 틀 무렵에 일어나 밤까지 다섯 차례의 예배를 규칙에 맞춰 행하고, 매년 정해진 달에 단식을 지키며, 때로는 순례 의무를 성실히 수행하는 것은 간단하지 않다. 진지하게 신에게의 절대 귀의를 지속해가는 것은 성급하게 폭력과 테러로 문제를 해결했다는 듯 환상에 잠식되는 것보다 상당한 인내력과 지속성을 요구하는 행위임이 틀림없다.

본래 이슬람이 무엇을 지향했는지를 새로이 파악하기 위해서는 무함마드의 생활 방식이 추구했던 이상과 실제 모습을 전체적으로 균형 있게 이해하려는 노력이 이슬람교도가 아닌 여타 국가의 사람들에게도 필요하다.

4

수니파와
시아파

분열에서 항쟁으로

이슬람 분열의 시련

무함마드 사후에도 이슬람 공동체는 계속 확장되었다. 이윽고 아라비아 반도를 초월해 티그리스·유프라테스강에서 이집트의 나일강에 이르는 비옥한 초승달 지대와 북아프리카에까지 확대되었다. 그렇지만 무함마드라는 '최후 및 최대 예언자'를 상실하자 이슬람 공동체는 커다란 변화에 내몰렸다.

확실히 무함마드는 종교 지도자였을 뿐만 아니라 정치 및 군사 지도자이기도 했다. 그렇지만 그것은 어디까지나 신의 계시를 올바르게 인간 사회에 전하기 위한 방편이었을 뿐이며, 그의 재정(裁定)은 계시를 통해 전달된 신의 의지를 반영하고 있었다.

그런데 그의 사망으로 신의 말씀을 담당하는 사람이 더는 존재하지 않는다. 당연한 일이지만 무엇이 신의 의지인지를 둘러싸고 공동체에서도 혼란이 발생하게 된다.

우선 '신의 예언자의 대리인'이라는 의미의 '칼리프'가 신도들의 수장으로서 이슬람 공동체를 통솔하게 되었다. 초대로 선발된 정통 칼리프는 무함마드를 접하고 최초의 교도가 된 아부 바크르라는 사람이다. 한편 『코란』을 편집해 무함마드가 전했던 신의 계시를 신앙의 규범으로 정리하고자 하는 움직임도 생겨났다. 또한 무함마드의 언행이 '수나(Sunnah)'라고 하여 계시에 다음가는 중요한 규정이 되었고, 이 언행록이 『하디스(Hadith)』로 정리되었던 것이다. '수니파'라는 명칭은 바로 여기서 유래하며 수니(Sunni)는 수나를 따르는 신도라는 의미다. 『코란』이라는 근본 경전과 『하디스』, 즉 예언자에 의한 '교의 해석'을 접함으로써 신의 의지를 올바르게 판단할 근거와 첩경이 확립되었던 것이다.

그 이후 4대까지 정통 칼리프 시대가 이어지는데, 2대째 이후에는 모두 암살 등으로 비명에 죽고 만다. 즉 칼리프가 대리인인 이상, 아무래도 신도들 사이에서 신뢰성을 놓고 동요가 일고 파벌이 생겨나는 것을 피할 수 없었다고 할 수도 있다.

앞에서 언급했던 하와리즈파도 4대 칼리프 알리가 적대적인 우마이야(Umayyad)가의 무아위야(Muawiyah)와 불필요한 정치적 타협을 체결했다는 이유로 알리를 살해하고 공동체 밖으로 나가겠다는 큰소리를 실행에 옮겼기 때문에 '하와리즈파(Kharijites: 밖으로 나간 자, 퇴거한 자)'라고 불리며, 단수형으로는 하와리즈(Kharijite)라고 일컫는다.

가장 크게 대립한 것은 초대부터 4대까지의 칼리프를 인정하고 무함마드의 언행에 해당하는 수나에 따라 충실히 생활하는 것이 중요하다고 주장한 수니파와, 4대 알리만을 정통 칼리프로 인정해 무함마드의 핏줄을 전문가의 용어법을 빌리자면 '일가'로 중시하는 시아파 간의 대립이었다. 시아라는 것은 '파(派)'라는 의미로, 타자들에게 본래 '알리파'라고 불렸는데 당파주의자나 분파주의자라는 의미에서 시아라는 명사(名辭)만 남게 된 것으로 파악된다.

시아파의 역사는 비극으로 뒤덮여 있다.

무함마드는 아들이 일찍 세상을 떠났기 때문에 딸들만 남겼다. 그중 한 명인 파티마와 결혼한 이가 무함마드의 사촌 아우 알리다. 즉 알리는 무함마드와 핏줄 및 혼인 등 이중으로 연결되었던 것이다.

그렇지만 알리는 661년에 암살되고 만다. 알리와 파티마에게는 하산(Hasan ibn Ali)과 후사인(Husayn ibn Ali)이라는 아들이 있었다. 그렇지만 그중동생인 후사인은 680년에 동료 70여 명과 함께 사막을 횡단해 이라크 남부의 쿠파(Kufa)라는 마을로 향하던 중 이라크 중부에 위치한 카르발라(Karbala)에서 장차 우마이야 왕조의 제2대 군주이자 칼리프라는 이름을 내세울 예지드 1세(Yazid I)가 이끄는 4000명의 병력에 습격당해 단번에 참혹하게 학살되고 만다.

이때 쿠파의 사람들은 후사인을 구하지 못한 깊은 통한의 사념 때문에 예지드파와 수니파에 대해 원한과 증오의 마음을 품는다. 그들 시아파에게는 채찍과 칼로 자신의 신체에 상처를 내는 아슈라(Ashura)라는 추모 의식이 있는데, 그것은 예언자의 사랑하는 손자 후사인을 잃고 암살된 알리 등 '일가(一家)'가 겪었던 고통과 비통함을 직접 유사 체험하기 위한 것이다.

오늘날 시아파가 다수를 차지하는 국가로는 이란을 필두로 하여 바레인, 이라크, 아제르바이잔 등이 있는데, 현대에도 시아파의 연극 중에는 초등학교 학예회부터 무대 위에서 상연되는 연극에 이르기까지 증오스러운 얼굴을 한 예지드파가 반드시 적(敵)을 상징하는 역할로 등장한다. 그리고 우상숭배가 금지되고 있지만 시아파에서는 예외적으로 알리와 후사인의 '초상화'가 흔히 인기를 독차지하고 있는데, 용모가 수려한 미남자로 묘사되는 경우가 많다. 물론 두 사람의 얼굴은 상상 속의 것이다.

게다가 지금 이란의 다수파를 차지하는 열두 이맘파(Athnā'ashariyyah, Twelver)에서는 부친의 사후에 자취를 감춰버린 12대 이맘(Imam: 시아파에서의 칼리프)이 장래 마흐디(Mahdi: 구세주)가 되어 재림할 것이라고 믿고 있다. 시아파는 각양각색의 비극과 독특한 음영(陰影)이 가미된 종파인 것이다.

정통 칼리프 시대에는 암살이 횡행하는 혼란과 분열도 경험했다. 이것은 수니파와 시아파의 대립으로 이슬람의 현대사에서도 끝나지 않고 있으며, 시리아 전쟁에서 쌍방이 격렬하게 서로를 적대하면서 그 골이 더욱 깊어지고 있다. 2016년 1월 사우디아라비아와 이란과의 국교 단절은 양 파의 냉엄한 대립을 백일하에 드러냈다.

우마이야 왕조에서 더욱 진전된 종교의 정치화

그런데 이슬람교의 대표적인 왕조인 우마이야 왕조, 아바스 왕조, 거기에 터키인이 수립한 오스만 왕조(제국)에서의 신앙과 권력 간의 관계를 고려해보면, IS를 비롯한 현대 이슬람의 종교 및 정치 간의 연관 관계를 살펴보는 데도 참고가 될 것이다.

661년 이슬람교도가 세운 최초의 왕조가 우마이야 왕조(661~750)다. 4대 칼리프 알리의 사망 이후 칼리프를 자칭한 무아위야는 앞에서 언급한 쿠라이시족의 우마이야가 출신이다. 무함마드의 측근으로 활약한 인물이지만 칼리프 자리를 놓고 알리와 격렬히 대립했다.

이 우마이야 왕조에서 칼리프직은 완전히 변질되어갔다. 종교 지도자의 역할을 중심으로 하기보다 정치의 최고 책임자인 군주로서의 성격이 강해진 것이다. 그 이후 우마이야 왕조에서도 아바스 왕조에서도 칼리프는 혈연관계에 있는 사람에게 세습되었다.

사료에 따르면 무아위야는 기독교도에게 서기(書記)의 임무를 의뢰하고, 경호 담당자에게는 창을 들도록 했다. 또한 사람들의 급료에서 구빈세(救貧稅)를 징수하고, 신민(臣民)을 업신여겼다고 적혀 있다. 신변을 보호하는 사람을 두었던 것은 역대 정통파 칼리프의 암살을 염두에 두었을 뿐 아니라 주위의 무슬림 동포를 신뢰하지 않았다는 증거이기도 하다.

그 당시까지만 해도 칼리프는 예언자의 대리인이라는 중요한 직책이기는 하지만, 이슬람 공동체의 일원으로서 신자들과 친밀히 교제하고 경호인도 대동하지 않고 왕래했다. 그렇지만 이런 무방비 상태를 노려 암살이라는 테러가 발생했던 것이다. 무아위야는 이슬람 역사상 최초로 신변에 파수꾼, 수위(守衛), 경찰을 둔 칼리프가 되었다. 이것은 암살을 두려워해 내려진 조치임이 틀림없다.

우마이야 왕조에서 두드러졌던 것은 가령 무슬림이라고 하더라도 아랍인이 타민족을 지배하고 우월한 위치에 있었다는 것이다. 같은 이슬람이라도 아랍인이 아닌 사람은 '마왈리(mawālī)'로 불리며 인두세가 부과되는 등 차별이 확대되었다. 이것은 신 앞에서의 평등을 무엇보다 중요하게 생각했던 이슬람의 가르침에 반하는 행위임이 틀림없었다. 다시 말해 본래의 이슬람, 즉 오로지 유일신에게 귀의하는 신자들의 공동체는 결정적으로 변질되어 왕조 국가에 통합되었다고 할 수 있다. 이것은 이슬람에서의 종교의 정치화를 진전시켰다.

우마이야 왕조는 판도를 더욱 확대해 서쪽은 지브롤터(Gibraltar)해협을 넘어 안달루시아(Andalusia, 스페인)까지 들어갔고, 북쪽은 비잔틴 제국과 싸웠다. 동쪽은 중앙아시아로 진입해 사마르칸트(Samarkand)까지 지배하는 대제국으로 성장했다. 그 중심지는 시리아의 다마스쿠스였다.

우마이야 왕조를 대신한 것은 아바스 왕조(750~1258)다. 우마이야 왕조 치세 아래 비아랍인으로서 차별을 받았으므로 이란인들 사이에서 불만이 크게 들끓고 있었다. 게다가 시아파의 반란이 거듭되고 749년부터 750년에 걸쳐 무함마드의 숙부 알아바스 이븐 압둘 무탈립(Al-Abbas ibn

Abd al-Muttalib)의 증손자 아부 알아바스 앗사파흐(Abū al-'Abbās as-Saffāḥ)를 초대 칼리프로 하는 아바스 왕조가 성립되었다.

아바스 왕조와 동서 문명의 융합

바그다드를 수도로 삼은 아바스 왕조는 1258년 몽골 제국에 의해 무너질 때까지 500년 가까이 계속된 본격적인 이슬람 왕조다. 아바스 왕조는 아랍인의 왕조이면서 많은 이란인을 국가의 관료로 등용하고, 무슬림 간의 차별을 철폐했다. 원래 이란인은 아케메네스 제국, 사산조 페르시아 이래 수준 높은 문화, 특히 시(詩) 등 문학의 전통을 잇고 있었으므로 이들을 제국의 운영에 활용했던 것이다.

그리고 이슬람법[샤리아(Shari'ah)]이 국가 정통성의 근거로 자리매김해 법학자(울라마)가 재판관도 맡았다. 즉 이슬람을 국가 통일의 본격적인 근거로 삼는 이슬람 제국으로 발전했던 것이다.

아바스 왕조의 국제적인 성격은 그 시대를 묘사한 『아라비안나이트 (Arabian Nights)』를 펼쳐보면 곧바로 눈에 들어온다. 당시 세계 최대의 인구를 보유했던 수도 바그다드의 사방에는 문이 세워졌고, 그곳으로부터 비잔츠(Bisanz: 콘스탄티노플), 메카와 메디나, 인도, 중국의 당(唐)나라로 향하는 길이 이어져 있었다. 바그다드는 유라시아 대륙 교역망의 중심으로, 각국의 산물, 문화, 정보가 집적되는 지정학적으로 가장 주요한 곳이었다.

서쪽으로는 샤를마뉴(Charlemagne) 대제가 이끄는 프랑크 왕국과 사절을 교환하고 우호적인 외교 관계를 구축했으며, 동쪽으로는 현재의 키르기스

8세기 후반 유라시아 세력도

(Kirgiz) 주변까지 진출해 중앙아시아에서 당나라 군대와 격돌하기에 이른다 [751년의 탈라스 전투(Battle of Talas)]. 이때 사로잡힌 당나라의 포로로부터 제지법(製紙法)이 전해져 이슬람 사회, 더 나아가 서방 세계로 종이가 전파되었던 것은 유명한 일화라고 할 수 있다.

또한 이란, 그리스, 인도 등 문명이 융합함으로써 고도의 과학과 문화가 생겨났다. 소다와 카리(qali)를 처음으로 구별해 알칼리(alkali) 개념을 만들어내는 등 근대 화학의 기초를 구축한 아부 만수르 무와파크(Abu Mansur Muwaffaq), 대수학(代數學)을 확립한 무함마드 빈 무사 알콰리즈미(Muhammad bin Musa al-Khwarizmi), 의학의 알라지(Al-Razi) 등을 배출한 것도 바로 이 아바스 왕조다.

우리가 흔히 유럽을 중심으로 역사를 관념해오고 있지만, 이 시기 세계 문명의 중심적 존재는 아바스 왕조로 대표되는 이슬람 세계였다는 사실을 잊어서는 안 된다. 그리고 그 강대한 제국을 통합시키는 핵심으로서 이슬람은 정치적으로도 중요한 역할을 담당했던 것이다.

이슬람의 종무 구조를 관료화한 오스만 제국

우마이야 왕조, 아바스 왕조는 모두 아랍인 왕조였지만, 이에 반해 1299년에는 터키족에 의해 오스만 제국(1299~1922)이 탄생한다. 여기에서 칼리프의 위상이 또다시 크게 변한다.

고등학교 교과서 등에는 오스만 제국의 국가 제도[國制]를 술탄·칼리프제라고 기술하는 경우가 많다. 이 술탄·칼리프란 군사 지도자의 의미로 아바스 왕조 말기에 북쪽의 터키인을 용병으로 받아들여 고용하고 군사권을 맡겼던 시기에 부여된 칭호였다. 이렇게 하여 군사적으로 실력을 갖춘 터키계 민족이 셀주크(Seljuk) 왕조(1038~1157, 일부는 1308년까지)나 오스만 왕조와 같은 제국을 구축했다.

여기서 중요한 것은 아랍계와 이란계가 중동에서 세력 투쟁을 하는 가운데 튀르크계 민족이 등장했다는 점이다.

튀르크계 민족(터키계 민족)은 본래 북아시아에서 발흥해 중앙아시아를 중심으로 활동한 유목민이었다. 당시 터키인의 견지에서 보면 자신들은 아랍인처럼 『코란』에 적혀 있는 아랍어로 유창하게 소리 높여 기도하는 것이 불가능했으며, 페르시아인처럼 위대한 예술을 애호하는 민족도 아니었다. 이렇기 때문에 "터키 민족이란 군(軍)의 민족이다"라고 하면서 전사 집단임을 자임했는데, 어쨌든 대제국을 통치하기 위해서는 군사적인 실력만으로는 역시 부족했다. 그 때문에 자신들의 태생에 없는 정통성을 추구해 칼리프 칭호를 반드시 얻으려 했다고 설명되는 경우가 많다.

그런데 전사 집단이던 터키인 출신의 술탄들이 칼리프 칭호를 사용하기는 했지만, 이슬람 지도자 등의 역할을 담당했던 것은 아니다. 그래서 이슬람교의 해석을 수행하는 법학자(울라마)의 최상위에 "샤이크 알이슬람(Shaykh al-Islām: 이슬람의 장로)'이라는 최고 관직을 설치해 문관, 즉 행정 관료 기구로 편입시켰다. 이슬람에 가톨릭 및 로마교황청에서와 같은 교계제 등의 제도가 있다고 착각하게 되는 것은 오스만 제국의 종무(宗務) 행정이 국가기구로 완비되었던 점과도 무관하지 않다.

이렇듯 국가기구의 정점에 설치된 '와지르(Wazir: 재상)' 및 '사드라잠(Sadrazam: 대재상)'과 나란히 제국의 통치 기구를 담당했던 것이 '샤이크 알이슬람'이었던 것이다. 이와 같이 이슬람의 종무 구조를 관료화한 바로 그 국가가 오스만 제국이다.

아타튀르크와 세속주의 공화국

중요한 것은 이 오스만 제국에서, 중동 최초로 근대화 혹은 서구화를 지향하는 혁명이 일어났다는 것이다.

20세기 들어 오스만 제국은 제1차 세계대전의 패전국이 되었고, 국토의 대부분이 영국과 프랑스에 할양되어버렸다. 또한 과거에는 지배를 해 '종속 민족'으로 업신여겼던 그리스인에게 국토가 점령되는 굴욕을 계기로, 곳곳에서 독립전쟁이라 불리는 조국 해방운동이 발발한다.

그때 오스만 제국의 군 사령관 무스타파 케말 아타튀르크(Mustafa Kemal Atatürk)는 술탄제와 칼리프제를 모두 폐지하는 터키 혁명을 단행했다.

이슬람을 국교로 삼지 않고, 아랍 문자 표기법을 로마자 표기법으로 바꾸어 아랍과 연결되는 역사를 일거에 단절시켜버렸다. 또한 일부다처제를 금지하고 1934년에는 선거를 통해 여성의 참정권도 인정했다. 즉 이슬람권에서의 최대 문제인 정교(政敎) 분리와 여성 해방을 일거에 실현한 것이다. 이리하여 정치와 종교의 분리, 교육과 종교의 분리를 이루었다. 이슬람은 정치와 분리되어 개인적인 신앙의 영역으로 믿음의 자유를 인정받음으로써 '소문자의 이슬람'이 될 근거를 얻었다고 할 수 있다.

무엇보다도 이슬람 세계에서 유럽과 같이 정교분리가 어려웠던 데는 큰 이유가 있다. 그것은 이슬람이 원래 기독교보다 세속화되어 현실의 공리

(功利)와 이익을 부정하지 않는 종교였다는 점이다.

교회와 성직자가 신에 대한 신앙의 길을 독점했던 기독교 세계에서는 민중 위에 서서 가르침을 설파하는 교회를 부정하고, 신의 존재를 상대화하지 않고서는 근대화를 맞이하기 어려운 상황이었다. 지상의 지배와 천상의 지배를 분리하는 것이 필수 불가결했다고 말할 수도 있다.

그러나 이슬람에서는 처음부터 무함마드를 비롯해 모든 사람이 지상에서는 외견상(外見上) 평등하며, 교회와 같은 매개 기구도 없다. 지상에서는 세습화된 칼리프와 술탄 등의 군주가 군림했다고는 해도 사람들이 일상생활을 보낼 때 그것을 가로막는 교회 권력이 존재하지 않았던 것이다. 따라서 굳이 정교분리의 의의를 강조할 필요성을 느끼지 못했다고 할 수도 있다.

어쨌든 칼리프제를 폐지하는 결단까지 포함해 서구화와 유사한 근대화에 도전했던 터키는 제2차 세계대전 이후에 다당 정치와 경제성장을 실현해 나토에 가입하고, EU에도 준가맹국으로 참여했다.

그러나 문제는 과거 오스만 제국에 속했던 중동의 아랍 세계가 이라크, 시리아 및 이집트 등의 비옥한 초승달 지대나, 그 바깥쪽에 위치해 있는 리비아와 예멘에서도 터키 혁명이 제시한 근대화 모델과는 다른 군인 우위의 공화국에 계속 얽매여 있었다는 것이다. 설령 보통선거 제도를 도입하더라도 그것은 관리되는 선거이며, 통치자의 종신 임기 및 세습에 구애받는 독재 체제나 권위주의적 공화국으로서 결국 '아랍의 봄'에 의해 청산되는 정치 체제였던 것이다.

한편 중동에서의 근대화 추진국 터키에서도 내정과 외교의 실패를 호도하기 위해 에르도안 대통령이 도박을 걸었던 2015년 11월 1일의 총선거에서, 에르도안이 압승해 흡사 푸틴처럼 '현대의 차르(皇帝)'를 모방해 '현내의

'술탄'이 되려는 야심을 숨기지 않고 있다.[1] 이로써 중동의 복합위기는 갈수록 복잡하고 극단적인 양상을 띠게 되었다.

터키도 시리아를 비롯한 아랍 세계와 마찬가지로 심각한 혼돈에 빠진 것인가, 그렇지는 않은 것인가? 터키가 실천해왔던 민주주의의 장래에 대해서는 예단이 허락되지 않는다. 그 분석은 뒤에서 다시 해보도록 하겠다.

'국민국가'로서의 사파비 왕조

현대 중동의 문제로 들어가기 전에 또 한 가지 중요한 지역으로 지정학과 관련해 개략적으로 논했던 이란에 대해 다시 언급해보도록 하겠다.

이란은 고대부터 수준 높은 문명의 발상지였다. 필자 세대의 세계사 교과서에서는 페르시아 전쟁(B.C. 499~B.C. 449)이 크게 다루어졌으며 "동방의 전제 국가를 상대로 그리스의 폴리스(도시국가)가 자유와 민주주의를 지켰다"라는 서양 중심주의의 역사관을 가르치고 있지만, 실제로 당시의 아케메네스 제국은 세계 그 자체라고 해도 좋을 만큼 대제국이었다. 그들의 관점에서 보면 페르시아 전쟁 등은 그리스라고 불리는 제국 주변의 작은 마

---

1 2017년 4월 16일 터키에서는 대통령의 권한을 확대하는 내용의 개헌안을 놓고 국민 투표가 실시되어 찬성 51.4%, 반대 48.6%의 근소한 차이로 개헌안이 통과되었다. 에르도안은 승리를 선언하고 기존의 의원내각제에서 대통령 중심의 통치 체제로 이행하겠다는 방침을 명확히 했다. 이로써 1923년 건국된 터키는 역사적으로 전환점을 맞이하고 있다("僅差で大統領權限を擴大する憲法改正承認エルドアン大統領が勝利宣言", ≪産經新聞≫, 2017年 4月 17日). 이와 관련된 심층적인 최신 연구로는 다음을 참고하기 바란다. Soner Cagaptay, *The New Sultan: Erdogan and the Crisis of Modern Turkey*(I. B. Tauris, 2017).

을들에서 일어난 반란을 진압하는 데 실패한 것에 불과한, 다시 말해 현대 이란인들은 '코끼리가 모기에 물렸던 정도'의 일이라고 주장하려는 것으로 보인다. 이렇듯 지중해 국가였던 역사적 전통과 자부심은 오늘날의 '이란 이슬람공화국'에까지 계속 이어지고 있다.

또 한 가지 중요한 것은 이란이 이슬람 세계 전체로 보면 소수파인 시아 파 국가라는 점이다. 이것이 이란에 강한 구심력을 발생시키는 원인이 되고 있다.

시아파를 국교로 채택한 것은 16세기 초에 성립된 사파비 왕조(Safavid dynasty, 1501~1736)다. 사파비 왕조는 오래간만에 다시 이란고원에 성립된 이란인 중심의 왕조 국가이며, 아랍인, 몽골인, 터키인에 의한 침식을 거부하고 시아파를 신봉하는 이란인이 통치권을 회복한 '국민국가'였다. 그 이후 현대 이란과 흡사한 판도를 유지하면서 국가 분열을 일으키지 않았다. 이것은 실로 유럽인이 근대사에서 사용했던 '국민국가'의 선구라고 할 만 한다.

이란고원이라는 지리적 결정 요소, 고대 아케메네스 왕조로부터 이어져 내려오는 역사의식, 시아파라는 종교적 요체, 나아가서는 남동 유럽에서 우크라이나나 러시아, 지중해에서 흑해로 연결되는 지역을 장악한 중요성이 그 이면에 깔려 있다. 이런 네 가지 요소를 갖춘 이란은 현대 중동에서 매우 강렬한 존재감을 보여주고 있다. 그 지정학적 기본 조건은 사파비 왕조 시기에 정비되었다고 말할 수 있다.

팔라비 왕조는 '공정함'을 결여했다

사파비 왕조에서 카자르 왕조(Qajar dynasty, 1794~1925)를 거쳐 군인 레자 샤 팔라비(Reza Shah Pahlavi)가 쿠데타로 성립시킨 것이 팔라비 왕조(Pahlavi dynasty, 1925~1979)다.

러시아 제국의 지휘 아래 만들어진 '코사크 여단'의 장교로 활약한 팔라비 왕조의 초대 국왕 팔라비는 자신과 마찬가지로 군인이던 터키의 아타튀르크를 존경해, 공화국의 독재자가 되어 터키의 근대화를 모방하고자 했다. 그렇지만 오스만 제국에서는 국가의 쇠퇴와 함께 국가기구의 일부였던 종무 조직이 약화되어 정교분리 개혁에 크게 저항하지 않았던 데 반해, 이란의 열두 이맘파는 왕조 권력에서 독립한 세력으로 여전히 강력한 생명력을 유지하고 있었다. 열두 이맘파는 9세기에 12대 이맘(시아파 지도자)이 은거에 들어간 이후 언젠가 이 세상에 재림해 정의와 공정을 실현할 것이라고 믿는다.

사파비 왕조 시대에 열두 이맘파는 확고한 법학 해석 등의 권익을 암석과 같이 견고히 했다. 그들은 알리와 후사인 이래 역대 이맘에게 경건하고 순수한 존경심을 품고 있으므로, 열두 이맘파에게 유럽화 정책은 받아들이기 어려운 것이었다.

구미에 대한 추격을 서두른 팔라비 왕조의 이란 사회에는 제2차 세계대전 이후 영국과 소련의 끊이지 않는 외교 공작과, 이란에 신규 진입한 미국의 원유 거래가 증가하면서 외국의 자본이 들어오게 되었다. 마을에는 구미의 여성 패션으로 상징되는 '퇴폐'가 만연하고 '샤르에 노(Shahr-e No: 새로운 마을이라는 의미)라는 공창(公娼) 지구(1500명의 여성이 있었다)까지 인가되어, 외국발 소비문화가 번성했다. 당연히 이와 같은 상황에 맞서 강한 반발이 생겨난 것이다.

시민들의 반발을 결정적으로 초래한 것은 민주화를 추진하고 1951년 석유의 국유화를 단행한 개혁파 모하마드 모사데크(Mohammad Mossadegh) 총리를 2대 국왕 모하마드 레자 샤 팔라비(Mohammad Reza Shah Pahlevi)가 미국 CIA와 모의해 실각시켜버렸다는 추문이었다. 이란 국민은 크게 실망했다. 이시하라 신타로(石原愼太郎)의 소설 『도전(挑戰)』(新潮社, 1960)은 미국과 영국 등 국제 자본의 엄격한 제재에 직면한 모사데크에게 원유를 대량으로 사들인 이데미쓰 사조(出光佐三)를 모델로 했다.

이슬람 세계에는 "공정함 자체가 통치의 기초"라는 말이 있다. 신 앞에서의 평등과 아울러 사법 및 행정에서도 혹은 교육이나 비즈니스의 장에서도 무슬림이 가장 중시하는 것은 경쟁 기회에 도전할 수 있는 공정함이다.

석유와 천연가스 덕분에 외국으로부터 많은 부(富)가 유입되었으나 그것이 공정하게 분배되지 않았다. 게다가 권력자들이 외국의 꼭두각시가 되어버렸다. 이런 가운데 민중의 불만을 마침내 폭발시키는 도화선이 된 것이 열두 이맘파의 법학자이자 지도자 루홀라 호메이니(Ruhollah Khomeini)가 1979년에 일으킨 이란의 이슬람 혁명이었다.

호메이니는 열두 이맘파의 법학자로서 현세로부터 몸을 숨기고 있는 이맘이 다시 돌아올 때까지 자신들이 지배를 책임진다는 원리를 정당화한 '법학자의 통치' 이론을 내세우며 정치 세계에 등장했다. 그는 이란 이슬람 공화국을 수립했고, 이때 팔라비 국왕은 이집트로 망명했다. '이란 혁명'이 일어난 1979년은 또한 소련군이 아프가니스탄을 침공하고, 이슬람 과격파가 메카의 대(大)모스크를 점거해 와하브파인 사우디아라비아 국왕과 정면으로 대결하는 등, 이슬람의 역사와 정치의 추이를 크게 바꾸는 사건이 많이 발생한 해이기도 했다.

무함마드의 사명감을 거스르는 현실

여기에서 마땅히 주목해야 할 것은 이란 혁명이 일어나게 된 배경과 논리는 아랍을 비롯한 현대 중동의 많은 국가들에도 적용된다는 점이다.

튀니지의 제인 엘아비디네 벤 알리(Zine El Abidine Ben Ali) 전임 국가원수, 이집트의 무바라크 전임 대통령, 리비아의 카다피 대령, 예멘의 알리 압둘라 살레(Ali Abdullah Saleh) 전임 대통령, 시리아 알아사드 대통령의 친자(親子) 등, 이른바 '아랍의 봄'이 일어난 국가의 지도자들은 모두 공정함을 결여한 채 통치한 독재자가 분명하다.

그렇다면 이런 현상은 어떻게 하면 변화시킬 수 있는 것인가? 거기에는 크게 두 가지 선택지를 고려해볼 수 있다.

첫째는 큰 정치적 혼란을 만들어내고 대립의 축과 구조를 심화하면서 혁명과 내전을 불사하려는 급진적인 자세로 정치 상황을 바꾸어가는 태도다. 그렇지만 이것은 현재 시리아와 리비아, 이집트, 예멘에서 일어나고 있는 것처럼 새로운 무질서와 내란을 야기하는 데 머무르지 않고, IS와 같은 존재를 만들어내는 데 연결되고 있다.

둘째는 침묵과 온건한 신앙에 의거해 무슬림으로서 올바르다고 믿는 매일의 생활양식을 추구함으로써 인간과 사회를 점진적으로 변화시켜나간다는 관점이다. 이슬람 신앙을 올바르게 지키면서 온건하게 선거와 자치를 통해, 그리고 개인의 자주적·자존적 마음을 확립함으로써 사회를 바로 잡는 것이 가능하지 않겠는가라고 생각하는 사람들도 있다.

즉 '대문자의 이슬람'과 '소문자의 이슬람'이라는 형태로 표현되는 두 갈래 길에 대한 선택과 갈등 속에서 중동을 비롯한 이슬람 세계가 고뇌하고 있을지도 모른다고 할 수 있다.

좀 더 높은 곳에서 조망해보면 일종의 역설적인 현실도 거기서 발견할 수 있다.

알카에다와 IS는 구미의 근대적인 문화와 풍속, 정치경제에 반발해 전근대적인 이슬람 정교일치 국가로 회귀할 것을 제창하고 있다. 그렇지만 그들의 포스트모던형 수법은 구미의 과학과 기술, 무기와 사이버 공간을 사용해 구미 더 나아가 일본의 미디어를 교란하는 것밖에 하지 못한다. 아무리 이슬람에 대한 회귀를 제창해봐도 결국에는 구미의 문명과 기술적 수법에서 벗어날 수 없다는 것이 크나큰 모순이다.

또한 그들이 군사력으로 점거한 토지에서 시리아인들을 비롯한 많은 무슬림이 고향을 떠나 난민이 되는 것을 개의치 않는다면, 예언자 무함마드가 전란의 땅에 평화와 안정을 가져왔던 역사적 사명감과는 반대되는 현실이 이슬람의 이름으로 출현하고 있다고밖에 할 수 없다. 이 얼마나 역설적인 일이며, 이 얼마나 비극적인 일인가?

5

자비로운 종교 지도자,
적극적인 정치가

정치와 군사의 균형 감각

IS는 '칼리프 국가'인가?

현대 중동의 복합위기와 포스트모던형 전쟁을 고려할 때, 한쪽의 주역이 되는 IS에 대해 생각해보고자 한다.

우선 IS란 어떤 조직인지 살펴보기 위해 IS 탄생의 배경으로 시리아의 역사적 상황을 살펴보도록 하자. 'IS'를 자칭하는 집단은 중동 전역 그리고 아랍 지역에 거주하는 사람들을 공포의 심연에 빠지게 하는 단순한 테러 조직에 불과한 것인가, 아니면 그 이름이 표현하듯 아랍어로 '다에시(Daesh)'라고 약칭되는 '이라크와 시리아의 이슬람국가'는 오롯이 이라크와 시리아를 횡단하는 '국가'인 것일까?

실상을 말하자면 사실 IS에는 두 가지 성격이 공존한다는 점이 중동 정세를 복잡하게 하는 요인이 되고 있다.

IS는 본래 이라크의 알카에다 계통 조직에서 유래했으며, 수니파의 지하디즘(이슬람 테러리즘)을 신봉하는 집단이었다. 지금 단계에서 필요한 것은 그 태생을 세세히 탐구하는 것이 아니다. IS는 아랍의 봄에서 기인하는 반알아사드 정권 운동이 대거 발생했던 시리아 내전에 이라크 지역으로부터 참가함으로써 세력을 확장했다. 또한 수니파 중심의 반정부 운동 내부에서도 내전이 발생해 그중 가장 극단적 조류인 IS가 다른 지하디즘 세력과 결별한 결과, 내전 중에 내전이 발발하는 이중 전쟁의 복잡함이 발생한 것이다.

시리아 내전의 다중성(多重性)은 이라크로 역류하여 바그다드 정부[시아파의 하이다르 알압바디(Haydar al-Abbādī) 정권]를 상대로 한 전쟁, 시리아의 알아사드 정권과 이라크의 바그다드 정부를 후원하는 이란 혁명수비대와의 충돌, 같은 수니파 사우디아라비아와 시아파 이란 간의 대결 등, 분쟁이 종파 간 대립 및 종파 내 대립과 복잡하게 결부됨으로써 그렇지 않아도 다중적인 내전에 외국을 끌어들여 다원적인 전쟁으로 변질되는 구조를 만들어버렸다는 데 있다.

'IS'로 번역되는 아랍어 'Daesh'는 본래 공(公)과 사(私), 사회와 개인, 회사와 가족에 이르는 전 영역을 샤리아(이슬람법)에 기초해 통치하는 국가를 의미한다. IS는 이 다에시를 조직의 명칭으로 내세우는 동시에 다른 국가의 승인 여부와 관계없이 국명으로 사용하고 있다.

7세기 예언자 무함마드가 신의 계시를 받았을 때, 이슬람의 움마는 교단(敎團) 조직체로서뿐만 아니라 그 발전에 따라 영역 통치를 담당하는 국가의 성격을 갖췄다. 이리하여 무함마드는 이슬람의 교단뿐만 아니라 이슬람 국가의 최고 지도자로서 공동체 관리와 교세 확장을 책임지는 인물이 되었다.

이 시기 정세에 대해 개략적으로 서술하는 것은 다른 지면의 내용과 일부 중복될 우려도 있지만 그래도 논하자면, 교단이자 국가였던 이슬람 공동체는 최고 지도자인 예언자 무함마드가 사망했을 때, 신의 계시를 해석할 수 있는 전능한 지도자를 잃음으로써 심각한 위기에 직면했다. 이 시련을 극복하기 위해 이 책 4장에서 서술했듯이 이슬람 공동체는 신의 예언자의 대리인으로 칼리프를 선출했다.

현재 IS는 이념만 보면 이슬람의 고전 시대인 7세기, 즉 전근대 시기의 근본적 원리주의로 회귀하기 위해 이슬람 국가나 칼리프, 샤리아 등의 장치를 현대에 부활시키려는 것으로 보인다.

시사적인 것은 IS의 지도자 아부 바크르 알바그다디(Abu Bakr al-Baghdadi)의 이름이 초대 칼리프인 아부 바크르와 같다는 것이다. 이것은 무함마드가 세상을 떠난 뒤 이슬람 공동체의 정통적 계승자와 자신의 이름을 겹쳐지게 함으로써 현대의 수니파 이슬람 세계를 지도하는 정통성을 과시하고자 한 것으로 보인다. '바그다드인', '바그다드 출생' 등을 의미하는 바그다디(Baghdadi)도 아바스 왕조로 거슬러 올라가는 이라크의 수도와 연관이 있다는 것을 시사하며, 쿠라이시족의 핏줄을 잇는다고 호언(豪言)함으로써 수니파 칼리프로서의 정통성을 스스로 주장한 것이라고 할 수 있다.

그렇다 해도 무차별 테러와 소녀의 성노예화 등을 죄의식 없이 자행하며 부끄럽게 생각하지 않는 것을 우려한 '칼리프'도 있었을 것이다. 더욱 문제가 되는 것은 일본에서도 이 남성이 칼리프가 될 핏줄인가, 아랍어와 법학 능력이 높은가 하는 수준의 자귀 해석이나 흥미 위주의 논의에 열심인 나머지, 툭하면 현대에서의 테러나 전쟁이라는 본질적 논의에서 벗어나 옆길로 빠지는 속칭 '전문가'가 여러 명 출현하고 있다는 점이다.

알라라는 유일신에 대한 절대 귀의를 보편주의적인 가치관의 근저로 삼는 이슬람은, 본래 특정 영역과 민족에 대한 신앙 확산에만 한정되지 않는다. 그렇지만 IS는 7세기에 이슬람이 내포하고 있던 고전적인 탈(脫)영역성과 초(超)민족성 등의 근본주의적 사고를 중시하며, 당연하게도 영미법 등 근대에 성립된 서구법 체계를 인정하지 않는다. 서구법 체계보다 훨씬 이전에 등장한 이슬람법의 규범을 더욱 엄격하게 적용하고자 하는 것이다.

실제로 IS는 2014년 6월 29일 '칼리프제 이슬람 국가'의 수립을 선언했다. '이라크와 시리아의 이슬람국가'라는 기존 명칭에서 영역을 한정하는 단어를 빼버린 것은 아랍과 중동을 넘어 전 세계로 확대하려는 IS의 우주론적 이미지를 강조했기 때문일 것이다.

그렇지만 그 이념이 어찌 됐든 확대와 발전 과정에서 IS가 취하고 있는 테러와 폭력의 수법은, 본래 IS의 모태가 된 조직인 알카에다의 지도자 아이만 알자와히리(Ayman al-Zawahiri)가 절연을 선언했을 정도로 무자비한 것이다.

노예제의 부활

IS의 주장 중에서도, 샤리아에 기초한다고 말하면서 그 '법 정신'과 후두드(hudud)를 교조적으로 적용하는 것은 이슬람 세계에서 평온하게 생활하는 다수의 온건한 무슬림의 미간을 찌푸리게 한다. 2014년 2월 시리아 내의 지배 지역인 락까(Raqqa)에서 기독교도에게 인두세를 부과했을 뿐만 아니라 다른 종교의 옥외 활동을 금지한 것은 그 일례에 불과하다. 2014년 6월에는 점령했던 이라크의 모술에 샤리아를 기초로 한 통치를 도입하고 이라크 정부에 협조한 협력자를 처형하는 것은 물론, 절도범과 강도범의 수족을 절단하는 후두드를 주저하지 않고 실시했다.

가장 가혹한 것은 노예제를 부활시키고 소녀를 포함한 성노예를 합법화한 것이다.

2014년 8월 이라크 북부의 신자르(Sinjar)를 공격했을 때 포위된 예지드파(쿠르드족 내부에서 신앙되는 민족 종교)의 교도들을 다수 살해했을 뿐만 아니라 기독교도 등 비(非)이슬람교 여성들과 아이들도 납치해 노예로 삼은 것은 IS 스스로도 인정하고 있다. 영국의 시리아인권관측소(SOHR: Syrian Observatory for Human Rights)에 의하면, IS는 8월에 예지드파 약 300명을 전리품으로 납치해 시리아로 이송했다. 이 중 278명을 1인당 1000달러(약 117만 원)에 노예로 매매했고, 이슬람으로 강제 개종시켰을 뿐만 아니라 결혼도 강요하고 있다는 사실이 확인되고 있다. 노예가 된 여성이 전투원과 결혼한다면 이슬람법이 엄격히 금지하는 불법적인 성행위로 간통죄를 범하게 될 유혹에서 남성을 지키며 강간도 저지할 수 있다는 이유에서였다.

이 무렵 IS가 근거로 삼은 것은 고전적인 이슬람법에 의하면 본래 이슬람 세계의 바깥에 거주했던 사람 중에 전쟁 포로가 되든가 매매된 자를 노예로 삼을 수 있다는 해석이었다. 노예의 아이들은 노예가 될 수 있다. 그렇다고는 하지만 20세기 후반까지 노예 제도가 남아 있던 아라비아반도에서도 지금은 노예제가 공식적으로는 폐지되었다. IS는 이 조치도 이슬람법에 충실하지 않다고 말하고 싶었을 것이다.

어쨌든 노예에는 두 가지 측면이 있다. 한 가지는 '물건'으로서의 측면인데, 이 경우 노예는 타인의 소유물이 되며 매매도 가능하다. 또 다른 하나는 '사람'으로서의 측면인데, 이 경우에는 결혼이 가능하며 재산도 사유할 수 있다. 다만 노예를 해방하는 것이 무슬림에게 선행으로 간주되었음에도, 지금 IS가 거꾸로 노예 소유를 합법화하고 관련 제도를 부활시키는 것은 구미의 논리에 의거하지 않더라도 이슬람의 인도성(人道性)에 비춰볼 때 여성의 인권을 심각하게 무시하는 처사로 볼 수밖에 없다.

종교·정치·군사 방면의 최고 지도자 무함마드

과연 이와 같은 IS의 논리가 무함마드가 계시를 받은 이슬람의 교리에 적합한 것인가? 그리고 무함마드가 성전 및 이교도 간의 대결을 가장 우선시했던 것과 유사하게 간주되는 극단적 논리가 무함마드의 실상에 접근하는 것인가? 많은 신자는 물론이고, 무슬림이 아닌 우리도 의문을 품을 수밖에 없다.

우선 강조하고 싶은 점은 무함마드의 다채로운 재능과 다원적인 역할 중 어느 각도로 생각하느냐에 따라 무함마드의 개성, 더 나아가 이슬람의 성격을 해석하는 이치도 바뀌게 된다는 것이다.

종교인인 무함마드의 인간적인 유연성으로 보면, 이슬람은 역사적으로 무조건 평화의 신앙이었다고 생각할 수 있다. 한편 초심자였지만 선천적인 감성과 노력으로 군사 지도자가 되기도 한 무함마드는 미국의 링컨 대통령처럼 군의 최고 지도자로서도 탁월한 재능을 발휘했다. 이렇듯 정치적 군인이라는 측면만 끄집어내어 부각시킨다면, 무함마드의 언행은 이교도에 대한 전쟁, 살해, 처형 등의 측면만으로 설명될 것이 틀림없다.

지금 IS의 극단적 논의는 이런 전투적 측면만을 지나치게 강조한 것이다.

그러나 무함마드가 계시를 받은 7세기의 아라비아반도, 그중에서도 메카와 메디나에서는 상거래와 유산 상속 및 여성의 권리 침해 등에서 부정이 만연했고, 부족 간의 불화와 무력 충돌 때문에 몸을 의탁할 곳 없는 과부나 고아가 생겨났다. 무함마드는 이러한 사회적 부정의(不正義)와 불공정에 이의를 강력히 주장했을 뿐 아니라 적극적인 해결자가 되어야 한다는 신의 계시를 받았다.

이런 의미에는 권위를 확립했던 무함마드가 첫째로 우선시했던 것은 새롭게 사회의 법을 제정하고 개별 사건의 옳고 그름을 판결하는 작업이었다. 그는 인간이 법을 만들어내는 인정법(人定法) 혹은 실정법과는 달리 신의 계시에 기초한 법이라는 '신정법(神定法)' 혹은 '천계법(天啓法)'을 세상에

널리 시행하려는 사명감에 차 있었다. 이슬람이 신앙과 정치를 일체화한 움마를 성립·발전하게 한 최대 공로자는 무함마드인 것이다.

유산 상속과 절도 등 민법과 형법의 일부 절차에 대해서는 『코란』에 상세히 규정되어 있다. 그렇지만 메디나에 더해 원래의 발상지 메카에서도 다수의 개종자가 나오자, 개별 문제를 법적으로 어떻게 처리해야 할 것인가라는 의문이 제기되었다. 그것을 해결할 수 있는 것은 신의 예언자 무함마드의 재정 외에는 있을 수 없었다.

무함마드의 언행록이라고 할 수도 있는 『하디스』 하권의 '형벌' 장(章)에는 그가 내린 판결이 중복적으로 실려 있다. 거기에 나오는 무함마드의 언행을 신중히 살펴보면 IS가 해석하는 이슬람의 교리라는 것이 현격히 균형을 상실하고 있다는 것을 알 수 있다. 구체적인 사례 몇 가지를 우선 제시해보도록 하겠다.

자비심 깊은 종교인, 적극적인 정치가

어떤 남자가 예언자가 있는 곳으로 찾아와 하필 간통을 고백했을 때의 일이다. 메디나에 머물던 시절 무함마드는 가족을 사회, 즉 움마의 기반으로 생각하고 그 전제로 혼인이 중요하다고 보았다. 무함마드를 통해 신의 계시를 받기 이전 시대의 아라비아반도는 성도덕이 문란했으며, 혼인 관습에서도 남성의 문란함을 용서한 듯 보인다.

행복한 가정의 유지를 이상으로 생각하던 무함마드에게 간통처럼 금기시되어야 할 죄는 없었다. 하지만 간통을 고백한 남자에게 무함마드는 불가사의한 태도를 취한다. 예언자는 얼굴을 돌리며 회피하는 모습을 보인 것이다. 아마도 듣고 싶지 않은 화제라고 판단해 듣지 않으려는 모습을 보였을 것이다. 그렇지만 이 남자는 자신의 죄를 반드시 고백하려 한 것인지 집요한 성격 탓인지, 아무튼 둘 중 하나였다. 무함마드 앞에서 대놓고 간통을 했다는 말을 네 차례나 반복하고 그것이 거짓이 아니라는 것을 네 차례나 증언했다. 이것으로 발언이 신빙성을 얻게 되자, 무함마드는 이제 더는 무시할 수 없었다.

그래서 예언자가 물었다.

"자네는 미치광이인가?"

그 남자는 부인했다.

"그럼 자네는 결혼했는가?"

"네, 그렇습니다."

무함마드는 그때서야 비로소 "남자를 끌고 가서, 투석에 처하라"라고 명했다고 한다(「형벌」 22 : 1; 「형벌」 25 : 1). 투석(投石)이란 죄인이 죽음에 이를 때까지 주위 사람들이 돌을 던지는 형벌이다. 정작 투석이 시작되자 남자는 도망쳤지만, 곧 추격을 당해 죽음에 이르고 만다. 예언자는 그를 위해 "잘 되라"고 기원했다는 전승도 있다.

다소 다른 인상의 전승도 남아 있다. 무함마드가 얼굴을 돌리자, 남자가 '그 방향으로 옮겨' 거듭 간통했다고 고했으므로, 예언자는 얼굴을 다시 돌렸다. 이 남자는 예언자의 배려를 무시하는 듯 또 방향을 돌려 그것이 진짜라고 네 차례나 반복해 증언했다. 그러자 무함마드는 '미치광이' 여부를 묻고 결혼 유무를 질문한 뒤 투석을 명했다고 한다(「형벌」 29 : 1).

이 이야기를 통해 알 수 있는 것은 무함마드는 죄에 해당하는 행위를 본인에게 시시콜콜히 캐물어 벌을 부과하는 법비(法匪)[1] 등과는 성격상 거리가 멀다. 감히 말하자면 '자연체' 무함마드에게는 종교인으로서 결여할 수 없는 깊은 자비와, 정치가에게 필요한 물질을 적극적으로 고려하는 습성이 균형을 이루며 제대로 공존하는 흔적을 찾아볼 수 있다.

술을 마신 자에 대해 저주의 말을 퍼부은 신도에게도 "그렇게 말하지 마라. 그에게 알샤이탄(al-Shaitan)을 충동질해서는 안 된다"라고 명한 일화도 있다(「형벌」 4 : 3; 「형벌」 5 : 2). 알샤이탄이란 신의 피조물에 해당하는 악마를 의미한다. 예언자는 "그를 저주해서는 안 된다. 그는 알라와 사도(使徒)를 사랑하고 있기 때문이다"라고 논했다고도 한다(「형벌」 5 : 1).

무함마드가 가장 사랑했고 나이가 가장 어린 아내로, 그의 마지막을 지킨 아이샤(Aisha)에 의하면 무함마드는 둘 중 어느 쪽을 선택할 때 "죄가 아니라면 쉬운 쪽을 선택하지만, 그것이 죄가 될 때는 가장 멀리 거리를 두었다"(「형벌」 10 : 1)고 한다. 이것은 분쟁과 말다툼을 해결할 때 되도록 상식적이며 엄격하지 않은 해석을 선택한다는 의미일 것이다. 죄에 해당할 때도 그 고백과 발언을 되도록 듣지 않는 모습을 보여, 죄가 드러나지 않도록 하는 마음 씀씀이를 보인 것으로 생각된다.

집요하게 본인의 죄를 고백하는 남자를 상대했을 때도 자백을 들은 형국이 되었기 때문에 예언자로서 엄격히 벌을 내리지 않을 수 없었던 것이다. 실제에 상응하는 경우에는 엄격한 벌을 내릴 수밖에 없었다. 그 이외에는 관대했다.

---

1 법률의 비적(匪賊)이라는 뜻으로, 법률을 적대시해 타인에게 손해를 입히는 관리나 법률가 또는 법률을 궤변적으로 해석해 유리한 결과를 얻고자 하는 사람을 멸시하는 칭호다.

죄를 면제받으려면 ……

무함마드와 관련해 그의 종교인다운 활약에 대한 일화가 몇 가지 알려져 있다.

언젠가 한 남자가 찾아와 자신의 과실을 고백하며 벌을 내려달라고 청하자, 무함마드는 아무것도 심문하지 않았다. 이윽고 예배 시간이 되자 남자도 무함마드와 함께 예배를 하고, 그것이 끝나자 과오에 대해 '신의 책'에 따라 벌해달라고 청했다. '신의 책'이란 『코란』을 지칭하는 것으로 보인다. 여기에서 흥미로운 것은 남자가 어떤 죄를 범했는지에 대해 언급하지 않고 있다는 점이다. 무함마드가 "자네는 우리와 함께 기도하지 않았는가"라고 하자, 그 남자는 "네, 그렇습니다"라고 답했다. 그러자 예언자는 알라는 이미 "자네의 잘못을 용서해주었다"라고 말했다. "자네의 죄는 면제되었다"라는 표현으로 전승되기도 한다(「형벌」27:1).

벌보다 가벼운 과오를 범했을 경우 그것을 이맘(종교 지도자)에게 고하고, 의견을 구하는 이가 회개한다면 벌을 받지 않는다는 것이 무함마드의 생각이었다. 그리고 그는 실제로 그런 사람을 벌하지 않았다. 라마단(Ramadan: 단식) 달[月] 중에 아내와 정사를 벌이는 것은 불법으로 간주되는데, 그런 남성조차 벌하지 않았다는 전승도 있다. 그 남성이 성교 사실을 용감히 고백하자 무함마드는 노예를 소유하고 있는지, 그리고 2개월 동안 단식을 결심할 수 있는지를 물었다. 재산도 적고 의지력도 부족한 것으로 파악되자, 가난한 사람 60명에게 먹을 것을 주도록 명령했다고 한다(「형벌」26:1). 그 누구나 풍족한 유산자일 리 없다. 또한 의지가 강한 인물이 아닌 경우도 많다. 그런 인물이 할 수 있는 속죄 방법이 무엇인지 알기 쉽게 제시하고 있는 것이다.

아이샤가 전하는 전승에서는 다소 다른 느낌을 주는 측면이 있다. 무함마드가 남자에게 희사(喜捨)하도록 명령하자, 남자는 아무것도 없다고 답했다. 그러자 무함마드는 마침 식량을 실은 당나귀가 오자 이것을 사용해 베풀라고 말했다. 그런데 남자가 가족에게 먹일 것이 아무것도 없다고 하므로 "그렇다면 이것을 먹도록 하라"라고 명했다는 것이다(「형벌」 26 : 2).

이것은 무함마드가 식량을 남자에게 희사했다는 것을 시사한다. 남자는 자신의 재산을 조금도 잃지 않고 무함마드에게 매달려 속죄받은 것이다. 그렇다손 쳐도 예언자의 관대함에 약삭빠르게 편승해 가족을 위해 식량을 나눠주기 바라는 대목에서 다소 교활하다는 느낌을 떨쳐버릴 수 없다.

그러나 그런 소인의 심성을 일일이 추궁하지 않는 크나큰 아량이 무함마드가 예언자인 이유일 것이다. 이와 같은 모습을 가까이에서 상세히 지켜보았을 인물들은 이 남자의 소행을 있는 그대로 기록함으로써 도리어 무함마드의 높은 기량을 부각시키는 데 성공했다고 할 수 있다.

아이는 침대 주인의 것이다

의심스럽다고 해서 벌할 수는 없다는 '무죄추정의 원칙'이라는 법의 대원칙이 있다. 무함마드의 경우도 마찬가지였다. 그는 의심스러운 경우에도 굳이 일을 복잡하게 만들지 않고, 행복한 가정이나 원만한 부부 사이에 풍파가 일어나는 것을 선호하지 않은 것으로 보인다. 남녀 간, 부부 간의 일은 행복한 상태를 유지하도록 한다면 추궁하지 않아도 좋다는, 하해(河海)와 같고 인자하며 도량이 넓은 모습을 발휘한 적도 있었다.

어느 베두인이 무함마드가 있는 곳으로 와서 문답을 주고받았을 때의
모습은 실로 매우 흥미롭다.

베두인　저의 아내는 흑인을 낳았습니다.

무함마드　자네, 낙타를 갖고 있지 않은가?

베두인　네, 그렇습니다.

무함마드　그 색깔은 무엇인가?

베두인　적갈색입니다.

무함마드　회색도 있는가?

베두인　네, 그렇습니다.

무함마드　어째서 그렇게 되었는가?

베두인　조상 대에 회색이 있었던 것으로 생각됩니다.

무함마드　그럼 자네 아들도 아마 조상 때문일 것으로 보이네(「형벌」, 41 : 1).

실로 기지가 넘치는 너그러운 해결책이지 않은가? 무함마드의 유명한
발언 중 "아이는 침상의 주인에게 속한다"라는 말이 있다. 이 일화는 바야
흐로 태어난 아이는 아이를 낳은 여인의 법적으로 정당한 남편에게 속한다
고 말하고자 한 것으로 보인다.

다만 무함마드는 여기에 유명한 말을 덧붙였다. "간통을 범한 자에게는
투석의 형(刑)." 즉 '아이는 침상의 주인에게 속하며, 간통을 범한 자는 투석
에 처한다'는 의미다(「형벌」 23 : 1; 「형벌」 23 : 2).

간통과 투석

이와 같이 대체로 민법과 형법 쌍방에 관대하면서 또한 온아(溫雅)한 듯 보이는 예언자 무함마드가 용납할 수 없는 죄 중 첫째로 꼽은 것이 간통이다. 이슬람에서는 합법적 결혼 관계 이외의 성교는 모두 간통으로 간주된다. 혼인한 무슬림은 남녀를 불문하고 투석 형에 처해진다. 미혼인 경우에는 100회의 채찍질과 1년간의 추방형이 내려진다.

채찍질은『코란』에 조문이 있으며, 이밖에『하디스』에도 근거가 있다. 이슬람에서 금기시되는 간통은 우상 숭배나 살아 있는 것을 살상하는 것과 마찬가지로 무거운 죄였다.『코란』에서도 간통에 대해서는 "간통하지 마라. 실로 그것은 부끄럽고 죄악으로 가는 길이라"(『코란』 17 : 32)라고 엄히 꾸짖고 있다.

무함마드는 더욱 구체적으로 가장 무거운 죄로 우상 숭배, 아이 살해, 이웃의 아내와의 간통을 들었다고 전해지기도 한다(「형벌」 20 : 4).

그는 최후의 때가 도래하거나 그 조짐이 나타나게 되면 "지식이 폐기되고 무지가 만연하며, 사람이 술을 마시고 간통을 범하며, 남자가 감소하고 여자가 늘어나 남자 한 명에게 여자 50명이 따르게 된다"(「형벌」 20 : 1)라고 말했다. 사람이 신실한 신앙인이 되지 못하는 것은 간통할 때, 절도할 때, 술을 마실 때라고(「형벌」 20 : 3) 명시하고 있기 때문에, 현대의 구미나 일본의 법 감각으로 보면 성행위에 대해 지나치게 엄격했다고 할 수 있다.

그만큼 간통죄에 대해서는 절차와 판단을 정확하고 엄밀히 진행하고자 노력했다.『하디스』는 A와 B라는 두 명의 남자가 예언자와 상담하기 위해 왔을 때의 일을 다음과 같이 언급하고 있다.

A의 아들 C는 상담하러 온 다른 사람 B에게 고용되었다. 그런데 B의 아내 D와 간통해버렸다. 그래서 A는 아들 C가 잘못한 데 대해 양 100마리와 노예 한 명을 양도함으로써 죄를 속죄했다. 그런데 어느 학자에게 상담을 하니 C는 채찍질 100회와 1년간의 추방, D는 투석 형을 받아 마땅하다고 말했다. 그래서 어찌하면 될지를 무함마드와 논의한 뒤 판결을 내려달라고 요구했다.

무함마드는 명쾌한 판단 아래 과단성 있는 조치를 내렸다. 양과 노예는 A에게 반환되지만 C는 채찍질 100회와 1년간의 추방이 마땅하다고 했다. 그리고 D가 죄상을 말한다면 그녀는 투석되어야 한다고 판결했다. D는 스스로 간통을 인정했기 때문에 투석에 처해졌다(「형벌」 30 : 1 ; 「형벌」 38 : 1). 학자의 해석은 예언자의 재정과 정확히 합치했던 것이다.

간통죄의 성립에는 움직일 수 없는 증거나 진정한 증언이 필수적이었다. 결혼한 남성 혹은 여성은 간통의 증거가 제시되든지, 임신 사실이 분명하든지 또는 자백했을 경우에 벌이 내려졌다(「형벌」 31 : 1 ; 「형벌」 34 : 1).

간통한 미혼자는 앞에서 말한 대로 채찍질과 추방의 형을 받는데, 간통한 남성은 간통한 여성이나 이교도 여성 외에는 취할 수 없다. 간통한 여성도 마찬가지다. 여기에서는 간통한 미혼자를 입적해 서로가 전적으로 책임을 지는 것이 바람직하다는 것으로 읽을 수 있다. 미혼자의 성교는 죽을 죄에 해당한다는 설명도 일부 존재할지 모르지만, 무함마드가 두 사람의 결혼을 차라리 인정한 것은 인간애의 발로로 볼 수도 있다. 물론 이런 부류의 상대와 결혼하는 것이 신앙인에게는 금지된다고 해도 말이다(「형벌」 32).

배교·살인·절도를 한 중죄인

우상숭배에 준하는 엄격함은 신앙하지 않는 사람과 배교자에게 적용된다. 이런 경우 무함마드의 해석은 용서가 없고 가혹하기 짝이 없다. 애초에 『코란』에는 이렇게 규정되어 있다. "실로 알라와 그의 선지자에게 대항하여 지상에 부패가 도래하도록 하려 하는 그들은 사형이나 십자가에 못 박히거나 그들의 손발이 서로 다르게 잘리거나 또는 추방을 당하리니 ……"(『코란』 5 : 33).

우클(Ukl)족 사람들이 예언자가 있는 곳으로 와서 이슬람교로 개종했다. 그 뒤 메디나에 있는 모스크 복도에서 머물렀는데 그만 병에 걸리고 말았다. 그런데 그 후 그들과 무함마드 간에 전개된 이야기는 시사하는 바가 매우 많다.

무함마드는 희사받은 낙타를 끌고 오게 해 그 오줌과 우유를 그들에게 마시라고 했다. 그런데 살이 찌고 건강을 회복하자 그들은 이슬람에 등을 돌리고 낙타 사육사를 살해한 뒤 낙타를 빼앗아 달아났다. 당연히 추격자가 그곳에 파견되었다. "하늘의 그물은 넓고 커서 성긴 듯하지만, 악인은 빠짐없이 잡는다"라는 말처럼, 낮이 되기도 전에 그들은 체포되어 낙타와 함께 끌려왔다. 그때 예언자는 쇳덩어리를 시뻘겋게 달구어 그들의 눈을 지지라고 명령했다. 그러고 나서 그들의 손과 발을 잘라버리고 지혈을 위한 지짐술도 하지 않았다. 그 후 용암대지로 추방된 그들이 물을 달라고 했지만, 제공받지 못하고 죽었다고 한다(「형벌」 17 : 1, 이외에도 「형벌」 15 : 1, 16 : 1, 18 : 1).

혹은 우라이나(Uraina)족의 사례라고도 하는 이 전승에 따르면, 실명한 그들이 갈증으로 물을 달라고 해도 주지 않는 가혹함은 배교, 살인, 절도가 배은망덕과 상응할 경우 한 치의 용서도 없이 대응하는 무함마드의 모습을 보여준다. 이 일화에서는 종교적 사명감이 혁신적 정치가의 타협 없는 판단에 이입되어 분노가 배가된 감도 있다.

그러나 이런 가혹 행위가 있었지만 동시대 무슬림이나 후세 사람들 모두 무함마드가 자기 개인을 위해 복수했다고는 절대 생각하지 않았다. 알라의 금기를 범했을 때만 신을 위해 복수한 전형적인 예로서 이 전승이 전해져 내려오고 있는 것으로 보인다(「형벌」 10 : 1).

무함마드는 '법 앞의 평등'을 굽히지 않았다

법의 해석과 집행에서 무함마드는 법 앞의 평등이라는 중요한 원칙을 굽히지 않았다. 그가 신분의 차이나 귀천에 아랑곳하지 않고, 법 앞에 차별 없이 동등하게 대했다는 것은 아무리 강조해도 지나치지 않다.

예언자 무함마드가 속한 명문가 쿠라이시족 여성이 도둑질을 했을 때 그녀의 일족은 난감해했다. 과거 이슬람이 탄생하기 전 메카나 메디나에서 으레 그랬던 것처럼 무함마드에게 중재를 의뢰했다.

그러나 무함마드는 부족의 이익을 대변하는 사람도 아니고 지역의 이해(利害)를 대변하는 사람도 아니었다. 그는 과거의 사람들이 신분이 낮은 이들에게 벌을 내리고 귀한 이들은 눈감아주는 행위를 감히 저질렀기 때문에 파멸했다고 단정했다. 무함마드는 그 자리에서 결연히 다음과 같은 판결을 내렸던 것이다. "파티마가 그것을 행했다고 하더라도 그녀의 손을 절단하는 것처럼"(「형벌」 11 : 1)이라고 말이다. 여기에서 파티마란 사랑하는 딸을 지칭하며 4대 칼리프(시아파에서는 초대 이맘) 알리에게 시집간 여성이다.

이슬람에서는 절도한 이에게 무거운 형벌을 내린다. 그 형벌이 정해져 있는데 초범은 오른손, 재범은 왼발, 삼범(三犯)은 왼손, 사범(四犯)은 오른발이 각각 절단된다. 무엇보다 두 번 자백을 하더라도 집행을 철회할 수 있었으며, 재판관에게 기소되기 전 피해자가 범인을 용서할 수도 있다. 이런 형태로 화해의 여지를 남겨둔 것이다. 이는 이슬람과 무함마드의 유연성과 탄력성이 발휘되는 데 근거가 되기도 했다.

알라가 정한 벌로 수습할 것인지에 관해 무함마드가 유력자들에게 설교하면서 귀천을 차별했기 때문에 "잘못된 길에 접어들었다"(「형벌」 12 : 1)라고 판결을 내렸던 것을 놓고 볼 때 과연 그는 종교로부터 조정(調停)에, 사법으로부터 행정에 이르는 모든 방면에서 무리 없이 재량권을 발휘한 인물이었다고 해도 과언은 아닐 것이다.

무함마드는 IS가 말하는 것과 달리 현대적인 의미에서도 균형 감각이 상당히 풍부한 인물이었다고 할 수밖에 없다.

6

'IS'란 무엇인가?

깊은 수렁에 빠진 시리아 전쟁과 난민 문제

'아랍의 봄'과 IS

이야기를 다시 한번 IS로 돌려보도록 하겠다. 도대체 왜 IS라는 존재가 발생했던 것일까? 또한 IS란 도대체 무엇인가?

역사적인 측면에서 단기적인 인과 관계를 고려해보면, 2010년부터 2012년에 걸쳐 일어난 '아랍의 봄'의 흐름 속에 자유와 인권의 회복을 요구했던 시리아 시민의 봉기에 의해 반알아사드 구호를 내건 '시리아의 봄'이 일어난 것에서 직접적인 원인을 찾을 수 있다.

두말할 필요 없이 아랍의 봄이란 2010년 말부터 아랍 세계에서 발생한 반(反)정부 봉기다. 2010년 12월 튀니지에서 일자리를 구하지 못한 젊은이가 길거리에서 야채를 판매하다가 여성 경관에게 구타당하고 경찰에 의해 물품이 몰수된 것에 항의해 분노를 표출하며 분신자살을 시도했다. 이 사건을 계기로 반정부 시위가 국내 전역으로 확대되었다. 결국 2011년 1월에는 벤 알리(Zine El Abidine Ben Ali) 대통령이 망명해 23년간 계속된 정권이 붕괴되는 상황에 이르렀다.

이것이 시금석이 되어 이집트, 요르단, 리비아, 예멘, 바레인 등 중동에서 광범위하게 반정부 봉기가 확대되어, 튀니지에 이어 이집트, 리비아, 예멘의 정권이 붕괴하는 사태를 맞았다.

시리아에서 이런 소동이 확대된 것은 2011년 1월 26일이다. 시리아에서 독재 정권을 이끌어왔던 알아사드 대통령은 민주화의 움직임을 억제하고자 했다. 그렇지만 반정부 운동은 수습되지 않은 채 희생자가 계속 늘어났고, 마침내 내전에 돌입했다.

알아사드 정권은 탄압을 위해 화학무기까지 사용했나고 알려지고 있으며, 20만 명을 훨씬 넘는 국민이 희생되는 비극적 상황을 초래했다. 이 사이 유엔에서는 알아사드 정권의 탄압에 대한 제재 결의안 등이 가결되어, 구미 등은 반알아사드, 반체제파에 대한 무기 제공과 자금 지원을 강화해왔다.

애초에 반알아사드의 중심은 자유시리아군(FSA: Free Syrian Army)이라는 비이슬람적 세속 세력이었다. 자유시리아군은 '아랍의 봄'이 시리아로 파급된 것을 계기로 반알아사드 정권을 수립하기 위한 운동 중에 태동했는데, 다양한 정당과 분파의 단순한 집합이었을 뿐 통합이 결여되어 있었다. 여기에서 오늘날 시리아인들의 비극이 배태된 것이다

수니파, 쿠르드족, 기독교도를 중심으로 시아파에서 나뉜 알라위파, 그리고 11세기 초에 파티마 왕조(Fatimid Caliphate)를 신격화해 성립된 드루즈파, 또한 일설에는 '터키인과 비슷한 자' 혹은 '틀림없는 터키인'을 의미한다고 하는 투르크멘인 등 소수파 공동체의 일원도 참여했다. 알라위파는 알아사드를 배출한 종파이지만, 거기에서도 반역자가 출현했던 것이다. 이후 IS와 같은 외국인이 아니라 시리아 국민이 주체라는 점에서 그들은 '온건파', '애국파'로도 불리기도 했지만, 최대 문제는 통합이 결여되고 힘이 약하다는 것이다.

이에 반해 외부로부터 유입되는 형태로 '이라크의 이슬람국가'(2003년 이라크 전쟁 때 이라크 국내에서 활동한 테러 조직)가 시리아에서 확대되어 누스라 전선('이라크의 알카에다'의 시리아 관련 조직으로 2011년 결성된 수니파 과격 조직)과 합병해 영문으로 쓰자면 '이라크-레반트 이슬람국가(ISIL: Islamic State of Iraq and Levant)' [일명 '이라크-샴 이슬람국가(ISIS: Islamic State of Iraq and Syria)']로 개칭하고 시리아 국내에서 크게 뿌리를 내려왔다. '레반트와 샴'이란 일반적으로 시리아 지방을 지칭하는 역사적 명칭이다.

이 ISIS와 ISIL이라는 명칭에서 관찰되는 것처럼 이라크를 본거지로 삼은 '이라크의 알카에다'로 불리는 조직이 IS의 중심적인 원류였다. 그런데 결국 내분이 일어나 누스라와 사이가 틀어졌다.

후세인 정권이 붕괴한 후 이라크에서는 미국의 원조로 성립된 시아파의 누리 알말리키(Nouri al-Maliki) 정권 치하에서 수니파 아랍인들이 차별과 억압을 받는 구조가 형성되었다. 그런 구도 가운데 수니파를 옹호하기 위해 시아파에 대한 종파 정화(sectarian cleansing)나 민족 정화(ethnic cleansing)를 불사하는 수니파 IS의 원류가 이라크 국내에서 탄생한 것이다.

그들은 이라크 내에서의 활동이 어려워지고 중앙의 시아파 정권에 의해 소탕되는 와중에 시리아로 이동해갔다. 반알아사드를 외치며 인권과 민주주의의 회복을 요구하는 '시리아의 봄'에 기생해, 알아사드의 알라위파가 시아파의 일파인 것에 반발하면서 교활하게 시리아의 국내 정치로 잠입해들어갔던 것이다. 게다가 시리아의 반알아사드 세력에 대한 구미의 무기 원조마저 은밀히 유용해 무질서 상태였던 시리아와 이라크에 걸쳐 있는 시리아사막(Bādiya al-Shām)'에 근거지를 만들어 지배 영역을 확대하고자 노력했던 것이다.

범죄자와 범죄 예비군의 정화 장치

2014년 11월 필자가 요르단을 방문했을 때의 일이 떠오른다. 수도 암만(Amman)의 요르단 대학교에서 '제1차 세계대전으로부터 100년'이라는 주제로 강연이 열렸다. 당시 필자는 청중과 서로 논의하는 가운데 2014년이 세계사에서 커다란 전환점이라는 생각을 했고, 국경을 무시하며 팽창하는 IS는 냉전 이후 국제 질서의 틀을 해체시킬지 모를 이질적인 차원의 위협이 된다고 확신했다. IS가 이처럼 짧은 기간에 시리아와 이라크에 걸쳐 있는 넓은 지역에서 발전을 이루었던 것은 2014년이라는 해가 제1차 세계대전 발발 100주기에 해당된다는 점과 깊이 관련된다.

이제까지의 이슬람 과격파는 알카에다를 포함해 사우디아라비아와 이집트 등 중동 심장부에서의 활동을 단념하고 중앙정부의 감시가 느슨한 중동의 주변 지역이나 언론과 집회의 자유를 존중하는 구미 사회에 침투해 테러를 수행하는 것이 상례였다.

그런데 IS는 '이슬람국가'라는 명칭을 내세우는 데서 알 수 있듯이, 자신들의 지배 영역을 확립해 해당 지역을 지배하며 '유사 국가'를 형성하고 있다. 그리고 세금의 징수, 석유의 밀수출, '인질 비즈니스'와 여성 노예의 매매 등 새로운 '산업'까지 만들어냈다.

물론 IS는 국제법과 국제정치에서 인정받는 '국가'가 아니라고 해도 일정한 지역을 공포와 폭력으로 지배하면서 징세뿐만 아니라 도로 교통망을 장악해 물류를 확보하고, 사이버 공간에서 정보 조작도 하고 있다. 사실과 거짓을 섞어 보도하는 강력한 전파 시설을 보유하고 있으며, 인터넷을 통해 전 세계에 처형과 전투 광경을 내보내고 있다. 사이버 공간이라는 21세기에 출현한 새로운 영역을 이용하는 구도에서 IS가 만들어진 것이다.

이것은 아랍의 시민부터 정치가까지 트라우마(trauma)로 느껴왔던 구미에 의한 중동의 분할과 수차례 일어난 전쟁의 부정적 현실에 도전했다는 측면도 있다. 이 한 가지 사실에만 초점을 맞춰보면 상당히 성공을 거둔 최초의 사례인 것이다.

IS가 단기간에 확대된 이유는 알카에다가 최초로 9·11 테러 사건을 일으켰을 당시 이슬람 세계의 일부를 덮친 이루 말할 수 없는 희열(euphoria: 비합리적이며 과도한 행복감과 성취감)과 유사한 감정이 일부 수니파 아랍 시민 사이에 발생했고, 특히 현대의 '로마군', '십자군'과의 군사 대결에 전투원으로 참가한다는 데 젊은 층이 이끌리고 있기 때문이다.

또한 IS의 확대 요인으로 유럽의 이슬람 이민 제2 세대와 제3 세대가 높은 실업률과 빈곤으로 고통받고 있다는 점도 도외시할 수 없다. 50%를 넘는 실업률로 희망을 꿈꾸지 못하는 청년 이민자들이 IS가 제시하는 데모니쉬(Dämonisch) 세계관에 매료되어 참여하는 측면도 있을 것이다. 그들이 IS에 참여하는 것은 지역 사회에서의 소외감과 결부되어 있으며, 역사에 이의를 제기하는 행위를 무슬림의 의무라고 생각하고 있기 때문일지도 모른다.

다만 그들의 정신적인 '소외'와 '차별'을 과도하게 강조하는 데 일정한 명분이 있다고 하더라도, 구미와 일본에서 개인과 집단에 의한 테러가 중대한 범죄라는 본질을 간과하는 우를 범할 소지가 있다. 그들에게 새로운 세계관이 있다고 보는 것은 지나친 미화다. 프랑스 교외에 거주하는 빈곤한 청년 이민자 중에 일반적인 범죄에 가담해 수감된 교도소에서 이슬람 과격파나 IS에 세뇌되어 징병·모집되는 시스템이 만들어지고 있다는 것에도 주목해야 한다. 향후 난민의 아이들에게서도 같은 위험이 발생하게 될 것이다.

IS에 백인이 다수 참여하는 현상도 중요하다. 일본에도 이와 공통된 측면이 존재한다. 그렇지만 누구나 자유와 권리를 향유할 수 있도록 혜택을 받는 선진국에서의 무규범(아노미), 공공성의 전시와 결여는 풍요로움의 대가(代價)라는 측면도 있다고 할 수 있다.

빈곤으로부터 벗어나기 위해 선조들이 노력했던 사회 공통의 목표와 가치관이 존중되지 않을 때 젊은이들은 규범을 무시하고 범죄로 내달리는 경향이 있다. IS는 범죄자와 그 예비군을 이슬람 혁명의 전사로 받아들여 구미와 중동에서의 범죄 이력과 과거를 세탁하는 역할을 담당하고 있다고 할 수도 있다.

분쟁 규칙의 복잡한 변경

앞에서 말한 것과 같이 IS의 주장과 행동은 현재 유엔 가맹국으로서 주권국가의 자립성을 유지하고 있는 아랍을 비롯한 중동의 모든 국가와 정부의 존재를 위협하고 있다. 이란과 터키도 예외일 수 없다. IS 측에서 본다면 수니파의 왕제 국가이든 시아파의 공화제 국가이든, 서구의 국제법과 제국주의의 분할 원리를 전제로 하여 이익을 얻고 있는 중동의 틀을 인정해야만 한다.

결국 IS가 초래한 중동 지정학의 구조적 변화는 분쟁의 규칙을 복잡하게 변경시켰다는 점에 그 핵심이 있다. 국가와 국민의 존재 방식에 근본적인 변화를 가져온 IS의 주장은 팔레스타인의 민족자결권을 둘러싼 가자 지구(Gaza Strip)의 하마스(Hamas)와 이스라엘 정부 간의 대립과는 차원이 전혀 다르다. 또한 IS와 얽혀 있는 레바논에서 이라크까지 만연해 있는 '국가 부정(否定)' 논리는 2016년 1월 2일 이래 더 뚜렷해진 사우디아라비아와 이란 사이의 이데올로기 및 걸프만의 안전보장을 둘러싼 전통적인 대립과도 이질적인 성격을 띠고 있다.

중동의 지정학을 크게 변동시킨 IS의 위협 앞에 이제까지 대립 관계에 놓여 있던 국가라 해도, 어쨌든 국제 질서와 국가관을 존중해왔던 공통의 이익에 입각해 IS에 반대하는 연합을 형성하게 되었다. 이리하여 미국으로부터 이란, 사우디아라비아를 비롯해 카타르에 이르는 국가들이 유엔의 결의를 받아들이면서 IS에 대한 공중폭격 작전에 참가했다. 또한 일본도 2014년 9월 난민 지원 등에 2550만 달러(약 29억 엔)의 기금을 조성하기로 결정했다.

다만 이제까지 IS에 동정적이던 사우디아라비아와 터키 양국은 마지못해 겨우 승낙했을 것이다.

IS를 비롯한 이슬람 테러리즘에 유화적인 태도를 보이면서 은밀히 재정을 지원해왔던 사우디아라비아의 일부 세력은 국민들 사이에서도 뿌리 깊은 IS의 인기(일부 조사에서는 8%가 긍정적인 평가를 내렸다)를 배경으로 하고 있다. 사우디아라비아 정부도 국민에 의한 개인적 지원과 3500명으로 알려진 청년들이 시리아의 반알아사드 세력에 투신하는 것을 묵인해왔다.

한편 쿠르드족의 분리·독립 운동에 경계심을 품고 있는 터키에서는 IS를 일시적인 위협으로 간주하는 반면, 시리아의 쿠르드족 세력의 위험성이야말로 영속적인 성격을 띤다고 이해하는 이들이 적지 않다.

IS의 석유 밀매

처음에 IS가 시리아와 이라크에서 예상 밖의 힘을 발휘해 결국 한정적이지만 미군이 공중폭격 등의 방식으로 중동 문제에 어쩔 수 없이 다시 관여하게 된 것은, 아랍 세계에 정치적 진공 상태와 권력의 불균형을 초래했던 오바마 대통령이 자신의 외교 실책을 얼마간 만회해야만 하는 상황에 내몰렸기 때문이다.

IS는 미국 정부가 이라크 선거에서 민주적인 형식을 정비하고 중간 선거에 주시하며 내정에 집착한 나머지, 현지 주민 사이에 권위 있고 신뢰받는 세력을 육성하는 데 실패한 빈틈을 교묘히 가격했다. 시리아 내부의 반알아사드 세력에 대한 너무 늦었으며 지나치게 적은 원조 결정이나, 이라크에서 기독교도와 예지드파가 종교 박해를 받으며 고립되도록 내몰아 인도적 차원의 비극을 만들어낸 오바마의 자세는, 가자 지구의 팔레스타인 아동과 약자의 괴로운 처지를 무시하는 것에서 보이는 것처럼 오바마 정권에 잠재되어 있는 일국주의 외교의 한계 및 냉담함과 무관하지 않다.

IS는 2014년 6월 1배럴당 25달러, 탱크로리 1대당 1만~1만 2000달러의 염가로 중동의 일부 밀수업자에게 석유를 공급해 200만 달러를 벌었다고 한다. IS가 이라크 제2의 도시 모술을 점령하고 이라크 영토의 3분의 1을 제압한 후인 6월 10일 석유 가격은 급락했다. 미국과 걸프 국가들은 중동 정세를 불안정화하며 유가에 영향을 끼치는 IS의 행동을 용납할 수 없었던 것이다.

이렇게 되자, 2014년 6월 1배럴에 110달러로 최고치를 기록한 이래 원유 가격은 계속 급락했다. 10월 13일에는 1배럴당 88달러(브렌트유 기준)를 기록해 3년 10개월 만에 최저치를 기록했다. 9월 하순으로 접어들면서 IS는 1배럴당 40달러, 즉 1일에 320만 달러(연간으로 환산하면 12억 달러)를 벌어들였다는 정보도 있다. 미국의 공중폭격에 사우디아라비아, 바레인, 아랍에미리트가 가담했고, 이 국가들과 사이가 나쁜 카타르도 어쨌든 참가한 것은 우연이 아니다.

사실 IS는 사우디아라비아 등 군주제 국가의 합법성을 부정하고 있어, IS가 지역 안전보장에 초래하고 있는 위기는 무시할 수 없다. 그 야심은 국제 석유 자본에 위협이 되기도 한다.

IS의 위협을 가장 먼저 인식한 나라가 이란이다. 이란은 신속히 움직여 알아사드 정권을 소생시켰지만, 오바마의 움직임은 지나치게 느렸다. 괴멸되어 패주하는 이라크군으로부터 1개 사단 규모의 무기를 노획하고, 시리아군으로부터 미그21 및 미그23을 탈취한 IS를 지상군의 투입 없이 섬멸하는 것은 어려운 작업일 수밖에 없다.

IS와 같은 조직을 근절하기 위해서는 시민 생활의 파괴와 혼란을 용납하지 않는 권위를 지닌 부족이나 시민 인사(人士), 건전한 정통성을 갖춘 조직의 육성이 필요하다. 그렇지만 만약 현재 발생하고 있는 내전과 전쟁이 확대된다면, 역사와 시간을 투입해 유지해왔던 온건한 이슬람과 아랍의 지혜도, 경험도 모두 소멸돼버리고 만다. 이것이야말로 IS 세력이 확대되도록 만들고 있는 중동 비극의 본질이다.

알아사드가 있는 시리아인가, 알아사드가 없는 시리아인가?

이처럼 IS 세력이 신장하는 배경이 된 시리아 전쟁에서 해결해야 할 정치 문제란 도대체 무엇일까? 시리아 내란이 내전에서 전쟁으로 발전하면서 방대한 규모의 난민이 발생하고 있는데, 난민의 비극을 어떻게 종식시키면 좋을 것인가?

이와 같은 기본적인 문제를 놓고 국제사회는 거의 의견 일치를 이루지 못하고 있다.

이런 의견상의 불일치, 특히 구미와 러시아 및 이란 등 양대 세력 간의 대립을 상징하는 사건이 2015년 9월 말에 러시아가 시리아 영토를 겨냥해 개시한 공중폭격이었다. 이것은 1979년 구소련에 의한 아프가니스탄 침공 이후, 중동의 '독립 주권국가'에 대한 러시아의 공개적인 군사 행동이라고 밖에 할 수 없다.

2015년 10월 말 현재 IS와 반알아사드 정권 등 쌍방을 공격한 러시아군 전투기의 출격 횟수는 1400회를 넘으며, 1600곳 이상의 군사 거점을 파괴한 것으로 알려져 있다.

구미는 아랍의 봄으로 결연히 일어난 국민을 향해 학살도 불사해 25만 명의 시리아인을 죽음으로 내몰았던 알아사드 대통령의 독재 정권 자체를 해결해야 할 문제로 고려해왔다. 비록 현재의 잠정 정권이 알아사드 체제에서 새로운 체제로의 이행기를 지향하고 있다고는 해도, 본래 '알아사드가 없는 시리아' 자체가 미국과 EU의 양보할 수 없는 기본 조건이었다.

그렇지만 구미는 알아사드와 대결하는 IS가 출현하자, IS를 문명론적 최대 위협으로 간주해 알아사드뿐만 아니라 IS와도 싸우는 '2개의 적'론을 표면적으로 내세우지 않을 수 없었다. 문제는 알아사드와 IS를 동시에 타도하고 소멸시킬 구체적인 시나리오나 수법이 제시되지 않았다는 데 있다. '2개의 적'론을 만트라[mantra: 진언(眞言)]처럼 반복해 읊어대는 것만으로는 '2개의 적' 중 어느 하나도 붕괴시킬 수 없었다.

그들과 비교한다면 러시아의 태도는 더욱 간결하고 단순하다. IS는 구미와 러시아의 '공동의 적'이며, 만만히 볼 수 없는 문명론적 위협이 틀림없다. 그렇다면 각종 반알아사드 운동은 우선 은혜와 원한을 초월해 알아사드 정권과도 결속해야 하는 것이다. '알아사드가 있는 시리아'를 받아들여 IS에 대항해야 한다는 것이 러시아의 사고방식인 것이다.

대규모 난민의 출현과 유럽으로의 도래를 목격하면서, 구미에서는 알아사드와의 대결보다 IS의 배제를 선결 과제로 생각하는 경향이 나타나고 있다. 특히 2015년 11월 파리 대학살 사건 이래로 프랑스는 알아사드와의 대결을 뒤로 미루고, IS 제거 작전을 위해 러시아와 협력하는 것으로 방향을 선회했다. 알아사드에 대한 정치적 책임의 추궁은 IS 타도 후에 생각해도 좋다는 태도는 현실적인 해결 방책으로 수그러드는 경우가 없을 것이다. 이 견해가 구미 내부로부터 나온 것은 알아사드 정권이 약해지고 있다는 분석 때문일 것이다.

알아사드가 이끄는 시리아 정규군의 실정(實情)은 IS 및 다른 저항운동과 소모전을 치른 결과, 다수의 결원(缺員)과 막대한 손해를 내어 이미 보전할 수 없는 상태로까지 약화된 모습을 드러내고 있다. 과거 25만 명에 이르던 시리아 정부군에는 현재 병사 2000~3000명, 장교 및 장군 200~300명 정도가 남아 있을 뿐이다. 시리아 병사 중 다수는 사망하거나 탈주했으며, 남은 이들도 수니파이기 때문에 충성심이 의문시된다. 그들은 알아사드 체제를 신뢰하지 않는다. 원조를 통해 충분하지 않은 연료와 군수 물자를 간신히 수혈받고 있는 것이 실정에 가깝다.

과거 4년 동안 동란을 겪으며 북한과 나란히 세계에서 손꼽힐 만한 공포를 주는 두려운 존재로 알려져 있던 치안유지 기구나 정보기관마저 해체 상태에 놓인 알아사드 체제는, 현재 이라크와 마찬가지로 육상에서는 이란의 혁명수비대 그중에서도 쿠드스 군단(Quds Force: 예루살렘 군단) 등의 의용병에 의존해 정치와 군사의 공백을 간신히 메우고 있을 뿐이다. 알아사드의 출신 모체인 알라위파 등의 젊은이 대다수는 병역을 피해 출국했다. 그들은 난민 대열에 끼어 유럽으로 도망친 것이다.

러시아는 구미의 의식 변화를 바라보면서, 본래 러시아 해군이 지중해에서 연료와 음식료 등을 보급하는 '정박지'였던 지중해 연안의 타르투스(Tartus)를 본격적인 해군 기지로 삼고자 현재 공사를 진행하고 있다. 타르투스는 기원전 2000년 무렵의 해양민족 페니키아인의 식민도시로까지 그 역사가 거슬러 올라간다. 또한 지중해에 닿아 있는 라타키아(Latakia)는 고대 로마의 지리학자 스트라본(Strabon)의 『지리지(Geōgraphia)』에도 나오는 마을인데, 군용 비행장으로 본격 사용되고 있는 라타키아 공항 옆에 러시아에 의해 새로운 헬리콥터 기지가 신설된 것도 항공사진으로 확인되고 있다.

러시아는 시리아 전쟁의 당사자인 것이다. 러시아는 IS만을 공격 목표로 삼지 않았다. 구미가 재정 및 군사 방면에서 지원하고 있는 반알아사드 세력, 그중에서도 시리아 국민군과 시리아 국민의회 등의 그룹이 결집해 있는 저항 거점도, 터키가 원조하는 투르크멘인과 수니파 아랍의 무장 세력도 러시아의 공격을 받고 있다.

구미가 이제까지 알아사드와 IS를 동시에 적대시하고 이에 대치해왔던 것과 대조적으로, 러시아는 드러내놓고 IS와 반알아사드 저항운동을 동시에 소멸시키기 위한 행동을 주저하지 않고 있다.

푸틴의 정치 외교 수법

그렇지만 러시아는 이와 동시에 반알아사드 세력을 또한 잠정 정권으로 받아들일 용의가 있다고 표명하고 있으며, 미국에도 '국민에 의해 선출된' 알아사드 대통령을 인정하는 선으로 양보하라며 압박하고 있다.

푸틴의 정치 외교 수법을 단순화해 말하자면 이탈리아의 정치사상가 니콜로 마키아벨리(Niccolò Machiavelli), 프로이센의 군사 전략가 클라우제비츠, 음모와 정치 기술에 뛰어났던 볼셰비키 혁명가 레닌의 이론을 서로 혼합한 것이다. 그 어떤 사활적인 이익도 군사력의 과시가 없이는 지킬 수 없다는 신념은, 체첸 전쟁과 조지아 전쟁에서뿐만 아니라 크림반도 병합에서 동(東)우크라이나 충돌을 거치면서 증명을 마쳤다. 일본이 영토 반환의 교섭 상대로 삼고 있는 푸틴은, 전쟁이란 다른 형태를 갖춘 정치의 연장이며, 외교라는 소프트 파워(soft power)는 군사로 상징되는 하드 파워(hard power)에 의해 보완되고 권모술수가 가미되어야 비로소 성공한다고 생각하는 부류의 인물이다.

푸틴은 과거에 미국이 세르비아(Serbia), 이라크, 리비아에서 여봐란듯이 자행한 행위에 굴욕감을 느끼고 있으며, 러시아에는 중요한 시리아라는 중동 최후의 자산을 쉽게 상실할 수 없는 것이다. 냉전 종식과 소련 해체를 소프트 파워에 편중하며 방관했던 고르바초프나 리비아에서 나토의 하드 파워 행사에 굴복했던 드미트리 메드베데프(Dmitry Medvedev) 전임 대통령과는 다른 모습을 보여주고자 하는 것이다.

더구나 오바마 대통령에게는 러시아와 중국에 의한 국제 질서 변경 야망을 강제력으로 저지시키겠다는 각오가 없으며, 중동을 세계적인 분쟁

무대로 만들어버린 책임이 있다. 이런 관점에서 말하자면 오바마 대통령은, 과거 이상(理想) 차원에서는 국제협조주의를 내세우면서 현실에서는 국내 정치의 논리에 압도되어 고립주의의 길을 걸었던 윌슨 대통령과 비슷하다. 이 민주당의 선인(先人)이야말로 제1차 세계대전 이후 국제 질서를 형성하는 과정에서 동유럽과 중동 문제를 복잡하게 만들었기 때문이다.

한편 푸틴은 마키아벨리와 클라우제비츠로부터 큰 영향을 받았고, 레닌의 뒤를 잇는 볼셰비키적 기질을 지닌 현실주의자라고 할 수도 있다. 레닌은 연명을 위해서라면 적국 독일과 '브레스트리토프스크 조약'이라는 강화조약을 체결하는 것도 서슴지 않았다. 이와 동시에 푸틴은 첩보와 음모 영역에서 뛰어났던 트로츠키와 스탈린 등 소비에트 혁명가의 후계자라는 면모도 지니고 있다.

러시아와 이란, 동맹인가 경합인가?

그런데 이와 같은 푸틴 대통령의 시리아에 대한 군사적 간섭에는 겉으로 표출되지 않는 의도도 잠재되어 있는 것으로 여겨진다. 일반적으로 전해지는 바로는 병력의 결여와 보급의 부족 등 다양한 면에서 활력을 상실했고 국방군으로서의 능력도 상실한 시리아 정부군을 구제하고 더 나아가서는 시리아 알아사드 정권의 연명을 도모하기 위해서라는 것이다. 그렇다면 도대체 공중폭격을 통해 누구로부터 무엇을 위해 알아사드 정권을 지키려 하는 것일까?

상식적으로 생각해본다면 IS와 반알아사드 등 각 세력의 위협으로부터

구원한다는 뜻일 것이다. 그렇지만 필자는 또 하나의 다른 측면이 있다고 생각한다. 푸틴의 군사적 간섭에는 이란의 과도한 존재감에서 비롯된 위협으로부터 알아사드 정권을 지키고, 중동에서 러시아의 권익을 수호하려는 의도가 잠재되어 있다는 견해다.

물론 이러한 견해에 대해 '이란은 그 영향력 아래 있는 시아파의 여러 군사 조직이나 자국의 혁명수비대(쿠드스 군단)를 통해 알아사드 정권을 돕고 있다. 그런 의미에서 이란은 러시아에 협조하고 있는 것이 아닌가?'라는 반론이 나올 것이 틀림없다. 그것은 지극히 당연한 의문인데, 사실 관계를 세밀하게 살펴보면 이란에 대한 러시아의 노림수가 서서히 떠올라 드러나게 된다.

러시아가 시리아에서 거둔 성공은 애당초 지상전에서 이란의 혁명수비대나 헤즈볼라가 낸 희생과 승리에 크게 빚지고 있다. 게다가 러시아는 시리아의 국방군과 이란이 만든 민병대를 재편해 자국의 영향이 미치는 '군'으로 통합시키고자 하고 있다.

물론 이란이 호락호락 러시아의 발아래 굴복할 리 없다. 쌍방 모두 상대방의 희생을 통해 자신의 힘을 제고(提高)하려 한다는 점에는 변함이 없다.

우선 첫째로 고려해야 할 것은 이란이 이제까지 알아사드 정권을 구하기 위해 지불해왔던 군사 및 재정 지출이 260억 달러에 달한다는 사실이다.

'시리아군'의 약체화에 대해서는 이미 서술한 바와 같다. 다마스쿠스에는 교통경찰은 있지만, 공화국 정규군에 해당되는 시리아군은 유명무실하다고 해도 좋을 정도다. 현재 존재하는 것은 얼마간의 시리아인과 이에 더해 시리아의 알아사드 체제를 수호하고자 싸우는 외국인이 혼성된 부대에 불과하다. 그것은 레바논의 시리아파 집단 '헤즈볼라'(아랍어로 '신의 당'을 의미한다), 이라크 민병 조직 '아사이브 아흘 알하끄(Asa'ib Ahl al-Haq: 정의의 인민 동맹)', 이란의 '쿠드스 군단'(일명 '예루살렘 군단')이다. 이밖에 시아파 아프간인의 민병, 시리아를 제외한 중동의 분쟁 지대에서 이란에 의해 훈련받은 이들이다. 이것이 시리아 정부가 말하는 '군'을 구성하는 실체다.

또한 이 '시리아군'을 지휘·감독하는 것은 이란 혁명수비대에서 대외 첩보와 특수 공작(작전)을 담당하는 부대인 쿠드스 군단의 카셈 솔레이마니(Qasem Soleimani) 준장이다. 그는 미국에 의해 테러 조직으로 지목된 조직의 수장이다. 그에 따르면 '시리아군'의 병력은 10만 명이라고 하는데, 이란인은 '시리아군'이라는 단어를 더는 사용하지 않는다. 그들은 시리아 정부 계통의 병력을 구성하는 것이 이란의 혁명수비대 혹은 이란과 연결된 시아파 세력이라고 자부하고 있기 때문이다.

물론 여기에서 문제가 되는 것은 이란이 260억 달러나 되는 자금을 지불하면서 알아사드를 도운 것에 대한 대가가 무엇이냐 하는 점이다.

이란 측이 요구하는 대가 중 하나는 시리아 국내의 시아파를 구출해 그들을 예측되는 장래의 선거에 활용하는 것이다. 수니파의 다수파(반알아사드 정권파)가 지배하는 지역에 고립되어 있는 시아파 주민을 구출하기 위해 이란 혁명수비대와 헤즈볼라가 점령한 지역의 수니파 주민을 상호 교체해 배치하는 일종의 주민 교환(population exchange)을 획책하고 있다는 설도 강력히 제기되고 있다. 영역의 교환마저 노리고 있는 것은 아닌지 의문시되고 있다. 예를 들면 시리아의 수도 다마스쿠스 인근의 자바다니(Zabadani)라는 지역이 있는데, 거기에 거주하는 수니파 주민과 이들리브(Idlib)라는 지역 내 두 촌락의 시아파 주민을 상호 교환하려 시도했다는 관측도 나왔다.

문제는 이런 주민과 영역의 교환이라는 시리아의 내정과 주권에 관련된 행위를 때로는 알아사드 대통령을 배제한 채 이란이 직접 교섭하는 것도 사실이라는 점이다. 이것은 시리아의 주권국가로서의 존재 방식과 알아사드 대통령의 권위가 무시당하고 있음을 의미한다.

러시아 측에서 보면, 시리아의 중대한 문제를 중재해온 협력자라고는 해도 자신이 관여하지 않는 곳에서 이란이 마음대로 하는 것을 허락할 심산은 더더욱 없다. 이란의 주제 넘는 행위를 경고하고, 알아사드 정권에 대해 쐐기를 박는다는 의미도 담아 러시아가 공중폭격에 나섰다는 해석도 있다.

러시아는 이란의 영향력 확대를 방관하지 않는다

둘째로 이란 중심으로 움직이고 있는 국제환경에 대한 견제다. 2015년 7월 14일 빈에서, 이란의 핵 개발을 제한함으로써 지연되어온 최종 합의가 체결되었다. 이란과 미국 간에는 긴장 완화와 유사한 분위기가 형성되었다.

이에 대해 러시아는 자신의 중요한 권익인 우크라이나 및 시리아와 관련된 사안에서 구미 중심의 긴장 완화는 용납할 수 없다는 결의를 실제 행동을 통해 명백히 보여주었다. 즉 이란이 미국과 교섭하는 카드로 시리아를 사용하지 말라는 강한 의지를 푸틴이 표명하고 나선 것이다.

이란은 이미 레바논, 이라크, 걸프 국가들 등 시아파 주민이 많은 지역에서 헤즈볼라와 같은 조직이나 이란에서 파견된 혁명수비대를 매개로 하여 영향력을 확대하고 있다. 이란의 야심은 자국의 북방에 있는 카스피해 서안(西岸)의 산유국으로, 같은 '시아파 국가'인 아제르바이잔을 매개로 하여 캅카스와 중앙아시아를 거쳐 러시아 국내로도 확산될 수밖에 없다. 이런 지역의 무슬림 주민에게 이란의 영향력이 일방적으로 침투하는 위험을 용납할 수 없다는 결의가 표출된 것으로 여겨지기도 한다.

푸틴은 2015년 11월 이란을 방문했을 때 카스피해에 닿아 있는 다게스탄(러시아령)의 데르벤트에 시아파 학원을 개설한다는 계획에 동의하고, 모스크바에도 이슬람 대학 설립을 허가했던 것처럼, 러시아가 관리하는 형태 이외에는 시아파의 종무나 교육을 인정하지 않고 있다. 이것은 레바논, 이라크, 걸프 지역에서 헤즈볼라와 혁명수비대를 매개로 힘을 확대했던 이란의 야심이 시아파 국가 아제르바이잔을 매개로 하여 다게스탄 등 러시아령 내부에 일방적으로 침투할 위험을 용납하지 않겠다는 결의를 표출한 것이라고 할 수도 있다.

2015년 10월 7일 카스피해 함대의 군함 네 척으로부터 시리아를 향해 발사된 순항미사일 26발 가운데 네 발이 이란 영내에 '탄착'되었다. 도저히 오폭이나 우연이라고 결론 내릴 수 없는 일이 일어난 것이다. 이란의 국영 파르스 통신은 러시아 정부와 마찬가지로 이란 영내로의 탄착 사실을 부인하면서, 이 정보가 구미의 '심리전'의 일부라고 설명했다. 무엇보다 이란 정부는 여전히 침묵을 지키고 있다.

러시아와 이란의 관계는 19세기에 이란의 영토를 빼앗은 두 차례의 전쟁, 1904년에 이란의 분할을 도모했던 영러 협상, 20세기에 소련군에 의해 이란 북부가 두 차례나 점령되는 경험을 한 이래, 실로 복잡한 그림자와 그물이 양국 사이에 드리워 있다는 점도 잊어서는 안 된다. 이는 북부의 이웃 나라 러시아가 은연중에 도사리고 있다는 현실을 이란이 깨닫도록 한다.

푸틴과 '신동방문제'

알아사드 대통령이 이란의 야심에 직면해 대응했던 방식과 관련해 매우 흥미로운 이야기도 전해지고 있다. 알아사드는 자국 기독교도의 한 지도 자에게 유대교도와 기독교도에 대한 시아파의 탄압을 시사하면서 이렇게 말했다고 한다. "이란이 다양한 요구를 해오고 있다. 이것은 이란이 시리 아의 영토를 노리고 있다는 것이다. 그렇지만 나에게는 당신들 기독교도 를 보호할 여유가 더는 없다. 따라서 향후에는 러시아와 상담하기 바란다."

알아사드 대통령의 지지 기반 중 하나는 그 출신 모체인 알라위파(시아파 의 일파) 공동체이며, 또 다른 하나는 전통적인 기독교도 공동체다. 예수 그 리스도가 일상적으로 사용한 것이 아람어(Aramaic: 고대 시리아어)였듯이, 고대 이래 시리아는 그리스 정교회와 동방 계통 교회의 교도가 많은 지역이다.

알아사드가 기독교도들에게 러시아와 상담해 시아파의 지배로부터 박 해당하지 않고 비호받을 가능성을 암시했듯이, 러시아는 그리스 정교도와 여러 동방교회의 보호자로서 시리아에 간섭하고 이란에 제약을 가할 수 있 는 근거를 획득했다. 마치 러시아 제국의 로마노프 왕조가 황제(차르)를 중 심으로 동방문제에 관여했던 것처럼, 푸틴이라는 현대의 차르가 새로운 중동의 권익을 무슨 일이 있어도 확보하려고 한다는 점이다. 실로 네오차 리즘에 의한 '신동방문제'의 탄생이라 할 수 있다. 이것은 형태를 바꾼 신 (新)러시아 제국주의라는 21세기 권력정치의 등장이다.

푸틴은 '신동방문제'에서 이집트, 시리아, 이라크 등의 아랍 사회주의를 지원했던 소련 시대의 중동 전략보다도 명확한 정책적 이데올로기를 분명 히 내세우고 있다. 즉 IS와 알카에다를 비롯해 시리아 안팎의 이슬람 테러리즘과의 전쟁을 러시아 국민에게 선보이며, 국력을 동원할 수 있는 강력한 힘으로서의 '네오차리즘' 자체가 시리아 전쟁에 직접 관여하고 있는 배후 인물 푸틴이 추구하는 확고한 이데올로기라고 할 수 있다.

이란이 지상 작전을 비롯해 시리아 전쟁에서 주요한 역할을 수행하는 한, 푸틴의 정치 구상대로 실현되기는 어렵다. 푸틴은 공중폭격이라는 다른 차원의 결단을 통해 중동 복합위기의 '판세 변경자(game changer)'가 되고자 했던 것이다.

러시아의 한 외무 차관은 시리아 대사와 회담했을 때 다음과 같이 퉁명스럽게 말했다. "우리는 당신들의 게임을 배양하고 있다. 당신의 우두머리에게 전해주기 바란다. 우리에게 붙을 것인가 아니면 이란인에게 붙을 것인가?"

물론 이 발언은 사우디아라비아에서 나온 정보이므로 그 진위를 다소 가늠해봐야겠지만 말이다.

그러나 러시아는 시아파 민병의 증강에 의해 발생하는 시리아에서의 권익과 영향력 감퇴를 묵인할 만큼 물러 터진 국가는 아니다. 푸틴은 공중폭격뿐만 아니라 시리아 연안에 대한 흑해(黑海) 함대의 증파를 통해 지중해에 대한 이란의 야심을 제어할 태세를 보이고 있다. 실제로 지중해 연안에서도 활동을 전개했던 시아파 민병은 곧바로 내륙 지역으로 철수했다.

러시아의 시리아 전쟁 참가는 발칸반도에서 중동, 카스피해를 거쳐 중앙아시아로 확산되는 '신동방문제'로 간주해야만 한다. 그것은 19세기부터 20세기에 걸쳐 유라시아의 패권을 둘러싸고 러시아와 영국 사이에서 벌어졌던 그레이트 게임과 나아가 20세기 후반의 냉전 경험에 비춰보더라도 획기적인 직접 참전인 것이다.

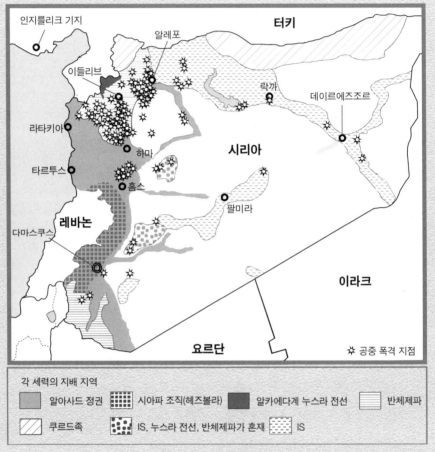

인지를리크 기지
알레포
터키
이들리브
라까
데이르에즈조르
라타키아
시리아
하마
타르투스
홈스
레바논
다마쿠스
팔미라
이라크
요르단
☆ 공중 폭격 지점

각 세력의 지배 지역

알아사드 정권 | 시아파 조직(헤즈볼라) | 알카에다계 누스라 전선 | 반체제파

쿠르드족 | IS, 누스라 전선, 반체제파가 혼재 | IS

러시아군의 시리아 공중폭격(2015년 9월 30일부터 10월 30일까지)

자료: ≪産經新聞≫, 2015年 11月 2日.

시리아 위기를 중동의 복합위기로 심화시킨 크나큰 책임은 러시아에 있다. 게다가 푸틴은 중동의 복합위기를 의도적으로 심화시킴으로써 우크라이나 문제에서 구미의 주의를 다른 데로 돌리게 하려는 새로운 전략으로 시리아를 희생시키고 있는 것이다.

'온건파 반정부 세력'은 실재하는가?

시리아 문제의 해결을 어렵게 하는 것은 시리아라고 일컬어온 영역에 현재 '국가'로 불릴 만한 실체가 없다는 사실을 어떻게 볼 것인가 하는 점이다.

미국 국무부는 러시아가 공중폭격으로 IS를 겨냥하지 않는 것을 강도 높게 비판했다. 상황이 이렇게 되자, 나중에 러시아 측은 '테러리스트'가 목표라고 수사(修辭)를 일부 수정했다.

이런 비판에는 미국이 지원해왔던 '온건파', '반정부 세력'이 공격받고 있다는 뉘앙스가 포함되어 있다. 미국의 주요 매체도 동일한 논조다. 2015년 10월 13일 AP 통신의 기사에서 미국인 저널리스트 켄 딜러니언(Ken Dilanian)은 "CIA가 2년 이상이나 '온건파 반정부 세력'에 무기를 제공해왔다"라고 하면서 "러시아가 공중폭격과 미사일로 공격한 것은 이 '온건파 반정부 세력'이다"라고 보도했다.

그렇지만 친(親)이스라엘 성향의 워싱턴 근동정책연구소(The Washington Institute for Near East Policy) 소속의 제프리 화이트(Jeffrey White)는 미국이 실제로는 존재하지도 않는 '온건파 반정부 세력'을 지원하고 있다는 만트라를 반복하면서 알카에다의 시리아 지부(누스라 전선)에 의한 현실적 위협으로부터 눈을 돌리고 있다고 비난한다.

이에 대해 "러시아는 CIA의 상상 속 산물인 '온건파 반정부 세력'에 해당하는 집단을 공격한 것은 아니다"라는 견해도 있다. 누스라 전선이 중심인 '전략적 세력'에 공격의 초점을 맞추고 있다는 것이다. 그것은 시리아 북서부의 이들리브, 시리아 서부의 홈스에 인접해 있는 지역, 이들리브에 가까운 라타키아 등 세 개 지역인 것이다. 실제로 알아사드 정권 측은 러시아로부터 공중폭격을 지원받으며, 2016년 1월 하순 라타키아주의 40개에 이르는 마을을 탈환했다.

실제로는 2015년 3월의 대공세에서 반알아사드파 세력이 이들리브 지방을 장악했는데, 그 승리는 시리아 위기의 대전환점으로 간주되었다. 내전 개시 이래 알아사드 체제가 받은 가장 심각한 도전으로 간주된 것이다. 이 반정부 세력에 대해 대대적인 공세를 퍼부은 주력은 3000명의 누스라 전선이었다.

이 반정부 세력에 대해 반격과 괴멸을 노린 것이 2015년 가을부터 시작된 러시아의 공중폭격인 것이다.

알아사드 조련사

덧붙여 말하자면 이 반정부 세력의 대공세(이들리브 작전)는 사우디아라비아와 카타르가 미국의 승인을 얻어 실시했다고 해도 과언이 아니다.

양국은 누스라 전선 등의 이슬람 테러리즘을 포함한 반정부 세력을 규합해 TOW형 대전차 미사일을 포함한 최신형 군사 장비를 공여했다. 그 무기가 결정적인 판세 변경자가 되었다. ≪워싱턴 포스트(Washington Post)≫의 리즈 슬라이(Liz Sly) 기자는 2015년 10월 11일 TOW가 CIA와 사우디아라비아의 합의 아래 시리아의 무장집단에 인도되어 북서부 시리아의 쟁탈전에서 가장 커다란 효과를 발휘하면서 알아사드 체제를 위험에 노출시켰다고 언급했다.

덧붙여 말하면 그들은 미사일을 '알아사드 조련사(Al-Asad Tamer)'라고 불렀다. 아랍어로 '알아사드'는 사자(獅子)를 의미하기 때문에 결국 '라이온(Lion) 활용' 혹은 '사자 활용'이라는 의미가 내포되어 있는 것이라고 할 수 있지 않을까?

반정부 세력이 TOW로 제압해 알아사드 체제를 경악하게 한 지역을 러시아가 공중폭격 지점으로 삼았던 것은 우연이 아니다. 2015년 3월 이들리브를 함락시킨 세력을 향한 경고와 보복의 의미가 강하게 내포되어 있는 것이라 할 수 있다.

그러나 ≪워싱턴 포스트≫의 슬라이 기자는 이들리브에서의 반정부 세력의 승리에 관해 언급하지 않고 CIA 프로그램의 주요 수혜자가 알카에다 계통의 누스라 전선이었다는 사실에 대해서도 언급하려 하지 않았다. 테러와 폭력성에서 IS와 별반 다르지 않은 누스라 전선이 시리아 주재 전임 미국 대사 로버트 포드(Robert Ford)와 그의 원조 프로그램을 활용한 사실을 공개하고 싶지 않았기 때문이었을까?

미국 정부와 CIA는 지하디스트 수중에 미사일이 들어가지 않도록 하는 시스템을 만들었으며, 누스라 전선에는 TOW가 두 발밖에 반입되지 않았다고 확언하고 있다. CIA가 지원하는 하즘 운동(Harakat al-Hazm, Hazzm Movement)이라고 불리는 북부 시리아의 '온건파 반정부 세력'은 2015년 3월 누스라 전선에 완패했는데, 그 직후 슬라이 기자는 전혀 다른 이야기를 전해왔다. "누스라는 승리를 과시하며 공식적으로 이러한 전과(戰果)를 언급했다. '알레포에 가까운 하즘 운동 본부를 점령했을 때 CIA가 제공해온 TOW를 노획했다'"라고 말이다.

또한 사우디아라비아와 카타르가 소유했던 TOW를 누스라 전선에 건넸던 것은, 2014년 10월에 당시 미국의 부통령 조 바이든(Joe Biden)이 이미 인정한 대로다.

그렇다면 슬라이 기자 등은 왜 지금에 이르러서야 CIA가 '온건파 반정부 세력'에 쐐기를 박아, 북부로부터 알아사드 체제에 위협을 줄 수 있는 힘을 육성하도록 하고 있다는 것을 시사했을까?

반정부 세력이 이들리브에서 승리를 거둔 이래로 알아사드 정권의 주요한 위협은 누스라 전선과 그 동맹자였으며, IS와는 거리가 멀었다. 적어도 어디에 있는지 알 수 없는 신비한 '온건파 반정부 세력'일 리는 없다.

오바마 정권과 미국의 대중매체가 모두 현재의 시리아 정세에서 누스라 전선의 역할을 언급하고 있지 않은 것은, 국내 최대의 위협이라 할 수도 있는 누스라 전선에 대한 공격을 통해 러시아가 테러와의 전쟁을 수행하기 위해 알아사드 정권의 표적으로 조준하고 있다는 점을 정면에서 부정할 수 없기 때문이다. 미국은 반(反)IS와 반알아사드 사이의 이중 전선에 가로막힌 나머지 쌍방과 대결하는 지하디즘 세력(누스라 등의 테러 조직)과 객관적으로는 '공동으로 투쟁'하는 것처럼 보이는 자승자박의 상태에 빠졌던 것이다.

이것은 열쇠를 여는 도구를 찾을 수 없을 정도로 모순되는 요소가 혼재되어, 빈틈없이 맞물려 자물쇠가 잠긴 인터로킹 장치의 전형이다. 미국은 시리아 정세로 교착 상태에 빠져버린 것이다. 지금의 상황에서 시리아 문제에 대한 러시아의 단순 명쾌함에 비교해보면 미국은 확실히 열악한 상황에 처해 있으며, 강화(講和)를 통해 시리아 문제를 처리하는 패배자의 길을 걷고 있다.

명백하게 부상하는 역사의 부조리

한편 러시아와 미국의 움직임을 주시하면서 이란 혁명수비대의 부사령관 호세인 살라미(Hossein Salami)는 시리아에 군사적으로 관여한 사실을 공개적으로 인정했다. 또한 이란은 외교 영역에서도 2015년 10월 빈에서 개최된 시리아 문제를 토의하기 위한 관계국 회의에 미국의 초청을 받아 참가하는 데 성공했다. 이리하여 이란은 시리아 문제의 최대 당사자로 구미에 의해 공식적으로 인정된 것이다.

기세가 오른 이란은 푸틴과 매우 유사한 게임을 연출하려 하고 있다. 다시 말해 알아사드 체제를 군사적으로 지원한다는 명분을 내세워 시아파의 권익과 세력권을 확장하는 한편, 핵 문제에 대한 빈 최종 합의에 의거해 구미와의 외교적 협상을 통한 해결도 전적으로 부정하려 하지 않는다.

이란 정부는 알아사드 대통령의 지위와 장래에 대해 IS 등 테러 집단이 박멸될 때까지 시리아에서 '선거로 뽑힌 대통령'을 지지한다고 공언하고 있다. 이란은 러시아처럼 잠정 정권의 가능성도 부정하지 않고 있다. 자유로운 다당제 선거로 마지막을 장식하는 잠정기가 있어도 좋다고 공식적으로 제안했을 정도다. 다만 선거가 실시될 때까지 이란은 러시아와 함께 알아사드 정권의 강화를 변함없이 도울 것이라고 말하고 있다.

이리하여 이제 시리아 평화의 핵심은 알아사드의 지위를 어떻게 할 것 인지에 초점이 맞춰지고 있다. 일단 2015년 가을 빈에서의 관계국 회의가 어쩔 수 없이 결렬된 것은 당연할지도 모른다.

러시아와 이란의 협력이 이란의 핵 개발 중지 합의에서 기능을 했듯이, 이것은 시리아 위기를 해결하는 잠재적인 힘이 될 것이다. 이렇게 하여 시리아 위기를 해결할 주도권은 구미로부터 탈취되어버렸다. 지금은 러시아와 이란 모두 구미가 시리아에 대해 실시한 각종 제재를 실효시키고자 시도하고 있으며, 미국보다 우세하며 실질적으로 효과가 있는 접근을 중동의 복합위기에서 전개하고 있다. 게임은 아직 끝나지 않고 있지만, 러시아와 이란은 군사와 외교 양 방향에서 미국과 EU, 중동의 수니파 동맹국보다 앞서 나아가고 있는 것처럼 보인다.

현실적으로도 2016년 1월 31일부터 제네바에서 시리아 평화 회담이 시작되었지만, 러시아는 알아사드의 퇴진에 응하려는 기미를 전혀 보이지 않고 있다. 거기서 모습을 드러낸 '최고 교섭위원회'에 해당하는 연합체가 아무래도 '온건파 반정부 세력'인 것으로 보인다. 그렇지만 국민연합, 자유 시리아군(FSA), 이슬람군으로 구성되는 '온건파 반정부 세력'의 존재감은 애초부터 희박했다. 게다가 구미는 시리아 쿠르드족의 참여를 요구하는 러시아의 공세나, 민주 선거를 지향해 일정표를 작성하라는 알아사드 정권의 주문에 쩔쩔매는 모습이다.

그러나 '아랍의 봄' 이래로 수많은 시리아 국민이 살해되거나 난민이 되어버린 원인은 알아사드 대통령이 자행한 자국민 억압과 테러 및 폭력에 있었다는 것은 두말할 나위 없다. 그와 같은 알아사드를 궁극적으로 사면 시켜 면죄해준다면, 미국과 EU가 이제까지 무엇을 위해 시리아에서 고된 경험을 감내해왔는지 의문이 제기될 수밖에 없다.

역사는 매우 부조리한 것이다. 그렇지만 현재의 시리아 전쟁과 IS에 의한 파리 대학살을 함께 고려해볼 때, 역사에서 석연치 않은 점들이 갈수록 명백히 부각되고 있다고 할 수 있다.

내전에서 대리전쟁으로 그리고 포스트모던형 전쟁으로

여하튼 외국 세력의 개입과 IS 등의 발호로 시리아 내전은 매우 처참한 상황에 빠졌으며, 지금은 내전에서 '전쟁'으로 전환되었다.

통상적으로 내전이라고 하면 국민이 적어도 두 개 이상의 진영으로 나뉘어 싸운다는 이미지를 내포하고 있음이 틀림없다. 일본인의 관점에서 본다면 덴지(天智) 천황의 사망 후 그의 아들이자 후계자인 오토모(大友) 황자와 덴지 천황의 동생 오아마(大海人) 황자[이후의 덴무(天武) 천황]가 황위 계승을 둘러싸고 싸웠던 '진신(壬申)의 난'이나, 북조(北朝)의 지명원(持明院) 계통과 남조(南朝)의 대각사(大覺寺) 계통으로 나뉜 세력이 전국적 규모로 내전을 전개한 남북조 시대, 혹은 메이지 유신을 탄생시킨 진통이라 할 만한 무진(戊辰) 전쟁이 연상된다. 일본의 내전에는 외국 세력의 관여는 없었다.

일본 역사상 내전은 균형을 이룬 세력들이 서로 싸우는 구도였지만, 시리아에서 벌어지고 있는 내전은 전혀 다르다.

알아사드 체제는 알라위파와 기독교도의 공동체를 주요한 지지 기반으로 삼았다. 그렇지만 이 양자는 국내 인구의 80% 가까이를 차지하는 수니파 아랍인과 비교하면 아주 소수이며 뚜렷이 균형을 결여했다. 그런데도 힘에서 균형을 이루고 있는 것처럼 보였던 것은 알아사드에게 공군 병력이 있어 공중에서의 힘의 관계에서 우위를 확보했으며, 양 진영을 외국 세력이 지원해 부족한 힘을 보충해왔기 때문이다.

알아사드를 지원하는 외국 세력에는 러시아를 별도로 한다면 이란 혁명수비대를 비롯해 이란의 영향력 아래 있는 레바논, 이라크, 아프가니스탄의 헤즈볼라 등 '의용병'이 많다. 러시아와 이란이 비호하는 알아사드 대통령은 적은 인구 규모의 알라위파를 포함해 그 어떤 세력도 더는 대표하지 못한다고 해도 과장이 아니다. 출신 모체인 알라위파에서도 "그 역사에서 최대의 학살"을 했다고 야유받고 있을 정도다.

한편 반알아사드 진영에는 IS를 예로 삼지 않더라도, 80개 이상의 국가에서 온 다수의 지하디스트와 테러리스트가 참여하고 있다.

양 진영 모두 외국으로부터 자금, 병참, 선전 등 다양한 지원을 받아 내전을 치르고 있다. 구미 대 러시아 및 이란, 혹은 수니파 아랍 대 시아파 아랍 등 '대리전쟁'의 중심축에 IS가 결부되어 있을 뿐만 아니라 러시아와 이란이 당사자가 됨으로써 대단히 복잡한 대결 구조를 띤 '전쟁'의 양상을 노정하고 있다. 또한 IS가 주역으로 등장하게 된 포스트모던형 전쟁의 성격도 짙어지고 있다.

영국의 필립 해먼드(Philip Hammond) 외무 장관은 "구미의 지도자들은 어느 쪽이 선(善)이며 어느 쪽이 악(惡)인지, 어느 쪽이 선이므로 지원해야 하는지 아닌지를 더는 알 수 없게 되었다"라고 시리아 전쟁의 복잡함에 대해 언급했던 적이 있다.

내전에도 '문법(文法)'이라고 할 수 있는 규칙이 있다. 가능한 한 살아남는 것, 그리고 존속하기 위해 최대한 적의 행위를 모방하는 것이다. 적이야만스럽다면 자신의 진영도 격화시켜 야만스러운 길을 걸을 수밖에 없다. 이러한 메커니즘이 베트남, 아프가니스탄, 보스니아헤르체고비나의 단순한 내전을 복잡한 전쟁으로 변질시켜버렸다.

알아사드 대통령은 그의 부친[하페즈 알아사드(Hafez al-Assad, 1930~2000)]과 마찬가지로 확실히 가혹한 독재자다. 그런데 그런 가혹함을 더욱 능가하는 이들이 IS의 살인자들이다.

또한 내전 혹은 거기서 발전한 전쟁은 간단히 무승부 상태로 끝나지 않는다. 역사적인 실례를 살펴보면 아무리 가혹한 희생을 강요한다 해도, 어느 한쪽이 전면적으로 승리할 때까지 끝나지 않는 것이 이제까지 치러진 많은 내전의 모습이었다. 즉 역사적으로는 어느 한쪽이 무조건 항복하든지 아니면 국외 추방이나 유형(流刑)의 처분을 받는 것으로 종지부를 찍는 경우가 많았다.

또한 외국 세력이 결부되어 있는 경우에는 단순한 정전으로 끝나지 않는다. 제2차 세계대전 이래 240건이나 되는 내전이 발생했는데, 그중에는 수십 년 동안이나 지속된 전쟁도 있다. 관여하고 있는 외국 세력 일방 혹은 쌍방 모두 병력을 철수하지 않는다면 내전에서 발생한 전쟁은 쉽게 끝나지 않을 것이다.

유럽 내에서 엄격해지고 있는 시리아 난민 심사

이리하여 내전의 장기화에 의한 전쟁의 처참한 모습은 시리아 국민에게 글이나 말로 다할 수 없는 고난을 초래했다. 유엔 난민기구 고등판무관 사무소에 의하면 인구가 2200만 명 내지 2300만 명 규모인 시리아에서 2015년 말 현재 420만 명 이상의 난민이 국외로 탈출했다. 국내에서는 적어도 760만 명이나 되는 사람들이 집과 고향을 상실하고 국내 난민이 되어버렸다. 국외로 나간 난민 중에 수십 만 명 규모의 사람들이 유럽으로 향했다.

2015년 9월 쿠르드 계통의 시리아인 소년 아일란 쿠르디(Aylan Kurdi, 3세)의 시신이 터키의 지중해 해안 휴양지 보드룸(Bodrum) 인근 해안에서 발견된 사건이 전 세계에 영상과 사진으로 보도되어 커다란 충격을 주었다. 그는 어머니, 형과 함께 배에 탑승해 그리스령 섬으로 향하고 있었다. 세 명은 생명마저 위험한 시리아에서 '자유를 향한 길'을 추구하며 피난하려 했던 것이다.

그렇지만 그 길은 영원히 닫혀버렸다. 그들의 시신은 고향인 시리아 코바니(Kobani)에 매장되기 위해 조국으로 송환되었다. 이 얼마나 비통한 일인가?

이 뉴스가 전송되자 유럽에서도 시리아 난민을 동정하는 목소리가 높아졌다.

필자는 2015년 8월 하순부터 9월 초순에 걸쳐 유럽(독일)에서 아랍에미리트, 더 나아가 중앙아시아로 비행해 카자흐스탄(Kazakhstan)에서는 알마티(Almaty)와 아스타나(Astana), 우즈베키스탄(Uzbekistan)에서는 타슈켄트(Tashkent)와 사마르칸트 두 개 도시를 각각 돌아보았는데, 이 출장 중에 그 어떤 국가든 TV와 신문의 머리기사를 장식한 것은 헝가리를 경유해 독일과 오스트리아로 향하던 시리아 난민의 물결이었다. 필자가 뮌헨(München)을 출발한 지 이틀이 지나 헝가리 부다페스트 서역(西驛)에 뮌헨으로 향하는 난민이 대거 들어왔던 것이다.

유럽 체재 중 필자는 신문과 TV를 통해 매일 유럽의 국경을 횡단해 들어오는 난민의 모습을 목격했는데, 시리아인이 중동에서 경험했던 당시의 공포와 고난의 일단을 살펴볼 수 있었다. 유럽에서는 현재 일어나고 있는 정세를 '제2차 세계대전 이래 가장 심각한 난민의 도래'로 파악했다.

그런데 어찌 됐든 난민의 수가 너무나도 과도하다. 독일 정부는 2015년 12월에도 수많은 난민이 쇄도하자 어쩔 수 없이 난민 조사를 엄격히 실시하게 되었다. 2015년에만 100만 명의 난민이 입국했을 뿐만 아니라 최대 25만 명의 입국자가 난민 등록과 신청을 하지 않고 행방불명되었기 때문이다. 스웨덴 등 다른 목적지로 간 것이라면 몰라도, 지하디스트나 범죄자가 위장해 들어오고 있는 증거도 제시되고 있다. 파리 대학살의 자폭범 두 명이 난민을 위장해 위조 여권을 사용했고, 그 테러와 관련해 체포된 남성 두 명도 위조 시리아 여권을 지참하고 잘츠부르크의 난민 수용 시설에 거주했던 것이다.

조상 전래의 토지와 국가에서 퇴거를 강요받아 생명을 걸고 바다를 건너 유럽으로 입국한 시리아인 난민에게 조국으로 복귀하는 것은 아직까지 높은 벽이라 할 수 있다.

그런 한편, 테러, 폭력, 살인 등 범죄에 가담했을 것으로 여겨지는 아프간인과 체첸인을 비롯해 영국, 프랑스 등 유럽의 젊은이에 이르기까지 이슬람의 지하디즘에 매료된 이들이 IS에 흡수되어 시리아로 대거 입국하는 현상도 일어나고 있다. 그들이 자신의 조국으로 돌아가는 것이 대단히 어렵다는 점 또한 실로 기괴하면서 모순된 역설이라고 할 수밖에 없다.

걸프 국가들은 일각에서 거론되는 만큼 이기적이지 않다

유럽으로 향하는 시리아 난민의 모습이 크게 보도되자, 일각에서는 시리아의 이웃 나라들과 걸프 협력 기구의 여러 국가들(아랍에미리트, 바레인, 쿠웨이트, 오만, 카타르, 사우디아라비아)은 "아무것도 하지 않는 상태로 눈을 돌려 회피하고 있을 뿐 아닌가"라는 견해가 확산되었다.

그렇지만 이것은 시리아 난민 수가 상상을 초월하기 때문에 발생한 오해다. 유럽이 수십만 명 규모의 난민 유입에 직면한 것이 분명하다 해도, 그 배후에는 시리아의 국내외 난민을 합쳐 1000만 명이 넘는 대규모의 무리가 있는 것이다.

유엔 난민기구에 의하면 2015년 여름 현재 시리아 난민은 터키에 180만 명, 레바논에 117만 명, 요르단에 62만 명, 이라크에 24만 명, 이집트에 13만 명, 기타 북아프리카에 2만 명이 있다(그런데 레바논과 요르단의 난민 대책 비용의 상당 부분은 걸프 지역 국가들이 충당하고 있다). 안토니우 구테흐스(Antonio Guterres, 2017년 현재 유엔 사무총장) 당시 유엔 난민기구 고등판무관의 표현을 빌리자면 "상황이 악화되면서 유럽 등으로 향하는 난민도 증가했다. 그렇지만 그것을 상회하는 수의 난민이 시리아 주변국에 머물고 있다. 주변국으로 피난한 시리아 난민과 시리아 난민을 받아들이고 있는 커뮤니티는 이미 절망적인 위기에 직면하고 있으며, 그 이상의 부담을 강제해서는 안 된다"라고 말할 정도의 상황이 전개되고 있다.

난민의 수용과 관련해 아랍의 봄이 확산된 이래 아랍에미리트, 카타르, 사우디아라비아 등에서는 본래 그곳에 거주했던 시리아인 부친과 가족이 시리아에 남아 있는 가족을 불러들여 함께 생활하는 것을 허용했다. 새로운 난민으로서 가족이 완전히 이주하는 경우에는 일괄 승인 절차를 통해 수천 명 단위로 받아들이기도 한다.

사우디아라비아는 비자 획득이 매우 어려운 국가다. 그런데도 시리아인에 대해서는 특례로서 비자 갱신의 복잡한 절차를 생략하고 노동허가증 획득의 간소화 및 면제 조치를 실시해 난민 문제에 대처하고 있다. 사우디아라비아에는 현재 50만 명의 시리아인이 체류하고 있으며 이집트인과 예멘인 다음으로 세 번째로 큰 규모의 외국인 집단을 형성하고 있는 사실은 널리 알려져 있는 듯 보인다. 난민이라고 하면 우선적으로 시리아인만을 떠올리기 일쑤인데 동일한 내전을 경험하고 있는 예멘으로부터도 많은 난민이 발생하고 있다. 예멘인은 사우디아라비아에 100만 명 이상 거주하는 것으로 파악된다. 사우디아라비아로 들어온 예멘 난민들은 모두 체류와 노동이 허가되고 있다.

산유국인 걸프 지역 6개국은 일각에서 말하는 것처럼 이기적인 국가는 아니라고 할 수 있다. 자국민과 이민 및 난민 사이에 존재하는 대우와 권리의 차이는 또 다른 차원의 문제다.

걸프 지역 국가들은 원래 업무와 생활의 편리를 위해 외국에 문호를 넓게 개방하고 있다. 또한 그들은 예전부터 수단, 소말리아, 에리트레아(Eritrea) 등 아프리카 국가들, 나아가 아프가니스탄 전쟁과 정치적 박해를 피해 도망친 난민을 받아들여 왔다. 이것이 부각되지 않은 것은 난민 캠프와 같은 텐트 생활과 집단생활을 강요하지 않고, 각국의 사회에서 각각의 능력과 사정에 따라 취업 기회를 발견하고 아랍어를 사용해 일상생활을 영위하고 있기 때문이다.

그렇지만 걸프 지역 시민의 인구 비율에서 외국인의 비중과 수를 고려했을 때 무제한의 난민 수용이 어려운 것은 유럽과 마찬가지다. 아랍에미리트와 카타르에서는 인구의 80% 이상을 이미 외국인이 차지하고 있다. 쿠웨이트에서는 50%, 사우디아라비아에서는 40%, 바레인에서는 30% 이상이 외국인이다.

난민을 다수 받아들이고 있어 인도적 이미지가 높은 유럽에서도 이만큼 높은 외국인 비율은 찾아볼 수 없다. 영국의 외국인 비율은 대략 8%이며, 독일과 그리스도 거의 이와 비슷한 수치다. 그런데 일본의 외국인 비율은 인구의 약 2%에 불과하다.

이런 실태를 살펴볼 때, 난민 문제와 관련해 중동 특히 걸프 지역의 아랍 국가들을 비판하는 것은 공정하다고 말할 수 없다. 난민 문제와 결부해 걸프 지역 국가들을 비난하는 논객 중에는 군주제 국가에 대한 비판이라는 난민과 직접적으로 인과 관계가 없는 문제를 자의적으로 제기하는 사람들이 있다. 이와 같은 논란은 도리어 문제를 흐지부지하게 만드는 결과를 낳을 것이다. 왕정과 군주제 국가를 절대 악으로 간주하는 관점에서 색안경을 끼고 보는 견해는 난민 문제의 해결에 결코 직접적인 도움을 줄 수 없다.

난민의 '낙관적 환상'이 좌절될 우려

유럽에서도 난민 수용에 전향적인 독일과 스웨덴에 대해서는 그 인도성을 우선 높게 평가해야 할 것이다.

의외로 일본에는 알려져 있지 않지만, 1970년대에 일어난 레바논 내전

이래 난민을 가장 따뜻하게 대접하고 받아들여 온 유럽 유수의 국가가 독일이다. 2015년 1월부터 10월까지 독일에 입국한 난민과 이민자 수는 75만 명에 달하며 그중 24만 명이 시리아에서 온 난민이다.

물론 이러한 수용 동기가 청년층의 인구 감소에 따른 노동력 확보에 있다는 것도 의심의 여지가 없다. 난민뿐만 아니라 외국인 이주자나 노동자에 대해 냉담하다거나 차별적이라는 이야기를 듣는 경우도 많다. 그렇지만 어쨌든 독일이 다수의 난민을 받아들여 온 사실은 우선 높이 평가받아야 할 것이다.

한편 독일만의 선의와 부담만으로는 난민 문제 해결이 어렵다는 것도 사실이다. 확실히 시리아 난민과 다른 아랍 난민은 유럽의 따뜻함을 기대하며 독일로 몰려들고 있다. 그렇다고 해도 사회적·경제적 현실에 비추어 보면 난민의 '낙관적 환상'은 머지않은 장래에 좌절될 우려도 있다. 유럽에서는, 독일에서도 프랑스에서도 자주 극우 정당이 정치 세력으로 신장되어 의회의 의석을 차지하는 경우가 많기 때문이다. 극우 정당과 이를 지지하는 일부 국민은 난민에 의한 위기감과 무슬림에 대한 거부 반응을 품고 있다는 사실에도 주의를 기울일 필요가 있다.

특히 2015년 11월 파리 대학살로 유럽의 인도성(人道性)과 EU 통합은 크게 차질을 빚기도 했다. 유럽인은 시리아 난민을 동정해 선의로 그들을 받아들이고 있지만, 그런 한편으로 파리 대학살을 자행한 범인 일부가 시리아 난민으로 위장해 유럽에 들어왔을 가능성도 부상하고 있다.

유럽의 선의를 이용하면서, 시민의 성의(誠意)를 배신하고 악용하는 테러와 살인은 앞으로도 근절되지 않을 것이다. 이는 난민에 대한 유럽 시민의 위기감을 높여 2015년 12월 프랑스의 지역 선거 제1차 투표에서 극우 성향의 국민전선을 약진시키는 요인이 되었다. 2017년에 치러질 예정인 대통령 선거에도 르펜 당수가 입후보할 예정이며, 선거전의 핵심 쟁점은 프랑스의 이슬람화와 난민 문제에 맞춰질 것이다. 시리아 전쟁의 추이와 IS의 동향과 관련해 중도의 좌우 양파 등이 서로 연합하지 않는다면 르펜 당수가 대통령 으로 선출될 가능성도 황당무계하다고만 할 수는 없을 것이다.[1]

---

1 2017년 프랑스의 대통령 선거는 4월 23일 1차 투표를 거쳐 2017년 5월 7일 실시된 결선 투표 에서 중도 성향인 '앙마르슈(En Marche!)'의 에마뉘엘 마크롱(Emmanuel Macron)이 극우 성향 인 '국민전선'의 르펜을 제치고 프랑스 대통령으로 당선되었다["Donald Trump congratulates Emmanuel Macron on his 'big win': how the world reacted to French presidential election," *The Telegraph*, May 8, 2017)].

7

새로운 러시아·터키 전쟁의 위험

두 개의 제국

정치·외교의 주요 행위자에서 전쟁 당사국으로

2015년 11월 24일 터키와 시리아의 국경 부근에서 터키 국방군의 F-16 전투기가 러시아 공군의 Su-24 전투폭격기를 격추했다. 러시아 공군의 Su-24는 시리아군에 대한 공중폭격을 지원하기 위해 터키 국경 인근의 시리아 서북부 기지에서 출격한 것이다.

그렇지만 애초에 러시아는 2014년 2월 이후 우크라이나 위기와 연관해 흑해에서도 터키 영공을 여러 차례 침범했다. 2014년 3월과 2015년 3월에는 러시아의 전투폭격기가 흑해의 나토군 소속 함대들을 향해 사전 예고 없이 레이더로 정밀 조준하며 로켓포를 발사하기 직전까지 이르렀다.

2015년 11월 23일 푸틴은 테헤란을 방문해 이란의 최고 지도자 하메네이 및 로하니 대통령과 회담했다. 이 자리에서 푸틴은 이란과 S-300 대공 미사일의 매각 계약을 체결했다.

중동의 정세는 2007년 푸틴이 이란을 방문했을 때와는 양상이 바뀌어버렸다. 그때는 '아랍의 봄'(2011)이 아직 발생하지 않은 시기였고, 2014년 6월 IS에 의한 칼리프제 이슬람 국가의 수립 선언도 이루어지지 않은 때였다. 그리고 아직 푸틴이 중동 지역이나 전 세계적인 규모로 지도력을 발휘할 힘을 축적하지 못했었다.

2015년 11월 20일 러시아는 유엔 안보리에 IS에 대한 테러와의 전쟁 결의서를 제출했다. 푸틴의 행보는 더욱 빨라지고 있다. 이제 그는 시리아 등 중동 문제에 수동적인 행위자나 중요한 행위자인 척하는 존재가 아니다. 본질적으로 푸틴은 정치·외교의 본격적인 행위자이자 주요 행위자가 됐을 뿐 아니라 러시아는 현재 시리아 전쟁의 당자국인 것이다.

2015년 10월 시리아 문제를 토의한 빈 회의에서도 푸틴은 이란의 참가를 구미로부터 승낙받았다. 그 이후에도 그는 프랑스의 올랑드 대통령과 요르단의 국왕 압둘라 2세와 만났고, 11월 30일에는 파리에서 개최된 유엔 제21차 기후변화 당사국 총회(COP21: Conference of the Parties) 때 다시 프랑스의 올랑드 대통령과 이스라엘의 베냐민 네타냐후(Benjamin Netanyahu) 총리, 독일의 메르켈 총리와 회담했다.

그렇지만 러시아는 2015년 9월 말 시리아에 대한 공중폭격을 개시한 이후부터 2015년 말까지 180명의 아이들을 포함한 시민 792명을 살해했다고 한다(영국 소재 시리아인권감시단의 발표). 시리아인권감시단에 의하면 IS의 전투원 655명, 미국 등이 지원하는 비(非)IS계 반체제파 전투원 924명도 살해되어, 러시아의 공중폭격으로 살해된 사람의 수는 모두 2371명에 달한다.

내전과 내란 및 전쟁을 각오하면서 부분적으로 군사행동(격전)을 전개하는 것도 불사하는 러시아, 중국, 이란이 국제정치에서 커다란 결정 요인이 되고 있는 것이다. 시리아 문제에서도 그들은 잠정적인 블록이나 연합을 형성하면서 구미와의 대결 상태를 당분간 지속할 것이다.

터키군의 러시아기 격추 사건은 왜 일어났는가?

이와 같은 상황 아래 터키 국방군에 의한 러시아 전투기 격추 사건이 발생한 것이다. 터키는 "러시아 공군의 전투폭격기가 터키 영공을 침범한 데 대해 경고를 반복했지만, 그 상태로 영공 침범을 계속했기 때문에 격추했다"라고 주장한다. 이에 대해 러시아의 푸틴 대통령은 "터키와의 국경에서

1km 떨어진 시리아 영공에서 격추되었다", "폭격기는 터키에 위협을 주지 않았다", "터키가 우리나라의 비행기를 격추한 것은 터키 영공의 석유 공급 경로(IS의 석유 밀매 경로)를 지키기 위해서였다. 이렇게 결론을 내릴 근거는 얼마든지 있다"라고 바로 반론했다.

터키군에 의한 러시아 전투기 격추는 러시아가 중동에서 지역 구분과 국경선 재획정을 새롭게 추진하는 데 대한 이의신청으로 받아들여졌다. 그런데 후술하겠지만 터키는 에너지라는 관점에서 본다면 이란과 마찬가지로 공급국 러시아의 '속국' 혹은 '위성국가'에 불과하다. 이제까지 터키의 에르도안 대통령은 타자에게 엄격하기는 했어도, 러시아의 푸틴 대통령을 지명하며 직접 비판했던 적은 없었다.

러시아, 더구나 푸틴과 싸움을 벌여보겠다는 의지가 없는 에르도안이 어째서 격추라는 행동에 나선 것일까?

기실 러시아 전투기는 시리아에서 공중폭격을 개시한 후 지금까지도 터키 영공을 여러 차례 침범하고 있다. 5분 이상 Su-30 등이 터키의 F-16을 레이더로 조준하며 계속 추적했던 일도 있었다고 한다. 터키와 나토는 "매우 위험하다"라고 항의했고, 나토의 사무총장 옌스 스톨텐베르그(Jens Stoltenberg)는 터키 남부에 지상군 파견을 제안했을 정도다.

러시아는 2014년 10월 하순 노르웨이, 영국, 에스토니아, 라트비아, 리투아니아, 터키 영공에 근접해 비행 훈련을 하기도 했다. 그들이 '우리의 바다 (Mare Nostrum)'로 일반적으로 간주하는 발트해(Baltic Sea)에서도 마찬가지다. 2014년 8월 중장비로 무장한 러시아의 공정부대(空挺部隊) 대원이 우크라이나 동부로 하강하다가 치안 당국에 구속된 사실도 시리아 위기 시에 이루어진 터키 영공 침범과 마찬가지로 일종의 '우발적 사건'으로 설명되었다.

이를테면 나토에 의한 러시아 전투기 격추는 1952년을 마지막으로 일어나지 않았다. 냉전 시기의 러시아와 터키 관계에서도 발생하지 않았던 일이 왜 지금 발생한 것일까? 또한 터키 전투기가 미리 긴급히 이륙해 매복하고 있다가 Su-24를 격추했다는 터키인 학자의 설(說)도 있다.

러시아가 흑해와 시리아에 몇 번을 침입하자 터키와 나토가 '최후통첩'을 발해 '귀환 불능 지점(point of no return)'에 들어갔다는 분석도 있다. 이번에는 다른 선택지가 더는 남아 있지 않다는 것이다. 에르도안 대통령은 2015년 11월 선거에서 자신이 이끄는 정의개발당이 절대 다수의 표를 획득해 권력 기반이 강화되자 자신감이 높아져 외교와 안전보장에서의 터키의 능력을 과신했을지도 모른다. 그렇지만 러시아는 아르메니아, 그리스, 시리아 등과 같은 수준의 소국이 아니다.

이스라엘도 시리아 방면으로부터 러시아 전투기에 영공을 침범당할 우려에 직면하고 있는데, 요격이나 격추 등의 행동에는 나서지 않고 있다. 그것은 러시아가 이스라엘과 전쟁을 할 의지가 없다는 것을 알고 있기 때문이다. 에르도안이 국방군을 장악하면서 터키는 과거 정기적으로 행해왔던 이스라엘군과의 군사 협력 및 정보 교환 경로를 상실해, 이스라엘처럼 정치와 군사가 복합된 고도의 판단을 내릴 능력을 상실하고 있는지도 모른다.

어쨌든 이 사건은 러시아와 터키 관계에 중대한 사태를 초래하고 있다.

제3차 세계대전의 도화선이 될 것인가?

러시아는 터키에 대한 보복으로 경제 제재를 발동하고, 투자와 수입, 인적 교류 등의 제한과 함께 터키에서 추진했던 원자력 발전소의 건설과 터키를 경유해 천연가스를 수출하기 위한 수송관 건설 등도 당분간 중단할 것이다.

터키에 의한 러시아 전투기 격추에는, 러시아가 시리아 북부의 반체제 세력인 투르크멘 계통의 무장 조직을 공중폭격 해왔다는 사실이 그 배경으로 확실히 깔려 있다.

투르크멘 계통의 세력은 터키계의 형제 민족이며, 이제까지 터키가 적극적으로 지원해왔던 존재다. 러시아는 'IS를 공격한다'고 하면서 그 한편으로 시리아 정부를 적대시하던 투르크멘 계통의 무장 조직을 시리아 정부군과 공동으로 공격했던 것이다.

러시아의 태도에 대해 미국의 오바마 대통령도 "터키 측에는 자국의 영토와 영공을 지킬 권리가 있다", "러시아가 온건한 반정부 세력을 공격하고 있다는 것이 문제다"라고 말하며, 터키를 지지했다. 나토도 11월 24일 가맹국 터키의 요청으로 긴급 이사회를 개최해 러시아 전투기가 터키 영공을 침범한 것을 확인한 이후, 나토 사무총장은 "러시아는 IS가 존재하지 않는 지역을 표적으로 삼고 있다"라고 비판했다.

지금까지의 역사에서 러시아와 터키는 수차례나 싸워온 원수지간이다. 18세기 후반만 해도 1768~1774년, 1789~1791년, 1806~1812년, 1828~1829년 등 네 차례에 걸친 러시아·터키 전쟁이 일어났고, 1853~1856년의 크림 전쟁에서도 교전했다. 장기간 대립해왔던 역사가 있기 때문에 양국은 한번 충돌하면 자국의 여론을 의식해 반보(半步)조차 물러서려는 자세를 보이지 않는다. 푸틴과 에르도안 양자에게는 이것이 지지율과 직결되는 문제인 것이다.

2015년 12월 3일에는 세르비아의 수도 베오그라드(Beograd)에서 터키의 메블뤼트 차우쇼을루(Mevlüt Çavuşoğlu) 외무 장관과 러시아의 세르게이 라브로프(Sergey Lavrov) 외무 장관이 회담했는데, 상호 간의 주장은 평행선을 달릴 뿐이었다. 세르비아는 러시아의 형제 민족이라고 할 수 있는 남슬라브 계통의 국가이며, 세르비아인 청년이 1914년 보스니아헤르체고비나의 수도 사라예보에서 당시 오스트리아 제국의 황태자 프란츠 페르디난트(Franz Ferdinand)를 암살해 제1차 세계대전의 도화선에 불을 지핀 것으로도 알려져 있다. 범슬라브주의를 매개로 하여 러시아로 연결되는 전통은 사라지지 않고 있으며, 베오그라드에서의 회의에 응한 것은 터키의 유화적 자세를 말해주는 것이다.

후세들이 역사를 회고한다면, 이 격추 사건은 제2차 냉전과 시리아 전쟁을 심화시키고 제3차 세계대전의 위기를 순간적으로 판가름하는 계기가 된 사건으로 간주할지도 모른다. 터키의 행위는 중동의 지정학에서 새로운 세력 분포의 재편과 국경선 재획정을 시도하고 있는 러시아에는 일종의 정면 도전으로 받아들여졌다.

투르크멘인과 '움직이는 수송관'

지금까지 논했던 것처럼 격추 사건의 배경으로 크게 작용한 것은 시리아에 거주하는 투르크멘인과 쿠르드족의 민족문제라고 할 수 있다. 터키의 하타이(Hatay)주에 접한 시리아의 요충지로 바이르부카크(Bayirbucak)라는 장소가 있다. 그곳은 북시리아에서 동지중해로 나아가는 요지에 있는데, 알아사드 정권을 지원하기 위해 군사 개입을 단행한(2015년 9월 말 이후) 러시아군의 힘을 배경으로 하는 시리아 정부군이 그 지역의 여러 거점을 확보했다.

그곳에는 터키인의 형제 민족 투르크멘인이 거주하고 있다. 그런데 이를 묵인하게 되면 시리아에서 터키 쿠르드 노동자당의 대변자라고도 할 수 있는 민주동맹당(PYD)과 인민수비대(YPG)가 만들고자 하는 북시리아 자치국 가에 편입되거나 그 영향을 받을 가능성이 있는 땅이기도 하다.

터키 정부는 시리아의 쿠르드족 조직을 쿠르드 노동자당과 같은 테러 단체로 간주하고 있으며, 이에 대항하기 위한 방편으로 파가 같은 수니파 의 IS를 지원하거나 활동을 묵인해왔다. IS가 괴멸되어 쿠르드족 자치국가 가 만들어진다면 터키로 봐서는 영토상 붙어 있는 아랍의 이웃 나라가 소 멸해버리는 셈이다. 이는 인접한 아랍 지역에 대해 영향력을 강화하려는 다우토을루 총리가 외무 장관 시대에 내세웠던 '신(新)오스만 외교'나 '이웃 나라와의 문제 제로' 외교의 최종적인 파탄을 의미한다.

그 때문에 터키 측에서 민주동맹당의 국가 건설과 쿠르드족이 지중해에 접하는 것을 저지하고 내륙부에 봉쇄시키는 것은 지정학적으로도 필수 불 가결했다. 투르크멘인을 대상으로 한 민주동맹당의 인종 청소를 방해하기 위해서는 알아사드 정권을 소멸시키는 것뿐만 아니라 민주동맹당을 약화 시켜야만 한다. 터키의 노림수는 투르크멘인을 구미와 나토의 지원으로 만들어질 '안전지대' 혹은 '비행 금지 구역'로 편입시키는 것이다.

이 안전지대에는 알레포 북부와 이들리브의 수니파 아랍인 거주지도 포 함되며, 어쨌든 시리아의 분할이 기정사실이 되는 가운데 북시리아 독립 국가의 기반이 될 것이 확실하다. 그렇지만 러시아에 의한 시리아 내전에 의 참가는 터키의 조정 능력 한계와 맞물려 북시리아의 분리·독립 구상을 어렵게 만들었다.

터키는 반알아사드파를 지원해왔는데 거기에는 IS도 포함된다는 푸틴 대통령과 드미트리 페스코프(Dmitry Peskov) 크렘린 대변인 등의 비판은 에르도안 대통령의 사위 베라트 알바이라크(Berat Albayrak)가 에너지 장관이라는 지위를 이용해 IS의 밀수 경로를 지켜주고 있다는 이권 결탁의 불순한 동기를 강조하고, 그 때문에 러시아 전투기를 격추했다고 비난할 정도로 격화되었다. 또한 에르도안의 친아들은 시리아의 고고학 유물 밀매에 종사하고 있다고 비판받았다. 푸틴은 11월 26일 프랑스의 올랑드 대통령과 회담을 한 후 열린 기자회견에서 '약탈된 석유'를 실은 열차가 시리아에서 터키로 밤낮으로 들어가는 모습을 "실로 움직이는 석유 수송관"이라고 표현했다. 덧붙여 "터키 정부가 알지 못한다는 것은 믿기 어렵다"라고 말하기도 했다.

반대로 미국 정부는 IS와 알아사드 정권이 이면에서 연계해 석유를 매매하고 있다고 여긴다. 미국 재무부는 같은 해 11월 25일 러시아와 시리아의 복수국적을 가진 시리아 실업가들을 자산 동결 등 제재 대상으로 지정했다. 에르도안도 IS로부터 석유를 구입하고 있는 것은 알아사드 정권이라고 하며 러시아를 비난했다. 한편 시리아의 왈리드 알무알림(Walid al-Muallem) 외무 장관은 11월 27일 모스크바에서, 터키군이 러시아 전투기를 격추한 이유가 에르도안 사위의 석유 이권을 지키기 위해서라고 호언장담했다.

또한 국내 문제와 관련해서도 푸틴 대통령은 "알아사드 정권을 수호하고, IS의 군사 부문 지도부의 체첸인들을 러시아로 잡아오라"라는 기본 선을 양보하지 않고 있다.

터키의 전략적 우위의 동요

투르크멘인과 쿠르드족의 문제가 21세기 새로운 러시아·터키 전쟁의 시금석이 되는 것은 터키로 봐서는 합리적인 선택이 아니다. 프랑스는 IS의 대학살을 경험한 이후 시리아 전쟁의 처리와 관련해 러시아 및 이란과 연합을 구성하는 조치를 취했다. 프랑스는 알아사드 대통령이 잠정 정권으로 남는 데 타협할 것으로 보인다. 미국과 영국은 늦든 빠르든 이에 추종하는 것 외에는 현실적인 선택지가 없기 때문이다.

정세를 객관적으로 살펴보면 러시아는 격추 사건을 최대로 이용하는 승자이며, 터키는 러시아와 터키 간의 새로운 전쟁을 어떻게든 피해야 한다는 의미에서도 패배자가 되고 있다. 시리아의 반알아사드 세력과 투르크멘인도 '후림불'에 걸려들었다는 말조차 할 수 없을 정도로 패배자가 되었다.

러시아는 위기 해소의 조건으로 터키의 책임자 처벌뿐만 아니라 투르크멘인에 대한 지원과 북시리아(알레포)에서의 전투 관여 중지를 요구할 것으로 보인다. IS와의 관계 단절도 당연히 명시적으로 요구할 것이다. 이는 시리아에서 터키의 전략적 우위를 포기하라고 요구하는 것과 같은 것이다. 러시아는 터키가 '테러 조직'으로 간주해온 시리아의 민주동맹당과 인민수비대 등 쿠르드족 조직에 대한 원조를 공공연히 강화할 것이 틀림없다.

어찌 됐든 러시아는 이번 격추 사건을 시리아 문제에서 최대한 이용하고 있지만, 이와 관련해 터키 측에는 이렇다 할 '비장의 카드'가 없다.

한편 시리아에서 터키가 구축해왔던 전략적 우위의 포기를 러시아가 요구하고 있다는 것은 의심의 여지가 없다.

그렇지만 러시아도 터키를 과도하게 궁지로 내몰지는 않고 있다. 과거 러시아·터키 전쟁의 경험, 그리스와 키프로스에 대한 터키 여론 경색 등의 선례로 볼 때, 러시아와의 '격전'을 선동하는 배외주의가 일어나 터키 국내의 반(反)쿠르드 감정과 결부되어 '대(對)러시아 강경'이라 할 만한 여론이 강화되지 않을 것이라고 단정할 수는 없다.

제1차 세계대전은 주요 행위자 중 그 어느 쪽도 전쟁을 반드시 원했던 것은 아니지만, 이미 언급한 오스트리아·헝가리 이중 제국의 황태자 부부가 암살된 사라예보 사건이 계기가 되어 동맹 관계의 연쇄 작용으로 전쟁이 확대되고, 마침내 1000만 명에 달하는 사람들이 전사하는 처참한 전쟁이 되고 말았다. 전쟁은 너무나도 막대한 피해를 초래했을 뿐만 아니라 러시아 혁명이 일어나 로마노프 왕조는 종언을 고했고, 제1차 세계대전의 패배로 오스만 왕조는 소멸되었다. 그 전철을 러시아와 터키가 다시 밟지 않을 것이라고 그 누구도 단언할 수 없으며, 격추 사건이 주는 두려움이 바로 이것이다. 만약 새로운 러시아·터키 전쟁이 일어난다면 IS 등의 포스트모던형 전쟁과 교차함으로써 제3차 세계대전의 향방을 가늠할 수 있는 윤곽이 드러날 것이다.

쿠르드족과 IS, 어느 쪽이 '더 나은 악'인가?

원래 터키는 중동형(型) 민주주의의 모범으로 간주되어온 국가다. 그런 터키가 러시아 전투기 격추를 단행한 이유를 알기 위한 단서는 이 사건이 일어나기 6개월 전인 2015년 7월에 일어난 무력 충돌에서 찾을 수 있다. 수루츠(Suruç)[1]라는 국경 부근 마을의 정치 집회를 공격했던 IS에 대해 이제까지 대체로 호의적이던 터키 국방군이 보복을 가했던 때로 거슬러 올라간다.

주민의 일부였던 쿠르드족은 보복 차원에서 IS와 거듭 충돌했다. 게다가 2015년 6월에 있었던 총선거를 의식해 에르도안이 터키 국방군으로 하여금 쿠르드족을 공격하도록 함으로써 복잡한 정세가 갈수록 극에 달하며, 다음과 같은 세 가지 사태가 동시에 진행되었다.

① 터키 정부 때문에 IS와 싸우고 있는, 터키와 시리아에 거주하는 쿠르드족 간의 대결이 부활하고 있다.

② 터키 정부 때문에 쿠르드족과 싸우는 IS에 대한 간접 지원이 대결로 변화하고 있다.

③ IS와 쿠르드족 간의 충돌이 격화되고 터키 국방군이 개입하고 있다.

이 단계에서 에르도안 대통령과 여당인 정의개발당 정권은 당시까지 군사적 대결이 실재하지 않았음에도 굳이 두 개의 적을 만들었던 것이다.

또한 IS와 터키 및 시리아의 쿠르드족은 서로 적대적인 관계였다. 터키 국내의 쿠르드 노동자당은 EU에 의해서도 장기간 테러리스트로 비판받아온 조직이었다. 하지만 에르도안은 2013년 화해를 이끌어내어 국내에 평화 프로세스를 진행해왔다. 또한 미국과 유럽은 쿠르드 노동자당을 포함한 쿠르드족을 IS와 대결할 수 있는 귀중한 지상 병력으로 높이 평가해왔다.

한편 쿠르드 노동자당을 적대시해온 터키는 IS의 의용병이 터키 국내를 은밀히 통과하고 자금과 물자를 운송하는 것을 눈감아주었다. 이것은

---

1   터키 샤늘르우르파(Sanliurfa)주에 속해 있는 지역이다.

IS 테러리스트의 자유로운 행동을 묵인한 것이나 마찬가지다.

이런 가운데 에르도안 대통령은 국내 정치 차원에서 추구해왔던 오래된 숙적 쿠르드 노동자당과의 2년에 걸친 휴전 프로세스 실험에 종지부를 찍고, 전면 대결로 전환했다. 다시 말해 시리아의 쿠르드족(민주동맹당과 그 군사 조직인 인민수비대)과도 공개적으로 싸우겠다고 결단을 내린 것이다. 이런 전환은 미국 주도의 반(反)IS 및 테러와의 전쟁의 틀에서 정당화된다고 생각했을 것이다.

그렇다면 에르도안은 왜 이런 때에 맞춰 두 개의 적을 굳이 만들었던 것일까?

에르도안은 미국 주도의 반IS 전투에 마지못해 미적대며 참여하면서 반대급부로 국내의 쿠르드족, 즉 쿠르드 노동자당과 무장 대결을 전개해 선거에서 반(反)쿠르드 표를 획득하고자 노렸던 것이다. 전형적인 '외교의 국내 정치화' 현상이다. 그리고 바터(barter)[2] 거래를 미끼로 IS와 대결 자세를 명확히 했다.

이는 과거에 어쩔 수 없이 탈레반과 대결하도록 내몰렸던 파키스탄, 특히 그중에서 파키스탄 정보부(ISI: Inter-Services Intelligence)의 처지와 유사하다. 그때까지 최대 스폰서이자 원조자였던 조직체가 외부(미국)의 압력에 의해 자신의 수하(手下)나 우호 단체였던 탈레반(Taliban)에 칼을 겨누는 정치 역학, 바로 그것이다.

러시아와 터키의 관계 악화가 터키의 시리아 정책을 갈수록 궁지로 내몰기 전인 2015년 7월 24일 에르도안이 미국과 군사 안전보장 협정을 체결

---

2   신용장, 어음 등을 포함한 화폐를 개입시키지 않고, 직접 물물교환을 하는 거래를 지칭한다.

했던 것은 사방팔방이 꽉 막힌 상황을 타개하기 위해서였다. 당시 터키는 IS를 공격하기 위해 미국과 영국에 터키 남부 인지를리크 기지의 사용을 승인했다. 인지를리크에서 이라크의 IS 전개 거점까지의 거리는 300km에 불과한데, 유프라테스강 서쪽 68마일(약 109km) 지역에서 IS를 몰아내고자 계획 중인 미국 측에는 중요한 성과였다.

한편 필자는 에르도안의 속내를 상징하는 만화가 터키의 미디어에 실렸던 것을 기억하고 있다. 만화 속 에르도안 대통령은 한 손에는 폭탄 여섯 개를 들고, 다른 한 손에는 폭탄을 하나만 들고 있었다. 폭탄 여섯 개는 모두 쿠르드족에 떨어진다고 적혀 있었고, 다른 하나는 IS에 떨어질 폭탄이라고 분명히 기록되어 있었다.

이 만화가 암시하는 것은 '모든 적과 대결하지만, 쿠르드족이 주요한 표적이며, 여섯 발이 떨어진다. 에르도안은 기실 IS를 공격하고 싶어 하지 않는다. 그러므로 한 발만 떨어뜨린다'이다.

그런데 필자는 이 만화를 보면서 한편으로 너무 뻔한 결론을 내린 것 아닌가라고 생각할 수밖에 없었다. 즉 쿠르드족에 떨어져야 할 폭탄은 마땅히 쿠르드에 대한 공격에 사용되겠지만, IS를 향해 투하해야 할 폭탄마저 쿠르드족에 떨어뜨리는 것은 아닐까? IS와의 싸움을 툭하면 피하려는 터키인의 감각을 잘 보여준다고 할 수 있다.

에르도안의 IS 공격은 '마지못해 행한 것'이며, 쿠르드 공격은 '기쁜 마음으로 행한 것'이다. 그의 속내에서 IS는 '더 나은 악'인 것이다.

또한 2015년 7월 빈에서 체결된 이란과의 핵 최종 합의도 터키의 우려를 자아내는 요인이 되었다. 최종 합의는 이란에 수십 억 상당의 무역과 비즈니스 기회를 제공해주었다.

이런 까닭에 EU에는 혁명수비대를 테러 단체 목록에서 삭제시킬 것이라는 소문이 이미 유포되었다. 독일은 비즈니스를 위해서라면 중국의 인권 상황을 무시하더라도 아시아인프라투자은행에 처음부터 참가하는 등 무엇이라도 하겠다는 주의였으므로, 혁명수비대를 테러 단체 목록에서 제외하는 정도의 농간은 두말할 필요 없이 손쉬운 것이었다.

일본이 제재 해제를 검토 중이라는 보도도 이란 내부에서 일찍이 유포되었다(국영 '이란 라디오', 2015년 7월 26일 일본어 방송). 이것은 명백히 일본이나 미일 관계를 교란시키려는 움직임이었다.

어쨌든 이란으로부터 혁명수비대를 경유해 시리아의 알아사드 체제로 현금이 유입되고, 레바논의 헤즈볼라가 강화되는 것은 터키로서는 최악의 사태인 것이다. 빈에서의 최종 합의는 시리아와 이란의 시아파 민병에 '백지 수표'를 남발하는 것과 같은 타협이었다는 해석은 바람직하다. 실제로 2015년 12월에 접어들면서부터 핵 개발을 재개하지 않겠다는 이란의 약속을 근거로, 이란에 대한 국제적인 제재를 해제하기로 최종 결론이 났다.

'이웃 나라와의 문제 제로' 외교의 파탄

이런 일련의 과정은 에르도안이 21세기 들어 전개했던 실용주의적 외교의 파탄을 의미한다. 이는 '이웃 나라와의 문제 제로' 외교를 구가했을 뿐 아니라 EU 가맹을 최우선시하는 종래의 유럽주의에서 중동과 아랍을 지향하는 신오스만주의 외교로 방향을 크게 전환한 것이다.

이제까지 에르도안이 이끄는 정의개발당 정권은 중동에서의 위상에 낙관적이었다. 2012년 4월 당시 외무 장관 다우토을루는 "지금부터 터키는 중동에서의 변혁의 물결을 지휘한다"라고 허세를 떨었다. 물론 2010년 말부터 2012년에 걸쳐 중동에 거세게 불었던 '아랍의 봄'의 소란을 배경으로 한 발언임은 말할 나위 없다.

또한 2012년 9월 에르도안은 시리아의 알아사드가 곧 타도될 것이라 낙관하며 다음과 같이 기쁨을 표출했다. "신이 기뻐하고 우리도 다마스쿠스로 기뻐하며 나간다. 살라딘(Saradin)의 묘지에서 파티하(『코란』 첫머리인 개경장)를 낭송하고, 우마이야 모스크에서 기도를 올린다."

두 사람 모두 2002년 터키 선거에서 정의개발당이 승리했던 것처럼 아랍 각국이 '터키 유형'의 민주주의적 변혁에 성공하게 될 것이라고 확신했다.

그러나 시리아의 알아사드 정권은 시련을 견뎌냈고, 시리아에서 에르도안의 주장을 대행했던 수니파의 무슬림형제단은 도리어 세력을 실추했다. 여기서 발생한 정치적 진공 상태를 IS 등 지하디스트 집단이 메운 것이다.

에르도안의 타협 없는 대외 정책은 터키를 고립시켰다. 예멘, 시리아, 이집트, 이스라엘, 리비아에 이제 터키 대사는 없다.[3] 에르도안이 비호했던 무슬림형제단과 무르시 대통령을 타도한 이집트군 출신의 시시 대통령에 대한 적개심, 팔레스타인 하마스에 대한 터키의 지원을 비판하는 네타냐후 이스라엘 정권과의 단절, 2011년 시리아 내전 발발부터 알아사드를 타도하기 위해 카타르와 긴밀히 협력했던 사실은 모두 밀접히 연결되어 있다.

그나마 사태가 순조롭게 진행되고 있는 것처럼 보였던 것은 수니파 아

---

3 한편 2016년 12월 12일 터키의 케말 오켐(Kemal Okem)이 주(駐)이스라엘 터키 대사로 부임했으며, 2017년 1월 터키의 아흐메트 도간(Ahmet Dogan)이 주리비아 대사로 부임했다.

랍 군주국, 특히 카타르와의 동맹 및 협력 정도에 불과했다.

그러나 알아사드의 시리아 정부군은 쇠약해진 반면 IS와 쿠르드족이라는 반알아사드로 공통되는 양자가 싸우게 되고, 이 삼자(三者) 간에 소용돌이치듯 싸움이 반복되어 결국 혼돈에 빠져버렸다. 터키에서는 "시리아에서 쿠르드족의 인민수비대가 반(反)IS를 명분 삼아 수니파 아랍인에 대한 인종 청소를 진행하고 있다. 이것은 북이라크의 거점에서 쿠르드 노동자당이 수니파 아랍인과 투르크멘인에 대한 인종 청소를 진행하고 있는 것과 마찬가지다"라는 비판도 흘러나오고 있다.

한마디로 말하자면 에르도안 대통령은 내정을 위해 외교를 이용하는 위험한 도박에 나서고 있는 것이다. 이는 2015년 6월에 치러진 총선거에서의 패배를 만회하기 위해 터키 쿠르드 자치구의 쿠르드 노동자당을 공격함으로써 같은 해 11월 다시 치러진 총선거에서 승리를 거두었던 수법과 다를 바가 없는 것이다.

터키가 미국이 오랫동안 희망해온 인지를리크 기지의 이용을 승낙한 것은 북시리아에 '안전지대'와 '비행 금지 구역'을 수립해 시리아로부터의 난민 유입 압력을 경감하고, 국경 지역에서의 인민수비대의 유린을 억지하기 위해서였다. 이는 북시리아에 쿠르드 국가가 성립하는 것을 억누르기 위한 방책이기도 하다.

터키 정부는 IS나 쿠르드 노동자당의 경찰을 향한 공격이나 테러를 이용해 오히려 쿠르드족과의 전쟁을 도발한 것으로 보인다. 거기에서 새롭게 발생하는 국민의 격한 분노를 다시 치러지는 총선거에 이용해 단독 다수파로서의 지위 회복을 노린 에르도안의 전략이었다고 할 수 있다. 2015년 6월 에르도안이 이끄는 여당의 의석을 빼앗은 인민민주당(HDP: Halklann Demokratik

Partisi, People's Democratic Party)은 쿠르드족 지지자가 많았다. 이 여당으로부터 터키인 유권자를 이탈시켜 민족주의 행동당(MHP: Milliyetçi Hareket Partisi, Nationalist Movement Party)으로 흘러 들어갔던 반(反)쿠르드 표를 다시 모으면서, 최대 라이벌인 공화인민당(CHP: Cumhuriyet Halk Partisi, Republican People's Party)으로 쿠르드 표가 유입되는 것을 방지했다.

이런 선거 전략이 성공을 거두자 러시아는 시리아 전쟁에 군사 개입을 단행했고, IS 해체를 명분으로 내세우며 비(非)IS 계통의 반정부 조직도 공격했던 것이다. 그 일환으로 터키로부터 후원을 받고 있던 투르크멘인계 세력을 러시아가 공격한 것은 에르도안의 의도를 훨씬 뛰어넘는 것이었다.

소련의 중동 외교를 부정했던 고르바초프, 부활시킨 푸틴

그렇다면 또 다른 일방인 러시아의 의도는 어떠한가?

푸틴 대통령은 중동 정책이든 대일 정책이든 혹은 대미 정책과 대EU 정책이든 간에, 모든 경우에서 더욱 거시적인 국제 시스템을 눈여겨보며 자신의 권력을 어떻게 발휘하면 가장 이익을 얻고 영향력을 제고시킬 수 있을지를 항상 염두에 두고 외교를 펼치고 있다.

상기해보면 1980년대 고르바초프의 외교는 러시아 공산당 국제부와 구소련 외교부가 전통적으로 계승해왔던 냉전 전략에 종지부를 찍었다. 구소련이 기도했던 냉전 구조란 중동을 대리전쟁의 장이나 구미와 무역 교역을 하는 장으로 사용하는 것도 포함되어 있었다. 중동 분쟁을 자국에 유리하게 조작하고 세계적인 국제정치 구조 속에서 미국에 대해 우세한 지위를 구축한다는 전략이었다. 중동 등 각 지역의 게임은 세계적인 게임에서 승리하기 위한 하나의 '게임용 말'이라는 것이다.

고르바초프는 이런 전략을 부정했다. 그렇지만 푸틴 대통령은 고르바초프가 부정했던 시대 이전으로 돌아가 중동을 대리전쟁의 장으로 사용하고, 미국과 EU에 대해 유리한 지위에 오르고자 노력해왔다. 그뿐만 아니라 푸틴은 이번 시리아 전쟁의 직접 당사자임을 명시적으로 내세우며, 시리아에서 EU와 미국이 보유하지 못한 영향력뿐만 아니라 정책의 최종 결정권을 알아사드 정권에 대해서도 발휘하려 하고 있다.

또한 푸틴 대통령이 중동에 강한 영향력을 미치기 위해 함께 손을 잡으려고 생각했던 바로 그 국가가 실제로는 터키와 이란이었던 것이다.

터키와 이란은 중동의 정치외교에서 가장 중요한 국가이며, 게다가 지금은 EU와 미국의 영향력이 가장 미치기 어려운 국가다. 한편 러시아 측에는 우위를 유지하며 손을 함께 잡아야 하는 상황이다.

우선 터키의 경우 천연가스 수요의 60%를 러시아로부터의 수입에 의존하고 있으며, 석유도 상당 부분 의존하고 있는 것이 현재 상태다. 이에 푸틴 대통령은 러시아의 흑해 연안에서 터키를 경유해 남동 유럽에 천연가스를 수출하는 가스 수송관 건설 계획을 추진해왔다.

2014년 12월 초순 푸틴 대통령은 터키의 수도 앙카라를 방문해 에르도안 대통령과 회담한 뒤, 터키의 석유 수송관 회사 보타시(BOTAŞ)와 새로운 수송관 계획을 추진한다고 공표했다. 이것이 '터키 스트림 프로젝트'라고 불리는 것이다.

그 직전인 2014년 12월 1일 푸틴 대통령은 유럽과의 사이에 이어져 있는 남부 가스 수송관, 즉 '사우스 스트림 가스 수송관' 계획을 파기했다. 전체

공사비 견적이 약 150억 유로(약 18조 2395억 원)로 책정됐던 대형 프로젝트이며, 연간 670억 m³ 상당의 천연가스를 EU에 제공하는 것을 목표로 삼았다. 흑해의 해저를 통과하는 900km의 수송관을 불가리아(Bulgaria) 기지로 연결한다는 장대한 구상이다.

이것은 현재뿐만 아니라 장래에도 우크라이나를 경유하는 것이 안전보장 측면에서 바람직하지 않다고 생각했던 러시아에, 독일과 기타 유럽으로 향하는 대체 경로가 될 것이 틀림없었다. 무슨 까닭으로 이것을 취소한 것일까?

일설에 따르면 EU와 미국이 불가리아에 압력을 넣어 터키 스트림 계획의 조건을 변경시켜 러시아 측이 이를 취소하도록 만들려고 획책했다는 것이다. 그렇지만 본질적으로 말하자면 우크라이나 위기의 해결을 둘러싸고 러시아가 가지고 있는 '비장의 카드'를 빼앗기 위해 사우스 스트림 가스 수송관 계획에 EU가 저항한 것이다.

그러자 결코 만만치 않은 러시아는 불가리아에서 터키로 조준 목표를 교체한다. 그리고 이 단계에서 터키는 그 구상에 올라탔다.

터키의 다우토을루 총리는 예전에 "터키는 지금 에너지 공급의 허브(hub)로 자리매김하고자 하고 있다. 이것은 러시아에 의해서도 재확인되었다"라고 말했고, 또한 "모든 에너지는 터키를 경유해 흐른다"라고 하며 언제나 그랬듯이 크게 허풍을 떨었다. 실제로 러시아에서 시작해 터키를 통해 천연가스가 확실히 도달할 수 있다면, 현재 아제르바이잔에서 조지아를 경유해 터키로 석유가 들어오는 것과 더불어 허브설(說)이 떠오르게 된다. 카자흐스탄으로부터도 에너지 자원이 도착하고 있으므로 다우토을루의 언사가 그저 호언장담에 불과하다고만 할 수는 없다.

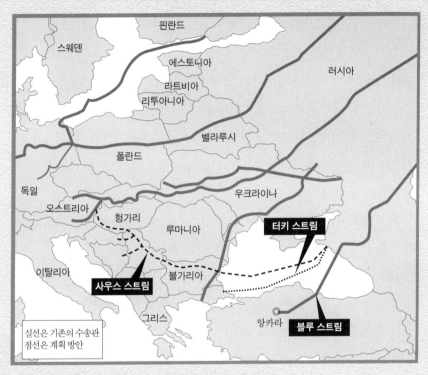

러시아의 가스 수송관

Global Research, "Russia and Turkey's South Stream Gas Deal can Save Europe and the World"(2014. 12. 28)를 근거로 작성했다.

블루 스트림에서 터키 스트림으로

이러한 터키 스트림 수송관 계획은 이미 존재하는 러시아와 터키 간의 블루 스트림이라는 수송관의 기능을 보완하면서 불가리아에 허브를 설치할 예정이던 사우스 스트림의 규모에 필적하는 가스량(630억 m³)을 그리스와 터키 국경 지역에 있는 허브 지점까지 공급하고, 거기서부터 러시아 기업 가스프롬(Gazprom)이 남동 유럽 국가의 고객에게 배분할 것이 틀림없다.

터키는 이 계획에 합의하면서 러시아로부터 두 가지 약속을 받아둔 것으로 보인다. 첫째는 2015년에 터키로 제공되는 석유의 가격을 6% 인하하는 것이다. 둘째는 블루 스트림을 통해 30억 m³의 천연가스를 터키로 추가 공급하는 것이다.

이런 계획이 완전히 궤멸되는 것은 러시아와 터키 쌍방에 바람직할 리 없다.

터키 국내의 가스 소비량은 2014년 480억 m³였는데, 신설된 가스 수송관을 통해 연간 공급되는 630억 m³ 중 140억 m³를 자국의 소비로 돌린다는 '김칫국부터 마시는' 계산을 한 것이다. 물론 그것이 실현되면 터키의 에너지 사정은 상당히 호전될 것이다.

이렇게 되면 터키에서는 러시아산(産) 가스에 대한 의존율이 갈수록 증가할 것이다. 러시아의 에너지에 의존하는 '종속국' 또는 '위성국가'라는 표현은 여기서 연유했다.

그래도 터키 측에서는 우크라이나 문제를 둘러싼 러시아의 국제적인 고립과 제재에 의한 러시아 경제 약화를 꿰뚫어보고 있다고 스스로 자화자찬하는 주장도 있었다. 터키의 에너지 장관은 "지렛대를 잘 활용하고 있는 것은 터키다"라고 하면서, 가스 가격의 교섭에서도 유리한 위치에 있다는 것을 명확히 표명했다.

시리아 전쟁을 둘러싸고 러시아와 터키의 관계가 바로 악화되지 않는 것은 러시아의 사정 때문이다.

그것은 러시아와 터키 간의 에너지 관계에 얽힌 중요한 안건이 아직 남아 있기 때문이다. 지중해 연안의 도시 메르신(Mersin)에 만들어진 악쿠유(Akkuyu) 원자력 발전소는 러시아의 국영 원자력공사 로스아톰(RosAtom)이 수주해, 200억 달러 규모의 건설 공사가 진행될 것으로 예상되고 있다.[4] 발전소 건설을 승인하는 흐름은 푸틴 대통령의 터키 방문 및 터키 스트림 계획의 도입과 궤를 같이했다.

이런 양호한 관계가 일변해 터키가 러시아 전투기 격추라는 행동을 이행하기에 이른 것이다. 러시아가 불같이 분노하는 것은 당연하지만, 대(對)터키 경제 제재를 발동하더라도 터키 스트림 건설 계획은 동결되었을 뿐 폐기된 것이 아니다. 또한 악쿠유 원자력 발전소의 건설 공사가 중단되기는 했지만 건설 계약은 파기되지 않았으므로, 향후 재개될 여지가 남아 있다.

새로운 러시아·터키 전쟁을 피하기 위한 지혜는 바로 거기에 잠재되어 있다고 여겨진다. 양국 모두 격추 사건이 직접적인 전쟁으로 발전할 정도로 본질적인 것인가라는 점에서 모두 회의를 품고 있는 것이 틀림없다.

그러나 특수한 역사적 관계를 이어온 러시아와 터키 양국의 수뇌가 단순히 경제적 합리성에만 입각해 행동할 수 있는 것은 아니다. 터키가 아무

---

4   2015년 4월에 준공식이 거행되었으며 2022년 무렵에 완성될 예정으로 알려져 있다("Ground Broken for Turkey's First Nuclear Power Plant," *World Nuclear News*, April 15, 2015).

리 안전보장상의 권리를 행사했다고 주장하더라도, 러시아에 책임 소재와 사정을 해명하지 않는 한 푸틴은 창끝을 거두어들이지 않을 것이다.

새로운 러시아·터키 전쟁이 당장 일어나지 않더라도 시리아 전쟁을 둘러싸고 양국 간의 쟁탈전은 장기화될 것으로 보인다. 터키 정부도 러시아와의 대립이 당분간 계속되는 것을 염두에 두면서 '대체 천연가스'를 찾기 위해 적극적인 에너지 외교에 몰두하고 있다. 에르도안 대통령은 격추 사건 일주일 뒤인 2015년 12월 1일 카타르를 방문했고, 다우토을루 총리는 12월 3일부터 4일까지 아제르바이잔을 방문했다.

필자가 우연히 투르크메니스탄에 체류했던 날로부터 약 1개월 전에 에르도안이 투르크메니스탄의 수도 아슈가바트(Ashgabat)를 방문했던 것은 천연가스의 수입 증대와 안정적인 공급을 확보하기 위한 것이었다. 그곳에서 필자는 터키 수뇌의 신속한 움직임에 놀랐다.

이와 같은 터키와 러시아의 대립은 시리아 전쟁의 강화(講和)와 알아사드 체제에 대한 찬반 등을 둘러싼 국제 협의에 성가신 현안을 추가시켰다고 보아야 할 것이다. 이는 최악의 경우 시리아 영토 안팎에서, 즉 터키의 영공과 영토에서 러시아와 터키 간의 우발적 충돌을 다시 몰고 올 우려가 있다.

8

중동 핵 확산의
유혹

이란과 터키의 경합

이란과의 '동맹'으로 구미에 압력을 가한 러시아

러시아가 중동 정책을 움직이는 중요한 지렛대로 이란을 편입시키는 전략을 견지하고 있다는 것은 이미 앞에서 이야기했다. 이란도 핵 개발 의혹 때문에 구미로부터 각종 경제 제재를 받아온 가운데 유가도 하락세를 유지하고 있어 시리아 문제를 핑계로 러시아에 가까워질 수밖에 없었다.

우선 이란과 러시아 간의 관계, 다음으로 터키와 이란 간의 관계를 조망해보도록 하겠다.

역사적으로 살펴보면 이란에는 러시아가 전통적으로 적국이며, 영토를 점령하고 할양해온 북쪽의 대국이었다. 이와 같은 사정은 터키와 러시아 간의 관계와 유사한 측면도 있다.

이런 이란이 러시아에 대해 완전히 마음을 놓지 못하지만, 러시아와의 접근이 부득이하다고 판단했던 것은 구미가 이란에 경제 제재를 해왔기 때문이다. 러시아는 구미의 제재 때문에 금융 결제를 자유롭게 할 수 없는 이란의 바깥 세계로 열려 있는 창구로서 역할을 수행해왔다.

2014년 러시아와 이란은 200억 달러 규모의 이란산 석유와 러시아 물품의 바터 교섭을 직접 행한 것으로 알려지고 있다. 조건이 절충되지 않았기 때문에 거래는 결코 성공했다고 말할 수 없다. 하지만 양국 모두 유가 하락에 의해 타격을 받았으므로 손을 잡으려는 움직임은 계속되었다.

역사를 소급해보면 16세기부터 18세기의 사파비 왕조, 18세기 말부터 20세기 초의 카자르 왕조, 이슬람 혁명이 발생하기 이전 최후의 왕조였던 팔라비 왕조, 그리고 현재의 이슬람공화국 '이란'에 이르기까지 러시아와 이란은 항상 경제적으로 굳게 결부되어 서로 중요한 무역 상대국으로 존재해왔다. 양국 간의 분쟁은 러시아와 터키의 관계처럼 빈번하게 일어나기는 했지만, 경제적 논리로 본다면 윈윈(win-win) 관계를 필요로 해왔다.

러시아와 이란의 거래와 결제 관계에서는 이란이 경제 제재를 받고 있었으므로 지금까지도 다음과 같은 대단히 원시적인 요소가 관찰된다. 첫째, 현물에 의한 바터 무역이다. 둘째, 대금은 국제 통화인 유로나 달러가 아니라 루블이나 이란의 통화인 리알(rial)로 결제되어왔다.

거래와 결제를 이란의 리알로 행한다면 구미 계통의 은행을 이용할 필요가 없으며, 금융 경제 제재의 그물망을 교묘히 빠져나올 수 있다. 외화 거래에서 제재를 가했던 구미의 눈을 속이고 원유와 석유 제품의 무역으로 이란의 이익을 보전할 수 있다. 이렇게 하여 2014년에도 이란의 대러 수출은 20%나 증가했던 것이다.

러시아는 이제까지 구미의 에너지 회사가 이란에서 기능 불능과 활동 정지에 빠진 상황에 편승해 에너지 부문에서도 적극적으로 활동해왔다. 2014년 9월에는 러시아의 에너지 장관이 테헤란을 방문해 이란의 원자력 기관의 위원장 및 에너지 장관과 회담했다. 그 회담에서는 에너지 인프라 확대에서의 러시아의 역할이 논의되었다.

미국과 EU 측에서 보면 아니꼬운 일이지만, 그 자리에서는 러시아가 이란에 원자로를 추가 제공할 가능성마저 모색된 것으로 보인다. 달리 말하면 러시아는 이란의 핵 개발을 측면에서 지원하고 정당화해주는 역할을 담당하고자 했던 것이다.

전력(電力) 생산에서도 이란은 러시아의 원조를 기대하고 있으며, 이란의 석유 및 가스 프로젝트에 대한 자금 제공에도 큰 관심을 기울였다. 예를 들면 파키스탄과 아프가니스탄에 접해 있는 남동 이란의 시스탄에발루체스탄(Sīstān-o Balūchestān)주의 이란샤흐르(Iranshahr)라는 마을에서 오만 만 연안에 위치하는 자유무역 지대까지 300km의 가스 수송관 건설 계획이 추진되고 있다.

이란과 러시아 쌍방에 의한 이와 같은 연계는 구미 제재의 그물망에서 교묘히 빠져나가고, 대항할 수 있는 유력한 대체안과 선택지를 갖게 되었다는 의미에서 중요했다.

우크라이나 문제로 인해 EU와 미국의 공세에 직면해 있던 러시아로서는 중동 외교 및 시리아 전쟁에서 이란과의 '동맹'은 서구에 대해 커다란 압력을 가할 수 있는 요인이 되어왔다. 즉 러시아의 협력 없이는 이란에 핵 개발을 포기하도록 하기 위해 효과적으로 고립시키는 것은 불가능하며, 압력도 가할 수 없다는 강력한 메시지를 날린 것이다. 우크라이나와 크림반도 문제로 러시아를 추궁하게 되면, 구미 및 우크라이나부터 시리아에 이르는 광범위한 지역에서 심각한 충돌과 전쟁에 휘말리게 된다는 것이다. 이란이 핵 개발을 촉진하지 못하게 하고 미국이 바라는 대로 핵 문제를 해결하고 싶다면 러시아의 협력을 바라는 것이 상책이라고 선전해왔다.

푸틴 대통령은 여기에도 고르바초프 이전의 냉전 시기에 구소련이 구사한 외교의 전통적 수법을 적용했던 것이다.

이스라엘의 이란 핵 개발 분석

이란은 터키에 견주어도 결코 호락호락한 상대가 아니며, 러시아에 이용당하기만 할 국가도 아니다.

이란의 최고 지도자 하메네이는 때로는 여봐란듯이 미국에 접근함으로써 구미나 러시아의 상호 관계에 균열을 유발하고 상황을 움직이는 데 능했다. 네타냐후 이스라엘 총리와 오바마 미국 대통령 간에 균열이 발생한 것도 2015년 7월 15일 빈에서 최종 합의에 도달한 핵 개발 문제를 둘러싼 이란의 흥정 때문이었다.

이스라엘을 분노하게 한 것은 유엔 안보리 상임이사국(P5)+1(독일), 또는 EU 3+3에 의한 이란과의 우라늄 농축 중지에 관한 빈의 포괄적 공동 행동 계획(JCPOA: Joint Comprehensive Plan of Action)이다. 그것이 적어도 이란의 핵 개발 의욕을 단념시키지 못하는 것 아닌가 하는 의심은 이스라엘뿐만 아니라 사우디아라비아에도 공통되었다.

이와 관련해 빈 최종 합의가 성립했던 때부터 곧바로 상반된 평가가 나온 것이다.

우선 긍정적인 평가다.

빈 핵 합의는 이란의 핵 문제에 관한 유일하며 현실적인 외교적 해결이라고 평가하는 흐름이 있었다. 미국에 의한 기존의 봉쇄 정책은 성공을 거두지 못했으며 오히려 역효과를 냈다고 보는 견해다. 이스라엘과 사우디아라비아가 주장하는 우라늄 농축 중단과 핵 관련 시설의 전면 폐쇄는 현실적으로 사리에 맞지 않기 때문에 결코 현실적인 선택지는 아니었다.

게다가 군사적인 선택을 하더라도 이란의 핵무기 보유를 2, 3년 늦추는 데 불과할 뿐이며, 이스라엘과 미국에서 항간에 떠도는 만큼 실효성도 부족하다. 이스라엘 국내에서도 이스라엘 방위군(IDF: Israel Defense Forces)의 참모본부 및 군사 정보기관 아만(Aman), 중앙정보기관 모사드(Mossad)의 전문가들은 이란에 대한 공격에 찬성하지 않았다.

이스라엘이 우선시했던 것은 걸프 전쟁식으로 유엔이 결의해 이란을 공격하거나 이라크 전쟁식으로 유지연합 국가들이 이란을 공격하는 둘 중 어느 쪽이거나, 이스라엘이 희생을 지불하지 않고 사담 후세인과 카다피를 제거해주는 식이 바람직했지만, 그것은 뜻대로 이루어지지 않았다. 이란은 그런 수준의 단순한 간계(奸計)에 농락당할 국가는 아니다. 다음으로 미국의 단독 작전, 그것이 여의치 않으면 비로소 미국과 이스라엘 간의 공동 작전이 고려된다. 마지막이 이스라엘에 의한 단독 개전인데, 이란의 경우에는 국력이 강하고 핵무기 개발 장소도 지하 깊이 은폐되어 있어 비용 대 효과로 볼 때 위험 요소가 너무 크다고 판단할 것이다.

빈 핵 합의의 평가를 둘러싸고

2016년 이래로 제재가 해제된다면 이란의 석유 수출은 6개월에 두 배가 증가하고, 그 후 5년 동안 경제성장률이 연평균 8%가 될 것으로 하메네이는 내다보았다. 제재 해제 이후 로하니 대통령은 국회에서 같은 수치를 제시했다. 연간 300억~500억 달러의 외자를 유치해 달성하겠다는 것이다. 이란의 GDP는 10년 안에 사우디아라비아와 터키를 제친다는 관측마저 나오고 있다. 세계은행(World Bank)은 이란의 경제성장률을 2016년에 5.8%, 2017년에 6.7%가 될 것이라고 예측한다.[1] 이러한 경제 효과와 풍요로움을

---

1 세계은행은 2016년 이란의 경제성장률을 4.6%로 추산했으며, 2017년에는 5.2%가 될 것으로 전

실감하게 되면 이슬람 정치 체제를 개방하게 될 것이고, 이란 시민의 친(親)구미 감정이 고양될 것이라는 전망에 핵 합의를 긍정적으로 평가하는 사람들의 기대감을 살펴볼 수 있다.

다음으로는 부정적인 평가다.

핵 합의가 이란과 미국 및 EU 간의 관계를 정상화한다고 해도, 이란과 이스라엘 및 걸프협력회의 국가들(특히 사우디아라비아) 간의 관계는 갈수록 복잡하고 곤란해졌다. 인도, 파키스탄, 이스라엘과 같은 핵보유국과는 차원도 다르지만, 어쨌든 이란이 '핵보유국 문턱에 접근한 국가(nuclear threshold states)'라는 특수한 지위가 사실상 인정되었다. 즉 핵 개발 국가로 인식된 것이다.

게다가 이란의 인권 문제나 시리아 전쟁, 걸프만의 분쟁, 여러 도서(島嶼)의 점령 등 아랍 세계에 대한 간섭 정책은 그대로 방치되었다. 하메네이는 핵 합의가 이란의 전체 정책을 변화시키는 것이 아니며 핵 문제에만 한정된다고 분명히 말했다. "다양한 글로벌 또는 지역적인 문제에 대해서는 미국과 교섭하지 않는다", "양국 간 관계에 대해서는 교섭하지 않는다"라고 하메네이는 한차례 설명했다.

또한 그는 팔레스타인과 예멘의 '인민', 시리아와 이라크의 '정부', 바레인의 '억압받고 있는 인민', 레바논과 팔레스타인의 '저항 중인 지하디스트'에 대한 원조를 계속하겠다고 확실히 밝혔다. 사우디아라비아와 이스라엘은 이란에 대한 제재가 해제되어 윤택해지는 재정 자체가 혁명수비대의 대외 전략과 그 동맹자이자 대리인(테러리스트)들의 활동 자금을 풍부하게 하

망했다("WB forecasts 5.2% GDP growth for Iran in 2017," *Iran Daily*, January 11, 2017).

는 원천이라며 경각심을 높이고 있다.

핵 합의에서는 6000기의 원심분리기 보유가 승인되었고 지하의 핵무기 개발 공장도 '연구소'로 존치되는 것을 승인받았다. 이로써 이란이 1년 안에 히로시마(廣島)형 원자폭탄을 개발할 수 있는 능력을 보유하는 것이 사실상 묵인되었다는 해석도 성립되었던 것이다.

마지막으로 중간적 평가다.

핵 합의에 의해 곧바로는 아닐지라도 미국과 이란이 긴장 완화로 발전할 가능성도 전면 배제할 수는 없다. 냉전 시기와 같이 이스라엘과 사우디아라비아를 동맹국으로 절대시하는 옛 사고에서 미국이 벗어나게 될지도 모른다. 오바마에 의한 쿠바, 미얀마, 이란 등 '적성 국가'와의 관계 재구축은 미국 '세계 전략'의 대폭 수정을 의미하며, 지정학상으로 커다란 변화를 가져온다.

그러나 2015년 7월 14일 오바마는 성명을 내고 "이란의 핵무기 비밀 개발이 노정될 경우에는 제재가 다시 적용되며 '군사 행동'이라는 선택도 남는다"라고 분명히 말했다.

이란과 이스라엘, 이란과 사우디아라비아 간의 대결, 시리아를 비롯한 수니파 아랍 국가들에 대한 이란 혁명수비대 쿠드스 군단(사령관: 카셈 솔레이마니 준장)의 군사 간섭 증대 및 IS와의 대결에 구미는 어떻게 관여할 것인가? 구미의 시리아 정책은 명백히 파탄 나고 있다. 시리아 전쟁에서 이탈해 '되는 대로' 그냥 내버려 둘 것인가, 전쟁의 장래를 소극적인 원조자로서 방관할 것인가, 아니면 러시아와 이란에 유리한 평화 회의의 소집에 참여할 것인가?

핵 합의가 종결되어 제재가 해제되더라도 시리아에 초점을 맞춘 중동의 복합위기는 끝나지 않는다. 어찌 됐든 빈 핵 합의 시에 대(對)이란 무기 수출 금지를 해제하자는 러시아의 제안이 거부된 것은 바람직했다고 할 수 있다.

앞의 세 가지 평가 중에서는 세 번째의 중간적 평가가 우선은 균형 잡힌 견해로 생각된다. 그렇지만 그 평가가 활성화되는 것도 중동에서의 지역 협력 틀의 성립 여부에 달려 있다.

아시아의 미래는 이란에 달려 있다

이란은 지역 대국인데도 터키는 물론이고 이스라엘과 아랍의 지역 대국에 의한 중동 평화 프로세스에서 배제되어왔다. 확실히 하마스와 헤즈볼라에 대한 군사 원조와 핵 개발은 이스라엘에 위협이지만, 빈 핵 합의는 이스라엘 측에 팔레스타인인과의 평화 프로세스에 나설 수 있는 시간적 여유를 제공할 것이 틀림없다. 이스라엘은 이란의 위협을 핑계로 내세워 평화 실현에 대한 소극적 자세를 정당화하고 주변에 대한 과잉 방위를 계속해왔는데, 중동의 복합위기를 완화하는 의미에서도 오랫동안 고수해온 옛 사고를 재검토해야 할 것이다.

곤혹스러운 것은 이란에서는 혁명수비대를 비롯한 군인과 보수파뿐만 아니라 개혁파와 자유주의자도 핵무기 보유 대국이 되려는 이란의 야심에 대부분 반대하지 않는다는 것이다. 잊지 말아야 할 것은 이란의 시민들도 핵무기 보유에 결코 반대하지 않고 있다는 점이다. 이는 아마도 일반인의 시각으로는 도저히 이해할 수 없는 점일지도 모른다.

수년 후에 이란의 비밀 핵 개발이 노정될 가능성도 높다. 만일 그렇게 된다면 이란에 대한 재(再)제재가 문제될 수밖에 없다. 또다시 엉거주춤한 상태에서 제재를 발동할 것인가, 아니면 봐도 못 본 척하며 최후의 거대 시장인 이란과의 통상 무역을 우선시할 것인가, 구미에서도 의견이 나뉠 것이다.

오바마를 뒤이을 대통령이 만약 공화당의 트럼프라고 해도 민주당의 힐러리(Hillary Clinton)라고 해도 제재 발동에 눈을 감기는 어려울 것이다.[2] 반대로 독일은 메르켈이 총리 자리에 앉아 있는 한, 독일 자본의 이란 시장 석권을 최우선시할 것이다. 지켜봐야 할 것은 러시아의 움직임이다.

러시아의 싱크탱크 소속의 어느 학자는 이란에 대해 "아시아의 장래는 상당 부분 이란이 어디를 동맹국으로 선택할 것이냐에 달려 있다"라는 의미심장한 발언을 해왔다. 지금 단계에서 이란은 시리아 전쟁과 결부되어 러시아를 동맹국에 가깝게 대우하고 있다. 미국과 중국 사이에 있는 이란의 위치가 미국과 러시아 사이에서도 성립될 수 있다고 말하는 것처럼 여겨진다.

이란의 지정학적인 위치와 정치외교적인 역량의 존재감은 1979년 이래로 미국과의 국교 단절을 단행하고 아랍 세계에 쐐기를 박아 시리아 전쟁의 가장 중요한 당사국으로 부상했다. 아시아와 중동에 대한 중국의 팽창주의 정책이 선명해지면서 미국과 중국의 대립이 심화되는 현재, 이란의 존재감은 점점 더 무시할 수 없을 것이다.

---

2 앞에서 언급한 바와 같이 2017년 1월 로널드 트럼프가 미국 대통령에 취임했다.

터키와 이란

우호에서 대립으로, 다시 협조로

마지막으로 터키와 이란의 관계를 살펴보고자 한다.

터키와 이란은 오스만 제국과 사파비 왕조의 계승자임을 역사적으로 자부해왔다. 그렇지만 양국은 20세기의 대부분을 서로 견제하면서도 아랍 세계에 대한 균형 잡힌 관여를 통해 지역에 권력의 진공 상태가 발생하지 않도록 노력하기도 했다. 1937년에 맺은 '사다바드(Saadabad) 조약'(터키, 이란, 아프가니스탄, 이라크 등 4개국이 체결한 상호 불가침과 내정 불간섭 조약)으로부터 1975년 루홀라 호메이니에 의한 이슬람 혁명에 이르기까지 양국은 우호 관계를 유지해왔다.

그러나 호메이니의 시아파 혁명 확대라는 전략적 사고는 세속주의 체제인 터키와 서로 융화될 수 없는 것이었다.

터키에서는 1980년에 사실상의 군사 쿠데타가 일어났다.

당시 터키의 국회의원 선거 제도는 비례대표제였기 때문에 다당 난립을 초래했다. 공정당(AP: Adalet Partisi, Justice Party)과 공화인민당의 경쟁 속에 이슬람 계통의 국민구제당과 극우 성향의 터키 민족주의를 추구하는 '민족주의자 행동당'이 캐스팅보트를 장악하게 되어, 정책이나 이데올로기와 상관없이 정당의 이합집산이 국내 정치를 혼돈으로 유도했던 것이다. 좌우의 과격파에 의한 테러도 빈발하고 많은 사상자가 발생하기도 했다.

군인으로서 독립 전쟁을 지도했던 케말 아타튀르크(케말 파샤) 초대 대통령 이래, 국시가 된 세속주의(laïcité)의 수호신을 자부하는 터키 국방군은 정국의 만성적인 위기를 쿠데타로 해결하고자 했다. 그 주요한 동기로

1979년 2월에 일어난 '이란 이슬람 혁명'에 자극받아 힘을 증가시킨 이슬람 과격파의 부상을 들 수도 있다. 그들의 융성은 세속주의에 대한 큰 위협이었기 때문이다. 터키 정부는 '이란 이슬람공화국'을 테러 지원국으로 간주해 양국 관계는 긴장 상태를 계속 유지했다.

1990년대에 들어와서도 터키의 이란에 대한 의심은 변하지 않았다. 호메이니와 이슬람 혁명에 비판적인 터키의 세속주의적 저널리스트와 문화인이 연달아 살해된 사건에 이란 계통이 관여하고 있는 것이 아니냐는 혐의를 받았다.

그런데 2002년에 에르도안의 정의개발당이 권력을 장악하자, 터키와 이란의 관계는 점차 변하기 시작했다.

조기 경계 레이더 시스템의 설치와 에르도안의 알리 묘지 조문

2008년 터키에서는 에르게네콘(Ergenekon) 재판이 시작되어 2013년에 결심(結審)이 났다. 이 재판에서 심판한 것은 당시 에르도안 총리와 정의개발당 정권을 전복하기 위해 국방군의 전임 참모총장 일케르 바시부(Ilker Başbuğ)를 비롯해 장군, 학계 지도자, 최고법원장, 검찰총장급의 법조인 및 전임자, 나아가 언론계의 편집 주필과 칼럼니스트 등, 터키 사회의 엘리트가 비밀결사 에르게네콘을 조직해 '공동 모의를 거듭했다'는 혐의였다.[3]

---

3   한편 2016년 7월 15일 터키에서 쿠데타가 발생했으나 하루 만에 진압되었다. 이 사건 이후 2016년 7월 20일까지 4만 5000명의 군인·경찰·판사·공무원이 체포되거나, 정직 처분을 받았다.

국방군은 현역과 예비역 장군들이 체포·수감되었기 때문에 그 위신과 지위가 현저히 저하되었고, 에르도안과 정의개발당의 권력 기반은 천하무적이 되었다. 당시에는 외무 장관이었다가 2014년 총리가 된 다우토울루는 터키 외교의 기본 좌표축을 EU와 구미, 더 나아가 아타튀르크의 세속주의 원리에서 거꾸로 오스만 제국의 영광스러운 시기를 추억하게 만드는 신오스만주의 세계관으로 바꾸었다. 아랍어와 페르시아어 문화를 흡수했던 풍요로운 오스만 제국의 유산과 외교 성과에 의거하면서 아랍과 이란 등 중동과의 유대를 중시하는 독자적인 외교를 촉진하고자 했던 것이다.

'이웃 나라와의 문제 제로 외교'와 신오스만 외교의 결과, 에르도안 총리와 다우토울루 외무 장관은 이란을 테러 지원국 목록에서 삭제했다.

터키의 새로운 이란 정책은 2010년 체결된 테헤란 협정으로 상징된다. 이것은 브라질, 이란, 터키 3개국 간에 체결된 것이다. 이란의 우라늄 고농축 의혹에 대해 터키와 브라질이 구미와의 조정을 시도했던 합의다. 저농축 우라늄을 프랑스에 보내고 고농축화할 수 없는 핵 연료봉으로 가공해 구미의 비판을 피하고자 했던 것이다.

그러나 이 시도는 미국의 강력한 반발로 좌절되었다. 중동 정치에서 그 어떤 역할도 수행한 적 없는 브라질이 관여하는 계획에 대한 반발이거니와, 또한 미국은 자신이 전혀 파악하지 못하는 때와 장소에서 중동의 가장 중요한 문제가 타결되는 것을 용납하지 않았던 것이다. 에르도안의 미국에 대한 원한은 짙게 남아 이란과 무역을 확대하는 등, 관계 정상화를 도모했다. 이란산 석유와 천연가스 수요의 증가는 터키와 이란 간의 관계를 정상화에서 긴밀화로 향하게 하는 커다란 요인이기도 했다.

2009년부터 2010년까지 터키는 유엔 안보리 비상임이사국이었음에도 이란에 대한 제재 강화에 반대로 일관했다. 통화(通貨)에 대한 제재가 채택된 이후에도 터키 정부는 이란에 대한 '제재 의무' 위반을 신중히 피하면서, 두바이를 경유해 수입한 석유와 천연가스 대금을 우회 경로를 이용해 금괴로 지불했다는 설이 나돌고 있을 정도다.

그러나 터키는 나토에 가맹한 서유럽 집단 안전보장기구의 일원으로서 터키 국내에 조기 경계 레이더 시스템의 설치를 허가했다. 이 시스템은 이란이 자국 감시용이라며 배치에 강력히 반대해온 것이었다. 한편 에르도안은 이란의 항의를 물리치면서 놀라울 정도로 균형 잡힌 대(對)이란 외교를 전개하고 있다. 2011년에 이라크 나자프(Najaf)에 있는 '시아파 성지' 알리 이븐 아비 탈립(Alī ibn Abī Ṭālib) 묘를 조문했던 것이다.

이것은 오스만 제국부터 현재의 공화국을 통틀어 수니파 국가의 최고 정치 지도자로서는 필시 최초의 행보로 여겨진다. 시아파 성지를 방문한 에르도안은 수니파와 시아파 간의 대립은 이슬람 내부의 의견 불일치에 불과하며, 구미 앞에서 이슬람의 결정적인 균열을 보이는 것은 유리한 계책이 아니라는 메시지를 전달하고자 한 것으로 보인다.

생각해보면 이 무렵이 정치 지도자 에르도안이 균형을 잡고 있던 절정기로서 터키 외교가 가장 생동감 넘치고 높은 경지에 도달했던 때였을지 모른다.

제2차 냉전하의 터키와 이란 그리고 쿠르드

그렇지만 터키와 이란의 우호 관계는 2011년 미군이 이라크에서 철수하고, 시리아 내전이 격화된 결과 다시 악화되고 말았다. 그것은 시리아와 이라크에서의 시아파 대 수니파의 종파 대립이 '종파 정화'로 진행될 만큼 심각해져, 서로 대립하는 진영의 보호국으로서 터키와 이란이 각기 관여했기 때문이다. 이리하여 이란과 터키 간의 역사적인 경합과 전통적인 경쟁이 제2차 냉전이라는 새로운 구조 아래 부활하게 되었다.

또한 양자 간의 골을 더욱 깊게 만든 것은 쿠르드 문제다. 그 사정을 개괄해보겠다.

에르도안은 터키로부터의 분리 독립을 도모하는 쿠르드 노동자당과의 평화 구축에 노력한 적이 있다. 이 당시는 내정과 외교에서 터키의 미래 지향성이 가장 휘황찬란한 시기였다. 그렇지만 이 밀월 관계는 2015년 여름에 종언을 고했고, 터키 정부와 쿠르드 노동자당은 시리아 전쟁에도 결부되어 대립이 심화되었다는 것은 이미 언급했다.

한편 에르도안은 북이라크의 쿠르드 자치정부와는 외교 및 통상의 굴레를 강화하고 있다. 터키 정부는 북이라크의 쿠르드 지배 지역, 즉 쿠르드 자치정부의 수도 에르빌(Erbil)에 총영사관을 열었는데 이것은 사실상 대사관의 기능을 하고 있다. 이를 통해 내륙 국가로서 사방이 막힌 상태이기 때문에 다른 국가를 경유하지 않으면 바다로 나갈 수 없는 쿠르드 자치정부의 약점을 터키가 해결해준 셈이다. 쿠르드 자치정부는 터키를 경유해 고객에게 석유를 자유로이 수출하게 되었다.

에르도안이 쿠르드 자치정부와 관계 강화를 도모한 이유는 이라크의 수도 바그다드에 있는 시아파 중앙정권과 균형을 유지하기 위해서였다. 알말리키 총리가 이끄는 이라크 중앙정권은 이웃 나라인 시아파 이란으로부터 군사에서 재정에 이르기까지 폭넓은 지원을 받고 있다. 이라크 중앙정권의 억압을 받아 고립 위기를 항상 느끼고 있는 쿠르드 자치정부는 이라크 더 나아가 시리아를 둘러싸고 이란과 힘의 균형을 도모하는 터키에는 중요한 '게임용 말'인 셈이다.

여기에서 한 가지 의문이 떠오를지도 모른다. 에르도안과 터키 정부는 어떤 연유로 쿠르드족인 북이라크의 쿠르드 자치정부와 우호 관계를 유지하고, 쿠르드 노동자당이나 시리아의 쿠르드 조직과는 적대적인가 하는 의문 말이다.

터키로서는 쿠르드족의 자치국가이자 사실상의 독립국가로서 쿠르드 자치정부의 민족자결권을 인정할 경우, 터키와 시리아 내부에서 분리 독립을 획책해 터키의 안보를 위협에 빠뜨리는 쿠르드족을 테러리스트로 준별할 대의명분이 서게 된다. 터키 정부는 쿠르드족의 생존권과 자결권을 부정하는 것이 아니라 쿠르드족 중 일부에 의한 테러리즘과 이에 대한 전쟁을 수행함으로써 터키의 영토적 일체성을 파괴하려는 일부 분자들과 대결하는 셈이 된다. 쿠르드족 역시 산과 계곡으로 격리되어 공통의 정체성을 지금까지 보유하고 있지 못했던 비운의 역사가 작용해 터키 측으로 움직였던 것이다. 쿠르드 자치정부가 다행스럽게 이라크 영내에 성립된 이상 쿠르드족의 독립과 자결권을 이상으로 삼는 이들은 쿠르드 자치정부가 조국이 되어야 하며, 터키와 불가분의 관계에 있는 그 어떤 영토든 한 뼘의 땅도 양보할 수 없다는 주장인 것이다.

그런데 여기에 이란과 쿠르드 자치정부의 관계가 끼어든다. 이란도 쿠르드 자치정부에 대해 적극적으로 공작을 펼치고 있다. 2014년 여름 이란과 쿠르드 자치정부가 대립 관계에 놓이자, 이란은 쿠르드 자치정부의 주류와는 다소 거리가 있는 쿠르디스탄 애국동맹(PUK: Patriotic Union of Kurdistan) 편에 선다. 한편 터키가 발판으로 삼고 있는 것은 쿠르드 자치정부를 밑받침하는 쿠르디스탄 민주당(KDP: Kurdistan Democratic Party)이 틀림없다.

쿠르드 자치정부를 둘러싼 터키와 이란 간의 대립은 향후 쿠르드공화국으로 독립을 선언할 쿠르드 자치정부의 자세와 결의에도 영향을 미칠 것이다. 상정 가능한 시나리오는 터키가 북이라크에 자리 잡은 쿠르드 자치정부의 독립을 지지하는 반면, 이란은 이에 반대하는 구도다.

이란 측에서 보자면 북이라크의 쿠르드 자치정부가 독립하면, 이란 서부의 쿠르드족 지역도 자극을 받아 불안정 요인이 될지 모른다. 북이라크와 터키의 남동 아나톨리아(Anatolia)의 쿠르드족 지역 사이에는 험준한 산악 지대가 가로놓여 있는 데 반해, 이란과의 사이에는 별로 장애물이 없기 때문에 북이라크의 쿠르드 자치정부가 독립했을 경우 지정학적으로는 이란 쪽이 심각한 영향을 받게 된다.

또 한 가지 이유로 이란은 쿠르드 자치정부가 보유하고 있는 석유와 천연가스 등 자원이 바그다드의 중앙정부에 남게 되기를 희망한다. 쿠르드 자치정부가 독립하면 시아파가 장악한 중앙정부로 북이라크 지역의 석유 판매 수입이 들어가지 않을 것이기 때문이다. 이란으로서는 바그다드의 시아파 정권을 원조한다는 표면상의 방침과 자국의 쿠르드족 거주 지역의 분리를 저지한다는 속셈 때문에 북이라크의 쿠르드 자치정부의 법적 독립에 반대할 수밖에 없다.

터키·러시아·이란의 '삼자 견제'가 유발하는 위기

터키와 이란 간의 경합은 몹시 다원적이다. 터키가 이란의 핵 보유 가능성에 노골적으로 반대하는 의견을 표명하지 않더라도, 실제로 보유하게 된다면 긴장의 깊은 근원이 될 것이다. 터키 정부가 일본과 러시아의 원조를 받아 원자로 3기 건설을 결단했던 것은 이란 정부의 핵 보유 충동을 무시할 수 없기 때문이다. 터키가 원자력에 투자하기로 결단을 내린 것은 독자적인 에너지원을 수중에 넣었기 때문이다. 이란으로부터 석유 및 천연가스 공급이 끊어지더라도 원자력으로 에너지를 조달한다는 의사 표명의 성격도 농도 짙게 띠고 있다.

터키의 원자력 발전(發電)을 향한 길은 이란의 우라늄 고농축화보다도 훨씬 쉽게 국제 여론을 설득할 수 있다. 나토 가맹국이며 EU의 준가맹국이기도 한 터키는 유럽에서 이란보다는 안전보장 면에서 안심할 수 있는 존재이기 때문이다.

에르도안 대통령은 2015년 4월에 이란을 방문해 에너지 분야에 협력을 하는 데 합의했을 뿐만 아니라 중동의 무슬림 민족과 국가 간의 유혈 사태에 종지부를 찍고 해결책을 모색하는 데 동의했다.

그렇다고 하더라도 알아사드 정권에 반대하는 사우디아라비아와 터키 간의 협력 관계는 2015년 12월 에르도안의 리야드(Riyadh) 방문으로 표출된 것처럼 지금 단계에서는 흔들리지 않고 있다. 터키 외교의 최우선 과제는 사우디아라비아와 관계를 유지하고 강화하는 데 있으며, 이란과의 합의는 나쁘게 말하자면 그저 입에 발린 말이라고 해도 좋을 것이다.

그 결과로서 에르도안의 개인적 야망과 터키의 안전보장, 정치·경제·통상의 국가이익 간의 괴리는 갈수록 확대되고 있다. 에르도안의 터키는 러시아와의 위기, 알아사드 정권과의 정면 대결, IS와의 의심스러운 관계, 이스라엘 및 이집트와의 외교적 경색 등으로 과거에 향유했던 외교 게임의 균형자(balancer)로서의 지위를 상실했다.

이것은 에르도안의 부정부패 의혹은 그렇다 치더라도 그 개인적 야심이 외교에서도 매우 강하게 나타나, 사우디아라비아 등 특정 국가 및 지도자와의 관계를 중시하는 경향 때문이다.

물론 사우디아라비아를 비롯해 걸프 지역 국가들과의 제휴를 중시하는 것은 국가이익 차원에서 이해관계가 공통되는 것이 많아, 반드시 '정략결혼'의 관점에서 설명되지는 않는다. 하지만 사우디아라비아에 대한 지나친 의존과 금전적 연계는 아무래도 와하비즘을 비롯한 이슬람 근본주의로의 회귀와 전통 순화를 강조하는 살라피즘의 국내 활동에 관용을 베풀 수밖에 없게 되며, 이런 분위기는 세속주의 국가 터키에도 침투되어왔다.

터키와 걸프 지역에서의 살라피즘과 지하디즘 등 이슬람 과격파의 위협을 파악하기 위해서는 파키스탄의 탈레반 역수입이 현재 어떤 식으로 테러의 피해를 지속적으로 입고 있는지 생각해보면 좋을 것이다. 본래 탈레반은 과거 소련의 아프가니스탄 점령과 그 종료 후에 사우디아라비아가 원조하는 각종 종교학교에서 교육받은 신자(信者) 중에서 전사를 확보했다.

흡사 터키도 시리아 전쟁의 여파와 사우디아라비아에 대한 접근에 의해 파키스탄과 같은 운명에 직면할 위험이 있다는 것을 부정할 수 없다. 현실에서도 수천 명은 아니지만 수백 명의 터키인이 시리아의 알아사드 체제를 상대로 전투에 나서고 있기 때문이다.

이런 맥락에서 시리아 알아사드 정권의 권력 유지가 파란색 신호에서

빨간색 신호로 바뀐다면 터키와 이란 간의 관계는 확실히 긴장될 수밖에 없다. 중동의 역내 대국인 터키와 이란 간의 긴장이 증대되면, 중동 지역의 불안정은 갈수록 심화될 것이다.[4]

터키, 러시아, 이란의 관계는 '3자 견제'에 가까운 구조에 상호 의도가 복잡하게 얽혀 있다. 러시아를 포함한 지역 대국의 복잡한 관계성에 더해 구미의 의도가 결부되어 있기 때문에 터키에 의한 러시아 전투기 격추 같은 돌발 사태가 다시 일어나게 되면, 중동의 복합위기는 더욱 복잡해진다. 제2차 냉전으로 중동 각 지역에서 격전이 일어나고 포스트모던형 전쟁과 결합해 제3차 세계대전으로 향하는 길로 유도할 가능성을 배제할 수 없는 것이다.

---

4 중동 지역의 맹주 자리를 놓고 경쟁하는 터키와 이란에 대한 최근 연구로는 다음을 참조하기 바란다. 今井宏平, 『トルコ現代史: オスマン帝國崩壊からエルドアンの時代まで』(中央公論新社, 2017); 鵜塚健, 『イランの野望: 浮上する'シーア派大國'』(集英社, 2016); 高橋和夫, 『中東から世界が崩れる: イランの復活, サウジアラビアの變貌』(NHK出版, 2016).

제3차 세계대전으로
향하는 길

단기 결전인가, 장기 지구전인가?

중동의 복합위기의 해결은 단기 결전인가, 장기 지구전인가?

2015년 11월에 일어난 파리 대학살은 IS를 매개로 중동의 복합위기와 불가분하게 연결되어 있다. 그것은 제2차 냉전과 포스트모던형 전쟁을 결합하는 하나의 요소가 될 것이다.

무엇보다 IS를 비롯한 지하디스트의 포스트모던형 전쟁은 지금 상태로는 과거 두 차례 있었던 세계대전처럼 세계적인 규모로 확산되어 '포괄적인 전쟁'으로 단번에 발전하지는 않을 것이다. 하지만 IS를 축으로 하는 시리아의 다중 전쟁과 시아파 대 수니파의 상호 배제는 중동의 복합위기를 갈수록 심화하는 요인이다.

그리고 중동에서 확대되고 있는 제2차 냉전은 이미 러시아가 시리아 전쟁의 당사국으로 자리매김하는 전례 없는 단계에 진입했으며, 러시아와 터키 간에도 전투기 격추를 계기로 러시아와 터키의 새로운 대결 위험성도 완전히 배제할 수 없는 상태다.[1] 터키와 러시아 간에 격전이 발생한다면 포스트모던형 전쟁이 결부되어 중동의 복합위기가 심화되는 가운데 갈수록 제3차 세계대전의 먹구름이 자욱해질 것이다.

파리 대학살이 일어났을 때 프랑스의 올랑드 대통령은 "지금 프랑스는 전쟁 상태에 있다"라고 표현해 신문의 각 지면을 떠들썩하게 만들었다. 프랑스의 ≪르파리지엥(Le Parisien)≫과 ≪르피가로(Le Figaro)≫ 등은 기사 제

---

1   2016년 12월 19일 안드레이 카를로프(Andrei Karlov) 주터키 러시아 대사가 터키 경찰특공대 소속의 메블뤼트 메르트 알튼타시(Mevlüt Mert Altıntaş)에 의해 터키의 수도 앙카라에서 암살되는 사건이 발생했다. 알튼타시는 범행 이후 "시리아를 잊지 말라"라고 외친 것으로 알려져 있다.

목에 '전쟁'이라는 표현을 빈번히 올렸다.

그런데 프랑스인들이 앞의 신문에서 논하고 있는 전쟁의 핵심과 내용은 이 책에서 언급된 포스트모던형 전쟁의 의미는 분명 아니다. 그렇지만 프랑스인들이 더 직설적으로 전쟁이라는 말을 사용한 것에 큰 의미가 있다. 미국이 9·11 테러를 '새로운 전쟁'이라고 명명했을 때와 동일한 상황으로 인식했던 것으로 보인다.

그러나 이번 '행위자'가 알카에다에서 IS로 변했다고 하더라도 지하디즘의 무차별 테러는 새로운 단계로 진입했다고 해야 할 것이다. 그것은 IS 등의 테러가 포스트모던형 전쟁으로서 시리아와 이라크의 국가 기반을 동요시키는 동시에 원격지(遠隔地)의 개인에게까지 피해를 입히는 형태로 '원격지 전쟁'을 세계적 차원으로 열어버렸기 때문이다.

또한 9·11 테러의 경우와 달리 러시아가 제2차 냉전의 주역일 뿐만 아니라 시리아 전쟁의 주역이 되어 포스트모던형 전쟁의 요소를 내포한 중동의 복합위기를 직접 촉진시키고 있다. 프랑스의 올랑드 대통령은 러시아와 반IS가 하나의 지점에서 공동 전선을 형성할 것이라 믿고 있지만, 러시아의 핵심 의도가 알아사드 정권의 연명과 프랑스가 미국과 함께 뒷받침해왔던 반알아사드 운동의 괴멸에 있다는 것을 과소평가하고 있다.

다만 러시아와 구미에 공통되는 점이 딱 한 가지 있다. 러시아는 반알아사드 세력과 IS와의 충돌을, 구미는 알아사드 정권과 IS와의 대결을 단기간에 처리하려 한다는 점이다. 이처럼 IS의 단기간 토벌에서는 공통되지만, 러시아는 이란과 함께 알아사드 대통령을 잠정 정권이든 선거 후의 본격적인 정권이든 간에 중요한 '게임의 말'로 유지하려고 한다는 데서 차이가 난다.

앞에서 말한 이시와라는 결전과 지구전이라는 두 가지 범주로 전쟁의 성격을 크게 구분했다. 이 용어법에서 다소 벗어나는 것일 수도 있지만, 단기 결전과 장기 지구전이라는 두 가지 측면은 어느 전쟁에서나 늘 수반되는 것이다. 그중 어느 쪽을 취할 것인지는 정치 상황과 무기 병참의 보급 상황 및 인원의 소모 충족률(充足率) 등으로 결정된다.

구미와 러시아는 IS에 대해 단지 시리아와 이란에만 한정된 단기 결전을 선택하고 있다. 한편 IS는 중동의 복합위기를 최대한 연장시켜 장기 지구전으로 끌어들이려 하고 있다.

러시아와 이란은 반알아사드 세력을 섬멸하고 알아사드 정권과 자신들의 권익을 확보하는 것을 최우선으로 한다. 그것이 실현되는 상황에 이른다면, 만약 IS와의 대결이 지구전이 되더라도 다음으로 처리할 문제라며 우선순위를 분명히 할 것이다.

사이버 공간이 IS의 장기 지구전을 가능케 한다

충분한 병참 기지와 안정된 보급선을 갖추지 못한 IS가 장기 지구전을 각오하고 있다는 것은 이시와라와 독소 전쟁의 지장(智將) 에리히 폰 만슈타인(Erich von Manstein) 등이 주창한 당대의 군사 사상에서는 고려되지 않았을 것이다.

그러나 IS는 라마디 등 일부 도시의 함락과 간부의 사망 등은 있었겠지만, 지금도 이라크와 시리아에 걸쳐 있는 상당한 지역을 제압하고 있으며, 장래에도 일정 기간의 지구전을 견딜 수 있을 것이다. 그것은 이제까지 육·해·공 등 고전적인 군사 공간이 아니라 인터넷과 사이버 공간이라는, 시리아의 거점이나 본부로부터의 거리나 범위와는 전혀 관계없는 공간을 군사적으로 사용해 성공을 거두고 있기 때문이다. 파리에서도 시나이반도에서도 무차별 테러와 폭파 사건이라는 형태로 '원격지 전쟁'을 진행하고 있는 것이다.

특히 IS는 구미에 혼란을 일으키기 위해 구미의 인간애와 여론에 호소하는 난민을 대량으로 양산하고, IS 분자를 위장 투입하는 전술도 병용하고 있을 것이다. 이미 이라크와 시리아에서는 1만 명 이상의 무기명 여권을 강탈했을 뿐만 아니라 여권 인쇄기도 입수한 것으로 파악된다.

한편 사이버 영역은 각국의 정부와 군대뿐만 아니라 민간단체와 시민도 활용할 수 있는 공간으로 공격이 용이하며, 기술적인 방어가 매우 어렵다는 특징을 띤다. 또한 육·해·공과 우주 전략상의 영역을 자유자재로 왕복하고 지정학적으로 경계가 없는 세계적인 공간이라는 의미에서 IS와 같은 지하디즘 조직에 대단히 유리한 전쟁인 것이다.

영유권이 없는 국제 공용 공간이라는 점에서 우주와 유사하지만, 우주 공간은 위성 관할국에 의한 배타적 사용권이 사실상 존재한다. IS는 지상에서도 중동과 아프리카의 국경 개념을 부정하고 있는데, 세계적이며 또한 국경을 초월해 삽시간에 연결되는 공간을 미국과 러시아라는 초강대국이 군사적으로 이용하는 것보다 앞질러 사용하고 있다.

파리 대학살 사건에서도 노정된 것처럼 구미 등 선진국뿐만 아니라 러시아도 사이버 공간에서의 비대칭적 공격에 취약하다. 이것은 '초연결 융합정보사회'로 불리는 사이버 환경에 IS가 교묘히 적응해 인질 및 포로에게 본인 여부를 묻는 심문 과정과 무자비한 처형 장면을 유포하면서 정보 전쟁을 걸어오고 있다는 점에서 잘 알 수 있다.

IS에 의한 포스트모던형 전쟁은 육상전(陸上戰)이라는 일반적인 형태의 전투 외에 전자전(電子戰)으로 전개되고 있다. 포로와 인질의 조국을 동요시키고 그 가족과 여론을 움직여 해당 정부의 반IS적인 정책과 태도를 수정하도록 만드는 책동은 IS가 가장 자랑하는 수법이다.

열세에 놓인 통상전(通常戰)을 전자전(電子戰)으로 보충하는 것은 일종의 전력 강화와 다르지 않다. 파리 대학살은 범주 차원에서 보면 공격적인 사이버 작전의 일환이라고 할 수 있다. 예지드파의 집단적 납치와 일본 언론인 납치 등이 성공했던 것은 방어적인 사이버 작전으로 구미와 러시아, 누스라 전선 등 적대 세력의 정보를 탐지해 가짜 정보로 교란을 일으켰기 때문이기도 하다.

IS, 구미, 러시아 간의 사이버 공간을 둘러싼 '사이버 전쟁'은 중동 복합 위기의 중요한 국면을 구성하고 있다. 그것은 상호 네트워크 센터, 핵심적인 인터넷 접속 서비스(ISP: Internet Service Provider)와 제어 시스템 등의 중요한 인프라에도 침투해 있는 것으로 여겨진다. 쌍방 모두가 사이버 기능을 방해하든지 파괴시킴으로써 전략적으로 우위에 서고자 하는 것이다.

IS는 이와 같이 전쟁 구역을 사이버에서 통상의 영역까지 지정학적으로 확대시키려 하고 있다고 할 수 있다.

중동의 위험 지대를 확대·교란하는 IS

IS는 서구에서 기원한 국가의 존재 방식은 부정하면서도 국가 단위를 기반으로 하는 범죄 조직과 지배 영역은 확대시키려 하고 있다. 중동과 그 주변에서는 이미 여섯 곳의 전쟁 지역과 위험 지대가 부각되고 있다. 기묘하게 생각되는 것은, 그런 지역 구분이 칼리프제 국가의 확대에 앞서 제시된 IS의 '행정 구분'에 상응하는 것처럼 보인다는 점이다. 다음의 지명 뒤에 괄호로 제시한 이름은 IS가 붙인 '윌라야[Wilayah: 주(州)]'의 명칭이다.

① **아프가니스탄과 파키스탄**[호라산(Khorasan)]: 이곳에서는 탈레반과 그들의 지지를 받는 알카에다가 2001년 미국 동시다발 테러 사건 이후 보복을 버텨내며 연명하고 있다.

② **수라킬란드**(Suraqiland: 이라크·시리아 국경 지대): 이라크 북부의 모술은 IS의 이라크 지배 지역의 중심이며, 쿠르드족의 공격을 저지하면서 시리아와 레바논으로 연결되는 IS 연락로(連絡路)의 축이 되고 있다.

③ **예멘**[Yemen: 사나(Sanaa), 샤브와(Shabwah), 하드라마우트(Hadhramaut), 아덴(Aden)]: 이란이 후원하고 있는 시아파 계열의 후티(Houthis)는 2015년 초에 압드라보 만수르 하디(Abd-Rabbo Mansur Hadi) 대통령을 전복시키고 의회를 해산해 사우디아라비아의 공중폭격 간섭을 초래하고 있다. 사실상 사우디아라비아와 이란 간의 전쟁이 진행되고 있으며, 그 혼란을 틈타 IS도 테러 공세를 강화하고 있다.

④ **시나이반도**[Sinai Peninsula, 시나이(Sinai)]: IS는 이제 시나이가 자신들의 판도에 포함된다고 선언했다. 다양한 테러와 함께 이스라엘에 대한 로켓탄 공격 등도 자행하고 있다. 러시아 민간 항공기 폭파 테러도 일으켜 이집트에서 치안이 가장 불안정한 지역이 되었다.

⑤ **리비아**[Libya: 타라불루스(Tarabulus), 페잔(Fezzan), 바르카(Barqah)]: 아랍의 봄의

여파로 카다피 정권이 무너지고 일순간 정정 불안에 빠졌던 리비아에서
도 IS가 세력을 확대하고 있으며, 리비아와 국경을 접하고 있는 이집트는 시
나이반도와 리비아 두 개 방면에서의 정면 작전을 강요받고 있다. 또한 IS는
모로코 국경, 나아가 알제리로도 확산되고 있다.

⑥ **나이지리아**(Nigeria, 서아프리카): 나이지리아 북부를 주요 활동 지역으로 하는
수니파의 과격 조직 '보코 하람(Boko Haram)'은 IS 및 알카에다 등과도 제휴하
면서 말리(Mali), 차드, 리비아, 남부 튀니지, 남부 알제리까지 세력을 확장하
고 있다. 나이지리아는 IS의 '서아프리카주'로 간주되고 있다.

그밖에도 IS는 사우디아라비아를 '네지드 하라마인(Nejd Haramain)주', 다게
스탄과 체첸 등을 '캅카스주'로 각각 칭하고 있다.

이미 IS는 중동에서 이 정도의 범위를 선보이고 있으며, 어느 지역이든
본격적인 테러와 육상전은 물론이고, 사이버 공간에서도 구미와 러시아
더 나아가 현지의 아랍 정권 등과도 전투를 심화하고 있다.

실제로 이 책의 원고를 작성하고 있던 2015년 12월 26일, IS의 '칼리프'
를 자칭하는 아부 바크르 알바그다디(Abu Bakr al-Baghdadi)로 여겨지는 인물
이 새로운 음성 메시지를 인터넷에 올렸다. 이는 같은 해 12월 15일 사우디
아라비아가 결성을 선언한 이슬람 국가들의 군사 연합[2]에 대해 "부당하게
이슬람의 이름을 참칭하고 있다"라고 비난하면서 "압정(壓政)에 맞서 봉기
하라"라고 사우디아라비아 국민에게 호소하는 내용이었다.

7개월 만에 나온 것으로 간주되는 약 24분 분량의 알바그다디 목소리를

---

2   사우디아라비아의 주도로 결성된 수니파 34개국의 반(反)테러 동맹을 가리킨다.

유포시킨 것 역시, 사이버 공간과 인터넷 공간에서 전쟁 중인 IS다운 교란 전술이 분명하다.

러시아와 IS의 사이버 전쟁

이렇게 본다면 지구전이란 소모전이라고 할 만하며, IS는 민간 항공기와 여객 크루즈 또는 관광지, 수송관 및 유정(油井) 기지와 수도의 기능에 타격을 가하는 등 스스로 선택한 장소면 어디라도 가격하는 포스트모던형 전쟁을 전개할 수 있을 것이다.

이런 의미로 볼 때 포스트모던형 전쟁은 이미 사이버 공간에서 제2차 냉전으로 발전해 제3차 세계대전으로 향하고 있다고 할 수도 있다. 로마 교황 프란치스코가 IS에 의한 파리 대학살을 "단편적인 제3차 세계대전의 일부"라고 표현했던 것은, 기존의 역사적 전쟁과는 이질적인 IS의 '원격지 전쟁'에 해당하는 사이버 전쟁의 성격을 국민국가의 틀을 초월하는 가톨릭 세계의 최고 지도자답게 본능적으로 의식했던 것이라고 할 수도 있다.

이와 동시에 교황의 발언은 시리아 전쟁의 당사국 러시아가 이미 2008년에 조지아(Georgia) 정부와 금융기관 및 언론, 그리고 2014년에 우크라이나 정부 기관의 기능을 마비시키고 파괴하려 시도했다고 여겨지는 사이버 공격을 파악하는 데도 시사하는 바가 있다.

러시아는 2010년부터 2014년 사이에 구미 등 정부 기관을 중심으로 복수의 프로그램을 부정(不正)한 방법으로 감염시켰거나 이에 관여했다는 의혹을 강하게 받고 있다. 즉 러시아는 시리아 전쟁에서 IS와 반알아사드파의 군사 시스템을 교란하고 비밀 정보를 취득했을 뿐 아니라 우주 공간에서도 지구 궤도를 돌고 있는 공격 위성(ASAT: Anti-Satellite)을 사용해 시리아와 우크라이나에 관련된 정보와 통신을 포함해 구미의 관리 시설과 통신망에 방해 전파를 쏜 것이 확실하다.

시리아에서 러시아의 역할은 반알아사드 세력과 IS에 대한 위협에만 그치는 것이 아니다. 오히려 구미가 사이버 공간에서 첩보 활동 및 안보 수호를 도모하는 데 위협이 된다. 사이버 공간에서 IS가 도량발호(跳梁跋扈)[3]하지 못하도록 하면서 전략적 우위를 도모하지 않는다면, 시리아의 미래를 놓고 러시아와 간단히 타협할 가망성은 없다고 할 수 있다.

실로 상이한 규칙 아래서는 해결이 어렵다

제2차 냉전과 포스트모던형 전쟁이 상호 결합하는 것을 저지할 수 있는 힘은 현실적으로 러시아가 발휘하는 자기 억제와 대국관(大局觀)의 존중에 기인한다. 이란이 국제 이슬람(시아파) 혁명을 수출하지 못하도록 억제하는 것도 큰 요인이 된다.

물론 러시아 측에서도 터키에 대한 지나친 제재와 위세의 행사를 중지하는 것이 바람직하다. 러시아가 과도하게 터키를 궁지로 내몰게 되면, 터키에서는 과거 러시아·터키 전쟁의 경험과 러시아 혐오감이 다시 불거지게 될 것이다. 그리스와 키프로스 위기의 경험 등에 비추어보면, 터키의

---

3   권세나 세력을 제멋대로 부리며 함부로 날뛰는 행동을 말한다.

국민 여론이 경직되고 러시아와의 격전을 선동하는 징고이즘(Jingoism: 호전적 애국주의)이 일어날 수밖에 없다. 이것이 '우발적 사건'으로 발전할 가능성이 전혀 없다고 할 수 없다. 더욱이 터키 국내의 반(反)쿠르드 감정과 친IS 분위기가 결부된다면 위험한 포스트모던형 전쟁을 뒷받침하게 될 수밖에 없다.

지금까지 중동에서는 냉전과 '포스트 냉전'에 의해 우발적인 무력 충돌이 발생하더라도 확대를 방지하는 이성적 경제 규칙이 이스라엘과 아랍 쌍방에 가동되는 경우가 많았다. 그렇지만 사담 후세인과 호메이니라는 권위주의적 독재자가 군림했던 이라크와 이란의 경우에는 8년에 걸친 전쟁에 종지부를 찍는 것이 골칫거리였다.

현재 에르도안과 푸틴이라는 카리스마의 대립은 예기치 않은 사건이며, 향후 사태를 예단할 수 없는 상황으로 몰아가고 있다.

에르도안과 푸틴이 동일한 체스판에서 체스를 두는 것으로 보이지만, 실제는 다르지 않을까? 에르도안은 서양의 백개먼(backgammon)을 두고 있는 반면, 푸틴은 서양의 체커(checkers)를 하고 있는 것이다. 옆에서 지켜보는 일반인에게는 양자가 사용하는 '게임의 말'이 완전히 동일해 보이겠지만, 그 말을 움직이고 있는 판의 형태는 전혀 다른 것이다. 이란의 하메네이와 사우디아라비아의 살만 국왕 간의 관계도 유사할지 모른다.

그렇다 하더라도 현실적으로 '말'을 움직이는 쪽의 습관에 주목하면 해결의 이치를 찾을 수 있을지 모른다. 그렇지만 이 시합에 IS와 구미 그리고 러시아까지 가세하게 된다면 체스판의 말이나 체스판 그 어느 것도 서로 통용되지 않는 상황이 되어버린다. 해결의 실마리를 실로 가늠할 수 없는 것이다. 한쪽은 장기를 지시하고 있는데, 다른 쪽은 바둑을 두고 있는 것과 같다고 할 수 있다. 중동 복합위기의 당사자들이 승부를 건 게임판과 규칙은 각기 너무도 다르다.

난민 문제와 중동-유럽의 복합위기

중동으로부터 구미 지역으로 도망치는 형태의 난민 문제는 제1차 냉전 시기에는 보이지 않았던 국제정치의 핵심 사안이라고 할 수도 있다.

중동으로부터 유럽으로 도망쳐온 300만 명의 사람들은 그때까지 그들이 경험하지 못한 표현과 정치 활동의 자유를 얻고 있다. 그 결과, 그들이 현재 비판하는 것은 원수인 IS가 아니라 그들을 받아들인 서구의 정부와 국민이라는 역설이 발생하고 있다. 그들에 대한 대우나 시민들이 보내는 '차별적' 시선에 불만을 품는 것이 이슬람의 비극이라고 할 수 있다.

문제는 일단 자유의 세계로 도망쳐 자기주장의 권리를 손에 넣은 젊은이들이 쉽게 IS 등 지하디스트들의 '악마의 속삭임'에 사로잡힌다는 점이다.

그들 중 일부는 인터넷과 사이버 영역을 매개로 IS가 서구에서 테러를 확대시키는 원격지 전선에 투입되어 '원격지 전쟁'의 말이 될 수밖에 없다. 그것은 유럽의 젊은이들이 과거 시리아 전쟁에서 버려진 말이 되었던 데 비유해 말하자면, 그 장소와 관계가 뒤바뀌었을 뿐인 것이다.

그런 사이 중동에서의 복합위기는 비록 시리아 전쟁이 2016년 1월 제네바 회의 이후 임시적으로 안정을 찾았다 하더라도, 그것이 종식되기까지는 상당한 시간이 걸릴 것이다. 종파와 이데올로기 대립이 진정될 것으로 생각되지 않기 때문이다.

오히려 중동의 복합위기와 제2차 냉전이 지금 이상으로 결부되는 새로운 국면이 예상된다. 그것은 난민 문제와 중동 및 유럽의 정치 상황을 불가분하게 결부시켜 이를테면 중동-유럽의 복합위기라고 할 수도 있는 새로운 단계가 출현하는 것을 말한다.

시리아 등 지역에서 독일로 향하는 난민의 수가 100만 명(2015)이라고 하는데, 이는 3억 명의 유럽 인구에서 차지하는 비중으로 보면 낮을지도 모른다. 특히 대규모 경제 규모와 노동력 수요가 있는 독일에서는 난민의 숫자가 치명적인 위협이 되지는 않을 것이다. 독일은 저출산·고령화 사회를 맞고 있으며, 2013년에는 123만 명의 이민자가 독일로 입국했다. 독일의 이민 규모는 세계에서도 세 번째로 크며, 인구 8100만 명 중 1600만 명 정도가 외국인과 이민 가정인 셈이다.

오히려 큰 문제는 이번 난민들이 이제까지의 동유럽 출신자와 달리 문화와 습관, 사회적 가치관이 대단히 이질적이라는 데 있다. 이러한 상이함을 둘러싼 저어(齟齬)와 마찰은 독일을 비롯한 유럽 시민의 일상의 안전 여부와 근본적으로 연관되는 문제다.

스웨덴에서 발생한 시설 직원을 대상으로 한 난민의 살인[4]에 더해 이슬람 사회에서는 본래 허락되지 않는 미혼 여성과 젊은 여성에 대한 무슬림 남성들의 성추행, 최악의 경우에는 부녀자 폭행 등의 행위가 표출되고 있다. 이것은 난민을 받아들인 국가의 시민들이 보여준 선의를 무시하는 것

---

4 2016년 1월 25일 스웨덴의 난민 수용 센터에 거주하던 15세 난민 소년이 스웨덴 예테보리(Göteborg) 지역의 묄른달(Mölndals) 난민 센터에서 약 10km 떨어진 난민 임시 주택에서 난민 센터에 근무하는 알렉산드라 메제르(Alexandra Mezher)를 살해한 사건을 말한다.

일 뿐만 아니라 자기 안에 이중 기준을 설정하는 위선적인 형태와도 연결된다.

얼굴과 피부를 노출하는 구미의 여성이라면 성행위나 자유연애를 무슬림의 남성에게도 허용할 것이 틀림없다고 굳게 믿는 것은, 약자로서 보호받고 순결성이 이상하게 강조되는 무슬리마(muslima: 여성 무슬림)에 대한 금욕성, 그것을 침범했을 경우 상대 가족과 공동체에서 받을 사적(私的) 제재에 대한 공포 및 자기 억제와는 근원적으로 상용되지 않는다. 여성의 존엄과 순결성을 지키고자 한다면 무슬림이든 기독교도이든 서로 차이점이 없다는 것을 이해하고 받아들이는 사회가 된 독일과 스웨덴을 비롯한 서구의 관습을 존중해야만 한다.

IS라는 중동의 복합위기에서의 비(非)국가적 형태의 주역은 이미 자기중심적인 논리를 구사하며 시리아와 이라크의 예지드파와 기독교도 부녀자를 성노예처럼 취급해왔다. 이런 IS의 관점에서 볼 때, 서구에 거주하는 젊은이에게 성추행이나 부녀자 폭행을 정당화하는 논리와 언설을 이슬람의 맥락에서 제공하고, 난민에게 동정적인 시민 여론을 균열시키는 것은 아주 쉬운 일이다. 서구 여론의 비판을 인종주의와 오리엔탈리즘(Orientalism)의 발로라고 주장하며 식민주의 청산이 먼저 아니겠냐는 언설이 구미에 국한되지 않고 일본의 일부 전문가와 지식인에게서도 나올 것이라고 예상한다. 그런데 이것은 주객이 전도된 논의가 아닐 수 없다.

두말할 필요 없이 독일로 향한 난민 100만 명 중 상당수는 파멸적인 시리아 전쟁의 희생자다. 그리고 그 밖에도 고향 상실에 내몰린 시리아인이 시리아 내에 1000만 명이나 표류하고 있으며, 이라크인 난민도 국내외에 수백만 명을 헤아린다.

불행한 것은 유럽으로 도망친 난민은 안주(安住)할 수 있는 낙원이라고 믿어왔던 땅에서, IS의 포스트모던형 전쟁의 복잡하고도 또한 위험한 유럽 연장전의 게임 볼(game ball)로 변함없이 사용되고 있다는 사실이다. IS와의 직접적인 인과 관계는 확인되지 않는다고 해도 2015년 마지막 날에 독일의 쾰른, 함부르크(Hamburg), 슈투트가르트(Stuttgart) 등의 지역에서 아랍인 등 중동 난민을 중심으로 일어난 성범죄나 절도 및 폭행은 사람들이 모여드는 시기를 노린 계획적이며 동시적으로 자행된 범행이라는 견해도 나오고 있을 정도다.

유럽에서 난민을 유쾌하게 생각하지 않는 세력은 극우뿐만이 아니다. 난민을 반대하는 세력은 실업을 두려워하는 해당 국가의 국민은 물론이고 성추행이나 폭행을 두려워하는 시민에 이르기까지 다양하며, 일상의 행동과 선거에서 폭넓게 결집할 수밖에 없다.

지금 독일에는 매일 약 3000명의 이민자와 난민이 오스트리아로부터 들어오고 있으며, 2016년까지 100만 명이 새로 유입될 것이라는 예상도 있다.

2016년 1월 독일의 어느 여론 조사에 의하면 메르켈 총리의 사임을 바라는 국민 중 40%가 난민 정책에 불만을 보이고 있었다. 여당 지지율도 33%로 내려갔으며, 55%가 국경 봉쇄를 지지하기에 이르렀다. 시리아 등 중동으로부터의 난민과 양식 있는 일반 독일인이 대치하는 것은 최악의 사태다.

중동의 복합위기가 완전히 수습될 가망은 거의 없다. 그렇기는커녕 시리아를 비롯한 중동에서 당사자에 의한 해결 전망이 어두운 이상, 정쟁과 당파 대립은 언론과 결사의 자유가 허락되는 유럽으로 속속 이동해 때로 폭력적으로 계속될 것이다.

또한 유럽에는 시리아의 알아사드 체제와 이란 이슬람공화국에 충실한 잠재자(潛在者)나 유학생 더 나아가 첩보 요원도 있으며, 이에 반대하는 IS와 누스라 전선 등 포스트모던형 전쟁의 전투원과 협력자도 적지 않다.

무엇보다 유럽은 무슬림 난민의 논리만이 우선되는 세계가 아니다. 유럽 고유의 역사와 전통을 간직한 사람들은, 당연하지만 자신의 문명과 역사를 뒷받침하는 생활 규범과 가치관에 구애될 것이다. 그 결과, 선의와 인간애만으로 난민을 받아들이는 좋은 시대는 재검토로 내몰리게 된다.

이리하여 중동의 복합위기는 난민의 대량 유입과 러시아 및 우크라이나, 러시아 및 터키 간의 적대 관계와 결부되면서 중동-유럽의 복합위기로 발전할 수밖에 없다. 그리고 앞서 말한 것처럼 이것은 프란치스코 교황이 진작부터 명시적으로 언급한 "단편적인 제3차 세계대전"이라고 할 수 있다.

적어도 그 중심축은 '이슬람의 비극'이 될 것임이 확실하다.

중국과 IS

이 책에서 언급하지 않은 주제인 중동의 복합위기와 중국과의 관계에 대해 간단히 다루어보겠다.

중동에서 떨어져 있다고 하더라도 중국의 신장(新疆)웨이우얼자치구에 대한 IS의 영향력과 민족 문제 간의 결합은 조만간 눈에 보이는 논점이 될 것이다. 중국의 시진핑 국가주석은 신장웨이우얼자치구의 안정과 반(反)테러 정책이 유라시아를 육상 및 해상 실크로드로 잇는 '일대일로(一帶一路)' 경제권 구상과 떼려야 뗄 수 없다고 생각하고 있어, 2016년 1월 사우디아라비아, 이집트, 이란 등을 연이어 방문했다. 한편 2015년 11월에 IS의 인질이 된 중국인이 살해되었고, 말리에서도 중국 기업의 간부 세 명이 살해되었다.

다른 한편으로 미국은 중국의 석유 수입 경로를 지키기 위해 걸프만에서 호르무즈해협, 인도양 항로를 방위하고 있다. 지금이라면 그 누구나 농담으로밖에 생각하지 않을 언설도 향후 20년이 지나지 않아 현실이 될지 모른다. 중동의 복합위기와 IS의 포스트모던형 전쟁은, 2030년까지 국내 소비가 억제되지 않는다면 석유 사용량의 75%를 수입해야만 하는 중국에는 남의 일이 아닌 것이다.

중국은 2030년에 미국을 초월해 세계 최대의 석유 수입국이 될 것이며, 그 대부분을 중동에 의존할 것이다. IS의 중동 교란과 걸프 지역의 불안정은 중국이 고도성장을 유지하는 데도 불안 요소다. 한편 미국의 중동 석유 수입은 셰일가스와 국내에서의 석유 생산에 따라 1일 수입량이 2011년 190만 배럴에서 2035년에는 10만 배럴로 격감할 것으로 예측된다.

미국의 걸프 지역 국가들에 대한 석유 수입 의존도는 2011년 23%를 차지했지만, 2013년에는 20.5%로 감소했다. 미국의 석유 국내 생산은 2011년부터 2014년 사이에 약 30%나 증대해 1일 생산량이 1300만 배럴이나 되었다.

중국의 중동 석유 수입은 1일 생산량 기준으로 2011년 290만 배럴에서 2035년에는 670만 배럴이 되어, 전체 석유 수입량의 54%를 차지할 것으로 보인다. 한편 2011년부터 2013년 사이에 중국의 국내 생산은 6%가 증가했을 뿐이며, 신장웨이우얼자치구에 유정이 있다 하더라도 이제는 국내 수요를 충당할 수 없다.

그렇다면 신장웨이우얼자치구의 에너지 자원과 동서를 잇는 신장웨이우얼자치구의 가스 수송관은 중국의 안전보장 확보와 직결된다. 중국은 동중국해 및 남중국해를 통해 해양으로 진출하려는 군사상의 수요에 의해 2011년에 2350억 달러 상당의 석유 수입이 필요했던 것이다. 이것은 미국의 4620억 달러에 버금가며 이미 일본의 1820억 달러를 제쳤다. 2014년에는 2510억 달러를 넘은 반면 미국은 4180억 달러로 감소했고, 일본은 거의 보합 혹은 약간 증가한 1990억 달러에 머물렀다.

이처럼 중국의 중동 의존도가 증대하면 이에 비례해 중국에 대한 IS의 위협도 무시할 수 없게 된다. 당분간 불안정한 상황은 신장웨이우얼자치구에서부터 시작될 것이다. 이 민족 지역은 이슬람사와 터키사의 전통적인 관념에서는 투르키스탄(Turkistan: 터키인이 거주하는 땅) 혹은 동투르키스탄(East Turkistan)으로 불리며, 2000년에 836만 명 정도의 터키계 무슬림이 거주했던 지역이다.

중국어로 신장웨이우얼자치구의 이슬람 민족 분리주의자가 흔히 '동돌분자(東突分子, Dongtu fenzi)'라고 일컬어지는 것은 동투르키스탄[동돌궐(東突厥, Dongtuque)]이라는 명칭에서 유래한다. 그 대표 격은 '동투르키스탄 이슬람운동(ETIM: East Turkestan Islamic Movement)'이라는 중동에서도 활동하고 있는 정치 단체다.

마오쩌둥(毛澤東) 시대에 신장웨이우얼자치구에서 석유가 발견되었던 것을 계기로 서부 변경은 중국 발전의 기반이며, 실크로드의 요충으로서 재인식되었다. 그렇지만 문화대혁명과 서부 대개발에 의해 자치는 유명무실해지고, 한족(漢族)이 통치 권력을 장악해 위구르족(Uyghur)을 압박했다. 문화와 종교의 자율성도 테러의 요람으로 엄격히 배척되었다.

특히 시진핑 국가주석의 영도 아래 중국공산당 일당 독재의 강권(强權)을 지속적으로 강화시키고 있으며, 토지의 강제 수용과 위구르족의 한족에의 동화, 신앙 표현의 제한 등 인권과 자유를 속박하는 움직임이 뚜렷해져 태국, 인도네시아, 터키로 망명하는 위구르족도 증가했다.

이것이 IS에는 '투르키스탄'에서 위세를 떨칠 수 있는 기회로 간주되었을 것이다. 파리 대학살 직후인 2015년 9월 신장웨이우얼자치구의 탄광 습격 사건과 관련해 위구르족 두 명을 사살했다고 발표한 중국 정부는 그들이 '국외의 과격파 조직'과 내통했다고 비난했다.

IS는 2014년 8월부터 중국을 적의 필두로 거론하기 시작했다. 마치 러시아의 체첸인이 IS에 참가했던 것처럼 2000만 명의 무슬림이 있는 중국에서도 300명 정도의 위구르족과 무슬림이 IS에 가담하고 있는 것으로 보인다. 앞에서 언급했듯이, 2015년 11월에 IS가 중국인 인질을 처형했다고 보도되었다. 2015년 말에는 「우리 무자헤드[聖戰士]」라는 중국어로 된 선전가(宣傳歌)가 인터넷에 유포되어 "순교야말로 나의 꿈", "무기를 들어야 한다"라고 호소하고 있기도 하다.

중국은 "구미가 IS를 잔혹한 테러 조직으로 비난하는 한편, 동투르키스탄 이슬람운동과 IS 간의 연대를 저지하기 위해 중국이 위구르족을 감시한다고 해서 인권 침해로 고발하는 것은 이중 잣대에 해당하는 것이며, 비정상적이다"라고 항의했다. 그렇지만 신장웨이우얼자치구의 탄생과 위구르족에 대한 민족 억압이 먼저이며, 동투르키스탄 이슬람운동과 IS의 형성은 극히 최근의 일에 불과하다. 위구르족의 인권 억압이 도리어 위구르족 젊은이를 IS를 향해 폭주하게 만드는 것이 아니냐는 우려도 낳고 있다.

어찌 됐든 IS는 위구르족을 매개로 중국에 대한 침투를 본격화할 것이다. 이미 인터넷과 사이버 공간을 이용해 중국 각지에서 교란을 기도하고 있다.

중국은 2008년부터 2012년에 걸쳐 미국 기업 다섯 곳에서 사이버 공격을 통해 정보를 빼냈고, 2014년부터 2015년에는 미국 연방인사관리국으로부터 정부 관계자의 개인 정보를 몰래 훔친 전력이 있다. 중국은 현재 사이버 공격의 선진국이다. 그런 중국과 IS의 인터넷 및 사이버 공간에서의 공방전은 이미 시작되었으며, 중국은 교황 프란치스코가 말하는 "단편적인 제3차 세계대전의 일부"를 향해 스스로를 몰아가고 있다.

이런 시기에 IS가 지상에서 거점으로 삼을 지역은 중앙아시아의 카자흐스탄, 타지키스탄(Tajikistan), 키르기스 등이 될 것이다. 이미 타지키스탄과 키르기스는 파탄 국가에 근접하고 있으며, IS는 그곳을 무정부화하면서 거점을 만들기 위해 호시탐탐 노리고 있는 것으로 여겨진다. 그리고 이 과정에서 과거 아프가니스탄에 기생했던 탈레반과 알카에다의 기존 전술을 참고하며 매우 유사한 전술을 펼치게 될 것이다.

그런데 중국은 2015년 12월 '반(反)테러법'을 제정하고, 테러 방지를 위해 통신업자가 암호 해독 기술을 의무로 제공하는 조항을 규정했다. 신장웨이우얼자치구를 비롯해 무슬림의 여러 민족에 대한 단속이 강화되었을 뿐만 아니라 IS와 협력한 혐의나 용의가 있는 많은 시민을 구속할 근거가 갈수록 증가할 것이다.

필자는 2015년 늦여름 카자흐스탄의 수도 아스타나(Astana)를 방문해 당시 대통령 부속 전략연구소(Kazakhstan Institute for Strategic Studies)의 예를란 카린(Yerlan Karin) 소장과 만났다. IS가 이미 카자흐스탄의 다양한 영역에 침투하고 있어, 중앙아시아 각국이 참가하는 반테러 대책회의를 마치고 막 돌아왔다는 당시 그의 발언이 인상적이었다. 필자는 그 이후 카자흐스탄의 최대 도시로 남동부에 위치한 알마티(Almaty)로 돌아가, 애석하게도 2022년 동계 올림픽 개최지에서 탈락한 알라타우(Alataw) 지역으로 갔다. 그때 표준고도 3200미터의 산봉우리에 이르렀는데 바로 그곳이 키르기스와의 국경이며, IS가 가파르고 험준한 산악 지대를 넘어 카자흐스탄에 불법으로 들어와 경비대와도 교전을 벌인 적이 있다고 한다.

키르기스와 카자흐스탄으로부터 신장웨이우얼자치구의 카슈가르(Kashgar, 중국명: 喀什)와 아커쑤(Aksu)까지는 그리 멀지 않다. 동서 투르키스탄에 걸쳐 있는 중국의 신장웨이우얼자치구에도 카자흐인과 키르기스인이 거주하고 있다는 생각이 스치자, 불현듯 중국 남송(南宋)의 육유(陸游)가 지은 시 「산남행(山南行)」의 일부가 떠올랐다.

古來歷歷興亡處　　　　예부터 전해오는 흥망의 자취

舉目山川尙如故[1]　　　눈을 들어보니 산천은 늘 그대로이구나

1　원서에서는 一海知義 編, 『陸游詩選』(東京: 岩波文庫, 2007)을 인용했으나, 원문을 찾아 실었다.

이 책은 PHP연구소 가와카미 다쓰시(川上達史)의 열의와 건의로 출판할 수 있었다. 이에 마음을 다해 감사드린다. 이 책에서 제시된 주요 자료는 일일이 출처를 밝히지 않았지만, 문서화된 자료와 인터넷 매체의 중동·러시아·구미의 신문 및 통신 등에 의거했다. 또한 일부 내용은 필자가 신문과 잡지에 기고했던 문장과 중복되는 부분도 있다. 다만 이 책은 문장을 상당히 손질했다. 또한 현상(現狀)의 구조를 분석하는 데 더해 이슬람교를 있는 그대로 해석하려 시도하기도 했다. IS의 행태를 비판하기 위해서는 역사와 정치를 횡단하는 거시적인 시각이 필요하기 때문이다. 모쪼록 독자 여러분의 질정(叱正)을 진심으로 바란다.

또한 이 책은 메이지 대학(明治大學) 국제종합연구소에서 수행한 '중동·중앙아시아 지역의 정치·사회 구조 변동 연구 프로젝트'로 얻은 성과의 일부라는 점을 덧붙여 밝힌다. 또한 현지 조사 연구에 미쓰비시 상사(三菱商社)로부터 많은 지원을 받았음을 특별히 기록해 본사와 현지 관계자들의 따뜻함에 감사의 마음을 전한다. '후지TV'로부터는 연구 활동을 위해 평소 큰 지원을 받았다. 이상의 관계자 외에도 많은 분들에게 일상적으로 도움을 받았다. 마지막으로 그분들께 감사의 말씀을 전한다.

아울러 이 책에서 제시된 견해는 전적으로 필자 개인의 것이며, 그 어떤 단체의 견해가 아니라는 점을 다시 한번 밝힌다.

2016년 1월 31일
야마우치 마사유키

지은이 | 야마우치 마사유키(山內昌之)

삿포로시(札幌市) 출생(1947)

홋카이도 대학(北海島大學) 문학부 졸업(1971)

도쿄 대학(東京大學) 박사과정 중퇴(1976), 학술박사(1993)

이집트 카이로 대학 객원 조교수, 터키 역사협회 연구원, 미국 하버드 대학 객원연구원, 도쿄 대학 교
   양학부 조교수(1982), 도쿄 대학 중동지역연구소 소장 등 역임

발전도상국 연구장려상, 산토리 학예상, 마이니치 출판문화상(2회),

요시노 사쿠조(吉野作造)상 및 시바타 료타로(司馬遼太郎)상 수상

시주호쇼(紫綬褒章)를 수여받음(2006)

도쿄 대학 교수에서 정년퇴임(2012)

현재 도쿄 대학 명예교수 및 메이지 대학(明治大學) 특임교수

현재 미쓰비시 상사(三菱商社) 고문 및 후지TV 특임고문 겸임

저서: 『현대 이슬람: 종교와 권력(現代のイスラム: 宗敎と權力)』(1983), 『래디컬 히스토리: 러시아사와
   이슬람사의 프런티어(ラディカル・ヒストリ: ロシア史とイスラム史のフロンティア)』(1991), 『빈사의
   리바이어던: 러시아의 이슬람과 민족문제(瀕死のリヴァイアサン: ロシアのイスラムと民族問題)』
   (1995), 『이슬람과 국제정치: 역사로부터 읽는다(イスラームと國際政治: 歴史から讀む)』(1998), 『이
   슬람과 일본정치(イスラームと日本政治)』(2000), 『정치가와 리더십: 포퓰리즘을 넘어서(政治家
   とリーダーシップ: ポピュリズムを超えて)』(2001), 『이와나미 이슬람 사전(岩波イスラーム辭典)』
   (2002), 『국제정치사전(國際政治事典)』(공편, 2005), 『중동 신질서의 형성: '아랍의 봄'을 초월
   하여(中東新秩序の形成:「アラブの春」を超えて)』(2012), 『중동 국제관계사 연구: 터키 혁명과
   소비에트·러시아 1918~1923(中東國際關係史研究:トルコ革命とソビエト·ロシア 1918~1923)』
   (2013), 『이슬람과 미국(イスラムとアメリカ)』(개정신판, 2016), 『신(新)지정학: '제3차 세계대전'
   을 독해한다(新·地政學「第三次世界大戰」を讀み解く)』(공저, 2016), 『중동과 IS의 지정학(中東と
   ISの地政學)』(편저, 2017) 외 다수

옮긴이 ㅣ **이용빈**

한국지도자육성장학생

중국 베이징 대학 국제정치학과 대학원 수학

미국 하버드 대학 HPAIR 연례 학술회의 참석

일본 오사카 대학 '팔레스타인 아랍어' 연수 과정 수료

인도 국방연구원(IDSA) 객원연구원(Visiting Fellow) 역임

중국 시베이 대학(西北大學) 중동연구소(中東研究所) 초청 강연

이스라엘 크네세트(국회), 미국 국무부, 일본 게이오 대학 초청 방문

이스라엘 히브리 대학, 러시아 모스크바 국립국제관계 대학 학술 방문

WoWW(World War Watch, KIDA 세계분쟁 데이터베이스) 자문역

중국 '시진핑 모델(習近平模式)' 전문가위원회 위원(2014.11~)

한반도아시아국제관계연구회[韓亞會] 연구원(창립 의장)

홍콩국제문제연구소(香港國際問題研究所) 연구원

저서: *East by Mid-East*(공저, 2013) 외

논문: 「中東における中國の影響力擴大と變貌する中洋國際政治」(2010) 외

역서: 『시진핑』(2011, 2012년도 아시아·태평양출판협회APPA 출판상 수상), 『슈퍼리치 패밀리: 로스차일드가 250년 부의 비밀』(2011), 『중국의 당과 국가: 정치체제의 궤적』(2012), 『시리아: 알아사드 정권의 40년사』(2012), 『현대 중국정치: 글로벌 강대국의 초상』(제3판, 2013), 『러시아의 논리: 부활하는 강대국의 국가 전략』(2013), 『마오쩌둥과 덩샤오핑의 백년대계: 중국군의 핵·우주·해양 전략을 독해한다』(2014), 『이란과 미국: 이란 핵 위기와 중동 국제정치의 최전선』(2014), 『중국인민해방군의 실력: 구조와 현실』(2015), 『'아랍의 심장'에서는 무슨 일이 벌어지고 있는가: 현대 중동정치의 실상』(2016), 『현대 중국의 정치와 관료제』(2016), 『이스라엘의 안보 네트워크』(근간) 외

한울아카데미 1987

이슬람의 비극

중동의 복합위기에서 제3차 세계대전으로

지은이 **야마우치 마사유키**
옮긴이 **이용빈**
펴낸이 **김종수**
펴낸곳 **한울엠플러스(주)**
편 집 **최진희**

초판 1쇄 인쇄 **2017년 5월 25일**
초판 1쇄 발행 **2017년 6월 12일**

주소 10881 경기도 파주시 광인사길 153 한울시소빌딩 3층
전화 031-955-0655
팩스 031-955-0656
홈페이지 www.hanulmplus.kr
등록번호 제406-2015-000143호

Printed in Korea.
ISBN 978-89-460-5987-0 93340